그리스도교 이전의 예수

Albert NOLAN
JESUS BEFORE CHRISTIANITY

Copyright © 1976, 1992, 2001 by Albert Nolan

All rights reserved

Translated by CHEONG Han-Kyo
Korean translation copyright © 2010 Benedict Press, Waegwan, Korea
Korean translation edition is published by arrangement with Orbis Books
Maryknoll, New York

그리스도교 이전의 예수
2010년 10월 개정 초판 | 2023년 5월 6쇄
옮긴이 · 정한교 | 펴낸이 · 박현동
펴낸곳 · 성 베네딕도회 왜관수도원 ⓒ 분도출판사
찍은곳 · 분도인쇄소
등록 · 1962년 5월 7일 라15호
04606 서울 중구 장충단로 188(분도출판사 편집부)
39889 경북 칠곡군 왜관읍 관문로 61(분도인쇄소)
분도출판사 · 전화 02-2266-3605 · 팩스 02-2271-3605
분도인쇄소 · 전화 054-970-2400 · 팩스 054-971-0179
www.bundobook.co.kr
ISBN 978-89-419-1011-4 03230

이 책의 한국어판 저작권은
Orbis Books와 독점 계약한 분도출판사에 있습니다.
저작권법에 의해 한국 내에서 보호를 받는 저작물이므로
무단 전재와 무단 복제를 금합니다.

그리스도교
이전의
예수

앨버트 놀런 | 정한교 옮김

분도출판사

제3 세계 민중에게 바칩니다.

◻ 25주년 기념판 서문 ◻

사람들은 묻곤 합니다. 이 책이 처음 나온 25년 전 상황에 지금도 공감할 수 있느냐고요. 그동안 참 많은 일이 있었지요. 세상은 엄청나게 변했고, 제가 사는 나라에도 의미 있는 변화가 있었습니다. 신약성서학도 놀랄 만한 발전을 이루었으며, 저 역시도 지난 25년간 많은 것을 경험하고 배웠습니다.

그럼에도 25년 전에 쓴 이 책이 지닌 의미는 여전하다고 저는 확신합니다. 아니, 1976년 당시보다 오늘 더 의미가 있다고 봅니다. 그러니 지구촌 어디에선가는 지금도 꾸준히 팔려 나가고 있는 것이겠지요.

1976년 어렴풋이 전망했던 재앙이 오늘날 더욱 거대하게 엄습해 옵니다. 핵무기로 인한 대학살 위협이 다소 주춤해진 대신에, 지구별 모든 생명체에게 가공할 위협이 뻗치고 있습니다. 세계적 경제성장 가속화에 따라 부익부 빈익빈 현상이 심화되면서 인류는 파국을 맞이하게 될 겁니다. 서로를 죽이면서 우리는 이렇게 끝나고 마는 것일까요?

세례자 요한이 재난에 대비하여 회개를 촉구하고, 기쁨 충만한 미래의 희망을 예수가 제시한들 끔찍하고 혼란한 이 시대에는 아무런 의미가 없습니다.

예수가 전한 가르침의 진정한 가치도 빛을 잃기는 매한가지입니다. 지난 25년간 우리는 흑인과 백인, 남자와 여자, 배운 사람과 못 배운 사람 등으로 구별되는 인간 불평등을 조금이나마 개선했으며, 미약하나마 인류의 연대 의식을 다져 왔습니다. 그러나 오늘날 맘몬 숭배가 전 세계를 장악하면서, 권력과 지배를 향한 투쟁이 새로운 정점으로 치닫는 듯합니다. 사탄의 손아귀에서 넋을 빼앗긴 꼴이지요.

바로 이런 국면이야말로 그 어느 때보다도 예수가 전해 준 희망의 메시지에 주목하게 합니다.

최근의 학문적 성과는 예수가 살고 설교했던 당대 문화와 사회적 맥락을 더 잘 이해하도록 도와줍니다. 그 내용을 모두 섭렵하지는 못했지만 확인할 수 있는 한에서 보면, '예수의 빼어난 면모들'과 오늘 우리를 위한 그의 삶과 말씀이 주는 의미에서 동떨어진 내용은 없습니다.

예수에 관한 새로운 관점 가운데 특기할 점이 있다면 여성관과 새로운 우주론을 꼽을 수 있습니다.

초판에서부터 저는 예수가 여성을 대하는 태도를 몇 단락으로 풀어 냈습니다(이 책 105-6쪽 참조). 1992년 판본에서는 초판의 성차별주의적 표현과 가설을 수정했습니다. 그러나 예수와 여성들에 대해서 덧붙인 내용은 없습니다. 이번에는 예수가 사람들과 맺은 관계의 가장 중요한 측면을 정성껏 다루고 싶습니다.

'빼어난 인간'이라는 제목이 붙은 장 말미에서는 인간과 자연과 하느님 간 연대성 체험이라 할 수 있는 연민에 대해 언급하면서 이렇게 결론 내립니다. "예수의 그르침 없는 통찰과 흔들림 없는 확신의 비밀은 어김없이 하느님과 맺어진 연대성 체험이었다. 그리고 그것은 인간과 자연과 맺어진 연대성 체험으로서 계시되고 있었다."

요즘 저는 장엄하게 펼쳐진 만물의 우주 이야기를 아우르는 창조된 전체 우주와의 연대성 체험을 통해, 인류와 자연과의 연대성 체험에 몰두하고 있습니다. 인간 예수는 확장된 우주를 몰랐겠지만, 하느님이 창조하신 모든 것과 매우 특별한 일치를 체험한 것은 분명합니다.

마지막으로 덧붙일 말이 있습니다. 이 책에서는 예수의 기도 체험을 다루지 않은 대신에 예수가 "하느님과 맺은 친밀한 관계라 할 수 있는 고유한 체험 — '압바' 체험"에 대해 언급했습니다. 여기서부터 저는 예수의 기도 생활의 자취를 더듬기 시작할 수 있었습니다. 예수는 광야에서 유혹을 당하고, 이른 아침이면 홀로 기도하러 무리를 떠나곤 했으며, 제자들에게 기도를 가르쳐 주었고, 겟세마니 동산에서 번민에 휩싸여 기도를 바쳤습니다.

여느 책들과 마찬가지로 부족한 부분은 독자 여러분이 채워 주시기 바랍니다. 예수의 신성에 대해 더 알고 싶다는 독자들도 있습니다. 아마도 통찰력 있는 독자라면 25년 전에 쓰인 예수 이야기에서 희망의 실마리를 찾아낼 수 있을 것입니다.

□ 감사의 글 □

수많은 벗의 제안과 비판, 아울러 여러 학자의 연구 업적에서 도움을 받았습니다. 특별히 예레미아스J. Jeremias, 개스턴L. Gaston, 트로크메E. Trocmé, 폰 라드G. Von Rad, 데렛J.D.M. Derrett, 버미스G. Vermes에게 빚을 졌습니다. 그들의 연구 덕에 전에는 모르던 것을 볼 눈이 뜨였습니다.

【일러두기】
1. 성경 인용은 한국천주교주교회의에서 발행한 『성경』(2005)을 따랐다.
2. 생략된 관련 성경 본문이 있는 경우, 성경 장·절 뒤에 '병'으로 표시했다.

차 례

25주년 기념판 서문　5
감사의 글　8
머리말　11

제1부 파국　15　새 전망
　　　　　　　25　세례자 요한의 예언

제2부 실행　43　가난하고 억눌린 사람들
　　　　　　　57　치유
　　　　　　　69　용서

제3부 복음　81　하느님 나라
　　　　　　　91　그 나라와 돈
　　　　　　　99　그 나라와 위신
　　　　　　　107　그 나라와 연대성
　　　　　　　123　그 나라와 권력
　　　　　　　131　새로운 때
　　　　　　　145　하느님 나라의 도래

제4부 **대결**	163	정치와 종교
	177	성전에서 일어난 일
	187	폭력의 유혹
	195	고통과 죽음의 구실
	205	빼어난 인간
	221	재판
	235	예수를 믿음

참고문헌	247
성경 색인	253
사항 색인	260

머리말

이 책의 주목적은 믿음도 아니고 역사도 아닙니다.
 이 책은 신앙 없이 읽을 수 있는 책이며 믿음과 상관 없이 읽도록 쓴 책입니다. 아예 이 책에는 예수에 관하여 미리 전제하고 들어가는 것이 없습니다. 읽는 이는 초세기 팔레스티나에 살던 한 인간을 진지하고 정직하게 그리고 그 동시대인의 눈을 통해서 바라보고자 애쓰시기 바랍니다. 저의 관심사는 예수가 그리스도교 신앙의 대상이 되기 전의, 있는 그대로의 그 사람입니다.
 예수를 믿음이 우리의 출발점은 아니나, 저로서는 그것이 우리의 결론이 되기를 바랍니다. 그렇다고 그리스도교를 옹호하려는 목적에서 이 책을 썼다는 말은 아닙니다. 단 한 번이라도 예수나 그리스도교를 **건지려는** 시도는 없습니다. 저나 다른 누구나 예수를 건질 필요는 없습니다. 예수는 예수 자신만으로 넉넉합니다 — 진리는 진리 자체로 족한 법이기에. 우리가 진리를 찾다가 끝내는 예수를 믿음에 이른다면, 그것은 우리가 이 믿음을 건지려고 갖은 애를 썼기 때문이 아니라, 이 믿음이 **우리를** 그야말로 '건지고' 해방할 하나인 길임을 발견한 까닭입니다. 진리만이 자유를 줄 수 있는 것입니다(요한 8,32).

우리는 예수에 관한 역사적 진리를 찾고자 하나, 이것도 우리의 주목적은 아닙니다. 방법이 역사적이지 목적이 그런 것은 아닙니다. 엄밀한 역사비평의 연구 방법들을 끊임없이 이용하겠지만, 학술적으로 역사 자체를 추구하자는 것이 우리의 관심사는 아니라는 말입니다.

정작 절실한 이 책의 목적이요 저의 관심사인즉 바로 사람들입니다. 바야흐로 하고많은 사람들이 나날이 괴로움을 겪고 있다는 현실이 문제요, 머지않아 훨씬 더 크나큰 고통이 닥치리라는 전망이 문제인 터입니다. 이 문제에 대답이 될 만한 것을 찾자는 것이 저의 목적입니다.

1. 파국

새 전망

 수많은 세대의 허다한 사람들이 예수라는 이름을 받들어 왔지만, 그 예수를 제대로 이해한 사람은 적다. 더구나 예수가 뜻한 바를 실천에 옮긴 사람은 더욱 적다. 예수의 말은 별의별 뜻으로 왜곡되어 아무 뜻도 없게까지 되었다. 예수의 이름은 범죄를 정당화하고 어린이들에게 겁을 주며 필부필부들에게 어리석은 영웅심을 불어넣는 데 이용, 아니 악용되어 왔다. 예수는 자기가 뜻한 것보다 뜻하지 아니한 것으로 더 자주 찬양·숭배받아 왔다. 무엇보다 큰 역설은 예수가 세상에 살면서 가장 강력히 반대하던 바에 속하는 바로 그런 것들이 종종 되살아나서는 온 세상에 널리 설교·전파되고 있다는 사실이다 — 예수의 이름으로!
 그리스도교라는 이름으로 알려진 서방세계의 저 거대한 종교 현상을 예수와 완전히 부합시킬 수는 없다. 예수는 세계의 큰 종교를 하나 창설한 사람만이 아니다. 예수는 그리스도교가 자기 이름으로 행한 모든 것에 대한 심판자로서 그리스도교 위에 서 있다. 역사상의 어느 그리스도교도 예수를 전유물로 주장할 수 없다. 예수는 만인의 것이다.

그렇다면 누구나(그리스도인이나 비그리스도인이나) 예수를 자기 나름으로 해석하고 자기 취미대로 (좋아하건 싫어하건) 예수상像을 그려 낼 자유가 있다는 말인가? 예수를 자신의 목적에 (좋게든 나쁘게든) 이용하기란 짜장 쉬운 일이다. 그러나 예수는 역사상 실재 인물로서, 스스로 어떤 매우 힘찬 확신을 가졌던, 그 확신에 목숨까지 내걸었던 사람이다. 이제 우리 모두가 (신앙인이든 아니든) 오늘날 다시 한번 예수 스스로 말을 하도록 기회를 줄 길은 없을까?

두말없이 우리는 우선 예수에 관한 온갖 선입관부터 버리고 들어가야겠다. 예수가 신성神性이 있다거나 메시아 또는 구세주라는 것을 전제해서는 안 된다. 착하고 정직한 사람이었다는 것까지도 가정하고 출발해서는 안 된다. 우리는 예수에 대한 우리의 온갖 표상을 제쳐 놓고, 보수적이든 진보적이든, 신심적이든 학술적이든, 그 모든 표상을 제쳐 놓고, 활짝 열린 마음으로 예수에게 귀를 기울일 수 있도록 해야겠다.

예수에 관한 전제가 없이 예수를 연구할 수 있다고 해서, 아예 아무 전제도 없이 예수를 연구할 수 있다는 말은 아니다. 완전히 개방된 정신이란 전혀 아무것도 이해할 수 없는 백지 상태의 정신이다. 어떤 관점 또는 견지는 있어야 한다. 예컨대 어떤 미술 작품을 감상할 때, 그것이 무엇을 말하려는 것인가에 관해서는 아무 전제도 있을 수 없지만, 전혀 어떤 입장조차 없을 수는 없다. 혹은 이런 각도에서 혹은 저런 각도에서 볼 수는 있어도 전혀 무슨 시각이라고는 없이 관찰할 수는 없는 것이다. 역사도 마찬가지다. 우리가 지금 이 순간에 서 있는 지점을 떠나서 과거를 바라볼 수는 없다. "역사적 객관성이란 반복될 수 없는 사실성을 가진 과거의 재구성이 아니다. 역사는 현재에 비추어 바라보는 과거의 진리다."[1] 어떤 관점이 없이 역사적 객관성을 가질 수 있다고 생각한다는 것은 환상이다.

관점에는 그런데 낫고 못한 것이 있을 수 있다. 어느 세대의 어느 관점이나 동등하게 가치 있고 참인 것은 아니다. 마치 미술 작품의 아름다움이 바라보는 각도에 따라 더 뚜렷이 나타나는 수가 있듯이, 과거의 사건도 어떤 관점에서 보느냐에 따라 한층 분명히 식별될 수 있다. 그렇다고 이 문제에서 우리에게 어떤 선택의 여지가 있다는 말은 아니다. 우리의 역사적 여건만이 우리가 취할 수 있는 유일한 견지다. 주어진 시점에서부터 만일 예수를 직시할 수 없는 것이라면 예수를 직시한다는 것은 애당초 가망조차 없는 일이다.

현대의 관점이라고 반드시 고대의 관점보다 나은 것도 아니다. 그러나 때로는 역사적 상황이 먼 과거의 그것과 두드러지게 닮은 수가 있다. 장구한 시간 간격에도 불구하고 불현듯 그 과거의 상황이 분명히, 이전의 어느 세대에서보다도 더 분명히 드러나는 수가 있다. 바로 이런 일이 오늘의 우리와 나자렛 예수와의 관계에서 일어나고 있다는 것이 내가 주장하고 싶은 점이다.

이것도 물론 미리 전제될 수 있는 점은 아니다. 발견되어야 할 점이다. 더구나 예수가 **우리의** 모든 문제점에 대하여 모든 대답을 가지고 있다고 할 수는 더욱 없다. 중요한 것은 예수를 보편 타당화하는 것이 아니다. 우리 시대의 관점에서 개방된 정신으로 예수를 바라보는 것만이 우리가 할 수 있는 유일한 일이다.

우리의 출발점은 그러므로 현재의 역사적 상황이 지닌 우리의 긴박한 현실이다.

우리 시대의 특징인즉 비단 개인의 생사만이 아니요 나아가 민족이나 문화의 존망만도 아닌, 온 인류의 사활이 문제되고 있다는 점이다. 우리는

---

[1] Schillebeeckx ① 24. [책 말미 '참고문헌'에 실린 문헌일 경우, 지은이와 쪽수만 표기한다. 한 지은이의 책이 여럿일 때는 번호를 매겨 구별한다 — 옮긴이.]

지상의 인류 생존을 위협하는 문제들을 의식하고 있다. 그뿐 아니라 어떤 문제들은 인제 해결될 길이 없을지도 모른다는, 어느 누구도 인류 전멸을 향하여 곤두박질치고 있는 우리네 현실을 막을 수 없을지도 모른다는 두려움이 또한 우리 시대의 특징을 이루고 있다.

이 점을 처음으로 실감하게 한 것은 원자탄이었다. 갑자기 우리는 자멸할 수도 있는 그런 세상에 우리네 자신이 살고 있음을 알게 되었다 — 그것도 단추 하나만 누르면 끝장인 그런 세상에! 우리 모두가 그 단추 맞은편에 앉은 사람들의 처분에 맡겨져 있는 것이다. 그들을 믿을 수 있을까? 위기의식이 자라나면서 우리는 더욱 큰 불안을 느끼게 되었다. 50년대 말과 60년대 초에 이런 불안한 세계 말고는 아는 바가 없이 자라던 젊은 세대는 심각한 방향 상실을 겪었다. 반항·팝송·마약·장발·히피 — 이 모두가 핵폭탄이 낳은 불안의 증상들이었다.

오늘에는 일견 핵전쟁의 공포가 줄어든 것으로 보인다. 이것은 한편 초강대국들 사이에 긴장 완화détent가 크게 표방되기 때문이기도 하겠지만, 또한 사람들에게 점차로 그런 가공할 현실에 대한 면역성이 생겨난 까닭이다. 어떻든 영구적 평화가 보장되어 있는 것은 아니다. 오늘 우리는 새로운 위협에 직면해 있다. 인구 격증, 자연 자원 고갈, 식량 공급 감소, 환경 오염, 폭력의 악순환 — 이런 것들이 핵전쟁보다도 더 확실히, 또 불가피하게 우리를 멸망시킬 것으로 보인다고들 말하고 있다. 이들 가운데 어느 것도 그 자체 하나만으로 우리의 미래를 위협하기에 넉넉하다고 할 수는 없을지도 모른다. 그러나 묶어서 보면 필연적으로 파멸을 내포하고 있다고 하지 않을 수 없다.

지상의 인구가 대단위 숫자로 증가하고 있다는 사실이 참으로 무엇을 의미하는가를 사람들에게 납득시키려고 여러 방법이 구사되고 있다. 가령 그처럼 엄청나게 큰 숫자는 상상도 못하는 나 같은 사람도, 바야흐로 세계

인구가 해마다 8천만 명씩이나 늘어나고 있다는데, 요즘의 영국 인구가 약 5천만 명임을 상기하고 보면, 이게 정말 보통 일이 아니구나 하는 생각이 절실해진다. 또 동시에 석탄·석유·천연가스는 물론, 심지어 깨끗한 물까지도 앞으로 얼마나 더 공급이 지속될지 여러 측정 수치가 들려오고 있다. 이들 자연 자원 가운데는 우리네 자신이 살아 있는 동안에 벌써 고갈되고 말 것도 있는 모양이다. 갈수록 많은 농토가 잠식되고 점점 더 큰 산림들이 괴멸되어 가는 가운데 황량한 불모지가 우리를 향하여 야금야금 기어 올라오고 있다. 『뉴욕 타임스』의 일요일판 단 하나가 먹어 치우는 숲의 넓이만 해도 150 에이커(약 60 정보)나 된다. 게다가 두루마리 화장지로 쓰이는 종이가 글을 쓰거나 인쇄하는 데 쓰이는 종이보다도 더 많다.

그뿐인가, 근년에 우리는 강과 바다와 바로 우리가 마시는 공기의 오염이 누적되어 일어나는 심대한 결과들도 의식하게 되었다. 서둘러 과감한 개혁이 개시되지 않는 한, 우리 모두가 우리 자신이 이루어 놓은 발전의 부산물에 의하여 죽임을 입으리라고 환경론자들은 말하고 있다.

이런 문제를 너무 과장할 필요는 없다. 해결책들이 발견될 **가능성**은 있다. 그런데 문제는 이 해결책이라는 것이 하도 많은(특히 부강한 나라에 사는) 사람들의 가치관과 사고방식과 생활수준에 대하여 하도 철저하고 하도 극적인 변화를 요청하는 것이어서, 대부분의 관측자들은 그런 변화를 기대하기란 사실상 불가능하다고 보고 있다는 점이다. 지구의 부존 자원을 보존하고 에너지의 대체 자원을 개발함으로써 어떤 과감한 행동을 취할 **가능성**이야 있다지만, 그러나 그로써 얻게 될 이익에 따르는 온갖 손실과 비용을 누가 감당하고자 하겠느냐는 것이다. 또 그런 부수적 희생을 감수하고 지구를 오염시키지 않을 수송 방법과 생산 방법을 채택할 **가능성**도 있기는 있으니, 생활수준이 높은 사람들이 불요불급한 것들을 모두(지나친 종이 사용 따위까지) 포기함으로써 생활수준을 낮출 수도 있겠고, 그런다고 해서 반드시 삶의 질質도 낮아지는 것은 아니며 도리어 높아질지도 모른다지만, 그러나 그처럼 수많은 우리네들로 하여금 그처럼 근본적인 변화를 이루어 내도록 동기를 부여할 만한 인간적 또는 도덕적 근원을 어디서 발견하겠느냐는 것이다.[2]

사람들로 하여금 자기 자신의 장래를 위하여 현재의 과도한 소비생활을 단념하라고 설득하기도 무척이나 어려운 노릇이 분명한 터에, 남들을 위하여 그렇게 하라고 요청하기란 더욱 어려운 일이며, 하물며 아직 태어나지도 아니한 수억의 인명들을 위하여 필요한 모든 희생을 치르라고 권유하기란 거의 불가능한 일이 아니랴.

그런가 하면 세상에는 문제를 직시하여 깊은 관심을 가지고 도움이 될 만한 일이라면 무엇이나 하고자 하는 수많은 선의의 남녀가 있다는 것도 못지않게 명백한 사실이다. 그러나 그들이 **사실상** 무엇을 할 수 있는가. 그 모든 문제에 대하여 한 개인 또는 다수의 개인들이 무엇을 할 수 있는가. 우리가 마주치고 있는 것은 사람들이 아니라 **체제**라는, 그 자체의 동력과 역할을 지닌 비인격적 힘이다.[3] "체제는 어쩔 수 없는 것"이라는 체념의 소리를 우리는 얼마나 자주 듣고 있는가.

이것이 실은 문제의 핵심이다. 우리는 특정한 전제와 가치에 입각하여 모든 것을 아우르는 정치 · 경제 체제를 수립해 놓았다. 그리고 바야흐로 이 체제가 비단 파괴적일 뿐 아니라(우리는 이 체제로 말미암아 파멸의 낭떠러지 앞에까지 와 있는 것이다), 또한 우리의 주인이 되었다는 것을 깨닫기 시작했다. 체제는 이제 어느 누구도 변화시키거나 통제할 수 없는 것같이 보인다. 무

---

[2] 이 문제에 관한 통계는 Sean McDonagh, *The Greening of the Church* (New York/London 1990)[『교회의 녹화』 분도출판사 1992]; Paul Vallely, *Bad Samaritans: First World Ethics and Third World Debt* (New York/London 1990) 등의 자료를 참조하라.

[3] Rubem Alves는 이것을 기구(Organisation) 또는 공룡(Dinosaur)이라고 부른다: *Tomorrow's Child* 1-22.

엇보다도 가증스런 발견은 아무도 키(舵)를 **붙들고 있는 자가 없다**는, 우리가 그처럼 세심하게 고안해 놓은 비인격적 메커니즘이 우리를 가차 없이 파멸로 이끌어 가고 있다는 사실이다.[4]

체제는 인구 격증에 대처하도록 만들어진 것이 아니다. 예컨대 방글라데시처럼 속수무책으로 과밀한 인구를 가진 나라의 사람들을 오스트레일리아 같은 다른 나라의 사람 드문 넓은 지역에 이주시킬 수 있는 그런 정치기구란 존재하지 않는다. '민족국가'로 화한 정치체제에서 그런 해결책이란 엄두도 못 낼 일이다.

경제적으로 보면 체제는 부익부 빈익빈을 낳는다. 빈곤한 국가들은 체제가 요청하는 수준의 경제 성장을 성취하려고 노력할수록 더욱 뒤떨어지기만 한다. 체제는 자유 경쟁을 표방하는 체제라면서도 사실상 누구에게나 동등한 기회가 주어져 있는 것은 아니다. 더 많이 가진 자가 더 많은 일을 할 수 있으니 자연히 그와 경쟁할 만큼 넉넉히 가지지 못한 자가 할 수 있는 일은 그만큼 더 적어진다. 그것은 빈자가 으레 패자가 되기 마련인 악순환이다. 매년 (인류의 5분의 1쯤인) 10억 넘는 사람들이 최소한의 수확도 거두지 못해 배를 주린다. 그들은 깨끗한 식수도 구할 수 없고, 초등교육도 기본 건강관리도 받지 못한다.[5] 수없이 많은 사람이 고작 기아와 영양실조와 헐벗음으로 괴로움이나 겪자고 이 세상에 태어나고 있는 꼴이다. 굶어 죽는 사람들이 몇 백만이나 되는지 누가 아는가. 우리의 현재 실상은 고요히 관망이나 하고 있기에는 너무나 끔찍한 지경에 이르렀다 — 미래는 접어 두고라도.

체제는 이런 문제들을 해결하도록 만들어져 있는 것이 아니다. 그것은 부를 증식해 나갈 능력은 있어도 생활필수품의 균등한 분배나마 보장할

---

[4] Alves 34-6.
[5] 예: *The State of the World's Children: 1990 Report*, UNICEF. Vallely 3에서 인용.

능력이 없다. 대저 체제란 사람보다는 이익을 위한 장치다. 인간이 고려 대상이 될 수 있다는 것은 고작 인간의 복지가 더 큰 이익을 생산하게 되는 경우에 한한다. 체제란 이익을 위하여 인간을 잡아먹는 괴물이다.

설상가상으로 체제는 갈수록 더 큰 폭력을 써서 그 자체의 요구를 강요하고 그 자체의 존속을 옹호하게 마련이다. 불의와 압제와 수탈의 제도적 폭력은 고사하고라도 바야흐로 온 세계에 수많은 군사정부가 늘어나고 있음을 우리는 목격하고 있다. 제3 세계를 널리 돌아다녀 보지 않더라도 어째서 체제란 무력 독재에 의해서만 유지될 수 있는가를 알아차릴 수 있다. 반체제운동을 하는 사람들 가운데는 폭력을 사용해 왔거나 또는 그렇게 하겠다고 위협하고 있는 사람들이 많다. 제도적 폭력은 혁명적 폭력을 낳고, 폭력 경찰·무영장 구속·고문·무력 통치·정적 살해 따위의 형태로 더욱 심한 제도적 폭력을 낳는다. 만일 다른 모든 문제점(인구·빈곤·오염·낭비·인플레이션·자원 감소 등)에 대하여 참으로 과감한 어떤 조처가 취해질 수 없다면, 기존 체제로 말미암아 우리는 모두 헬더 까마라가 말한 "폭력의 악순환"에 빠져 급속도로 상호 파괴 행위에 말려들게 되리라.[6]

이념적 목적으로 이런 문제점들을 과장할 필요도 없지만, 그렇다고 이들을 무시하거나 논외로 미루어 버릴 수도 없다. 나날이 다반사처럼 우리는 우리의 문제점들이 크고 복잡하고 해결되기 어려운 일임을 새삼 깊이 의식해 가고 있다. 그래서 과거에 상상하던 온갖 지옥의 모습보다 더 무시무시한 미래상이 조성되고 있다. 글자 그대로 **생지옥**이 이 지구의 전망이 되어 있다는 것이 어느 모로 보나 오늘날 우리네 삶의 기본 현실이다.

기성 종교가 이 위기에 별로 도움이 되지는 못했다. 실은 사정을 더욱 악화시키는 경향이 종종 있었다. 현세와 현세에 사는 모든 사람의 미래에

---

[6] Helder Camara, *Spiral of Violence* (London 1971) 30.

대해서는 관심을 가질 필요가 없다는 식으로 초자연 세계를 강조하는 종교는 도피의 구실을 제공하여 문제 해결을 더욱 어렵게 만들 뿐이다.

그러면서도 우리가 살고 있는 역사의 이 순간이 낳은 한 가지 반가운, 구원하는 효과가 있으니, 그것은 이 순간이 우리로 하여금 정직해지기를 강력히 촉구할 수 있다는 사실이다. 모든 것이 무너져 버릴 듯이 아슬아슬한데 겉만 번지르르하게 위신이나 지켜서 무슨 소용이랴. 이 진실의 순간에 누가 과거의 교회와 학자들의 궤변에나 몰두하랴. 현재의 세계 위기를 정면으로 직시하게 된 사람은 사소하고 엉뚱한 문제들에나 계속 열을 올리는 사람들, 로마가 불타는 판에 바이올린이나 켜고 있는 사람들을 보고 참고만 있을 수 없다. 더없이 큰 파국의 전망이야말로 우리에게 냉철한 자세를 취하게 하는 효과를 낳을 가능성이 있다.

그런데 사실은 나자렛 예수가 (규모는 훨씬 작았지만) 근본적으로 동일한 처지에 직면해 있었다는 점을 나는 제시하고 싶다. 예수는 세말世末이 다 된 듯한 시대에 살았다. 왜·언제·어떻게에 관해서는 의견들이 달랐지만, 어떻든 당시에 대다수의 유다인들이 세상은 묵시적默示的 파멸의 낭떠러지에 걸려 있다고 믿고 있었다. 앞으로 보려니와, 예수는 바로 이렇게 파국을 내다보면서, 또 그것을 자기 나름으로 이해하면서 자기 사명의 수행에 나섰다. 예수의 이러한 면모를 나는 탁월한 비약적 독창성이라고 부르고 싶거니와, 이런 독창성을 가지고 이 사나이는 탈출구를 내다보고 있었다. 그리고 실상 그것은 탈출구에만 그치는 것도 아니었다 — 예수는 인류를 위한 완전한 해방과 성취의 길을 내다보고 있었다.

우리도 동일한 무서운 전망에 직면해 있다. 그러므로 우리는 비단 임박한 파멸에 대한 예수의 관심을 제대로 인식할 수 있을 뿐 아니라, 또한 그 해결책이 될 만한 예수의 실현 가능한 통찰들을 우리에게 최고의 타당성이 있는 규범으로 삼을 수도 있다. 그러나 우리는 예수에게 모든 대답이 있으며 그 대답들이 무엇인지를 우리가 알고 있다고 감히 전제하려 하지는 못한다. 또 물론 예수의 통찰들은 타당성이 없으며 안심하고 무시해 버릴 수 있다고 전제해서는 안 된다. 우리의 상황은 너무도 절박하므로, 우리는 탈출구를 찾으면서 돌멩이 한 개라도 함부로 건드릴 수는 없다.

역설적인 일이거니와, '세말'에 관한 예수의 관심은 현대 신약성서학 이전의 세대들에게는 그처럼 큰 걸림돌이 되는 듯하더니, 오늘에 와서는 이것이야말로 우리로 하여금 예수에 대하여 특별한 관심을 가지게 하는 요점이 되고 있다. 사뭇 뜻밖에도 우리네 현재의 역사적 환경이 나자렛 예수에 대한 새로운 전망을 제공하고 있는 것이다.

세례자 요한의 예언

복음서라고 부르는 소책자 네 권은 무슨 전기傳記가 아니다. 본디 전기로서 쓴 것이 아니다. 이 책들의 목적인즉 예수가 죽고 한두 세대가 **지나서** 팔레스티나 **바깥**에 살고 있던 사람들이 예수를 어떻게 적절히 받아들일 수 있는가를 보여 주자는 것이었다. 분명히 이 초대 그리스도인들은 예수의 생애에 관한 정확한 전기가 필요하다고 느끼지는 않았다. 다만 팔레스티나 바깥의 환경에 살고 있던 그들이 어떻게 하면 예수를 올바로 이해할 수 있는가를 알고 싶었던 것이다.

초대 그리스도인들이나 그 밖의 어느 다른 세대나와 마찬가지로 오늘의 우리에게도 전기가 필요한 것은 아니다. 우리도 오늘의 상황에서 예수가 우리에게 무슨 의미가 있는지 보여 줄 그런 예수에 관한 책이 필요하다. 이름과 장소와 날짜를 정확히 기술하는 것으로 역사상 인물이 후대에 되살아나는 일이란 좀처럼 없는 법이다.

그러나 예수가 오늘의 우리에게 되살아나자면 아무래도 네 복음서의 뒤로 되돌아가서 예수가 당시의 팔레스티나 사람들에게 무엇을 제시하고자 했던가를 우리 스스로 찾아낼 수밖에 없다. 우리에게 참으로 필요한 것은 예수의 전기가 아니라 예수에 관한 역사적 진리다.

네 복음서를 주의 깊게 읽고 또 당시의 상황에 대하여 일반적으로 인정되는 지식을 십분 활용한다면, 우리는 예수에 관한 역사적 지식을 썩 많이 발견할 수 있다.[1] 이것이 가능한 까닭은 복음서들이 후대에 기록된 것이면서도 예수와 예수 당시 사람들에게로 거슬러 올라가는 자료들을 이용하고 있기 때문이다. 심지어 예수가 실제로 사용한 말들을 포착하고 예수의 행적을 정확히 되밟아 볼 수 있는 대목("ipsissima vox et facta")까지도 더러 있는데, 그러나 그보다 더 중요한 것은 예수의 본래 의도("ipsissima intentio")를 밝히는 일이다.[2] 예수가 당시에 성취하려 한 것이 무엇인가를 발견하는 것이 우리의 목적이라면, 때로는 예수의 동시대인들이 어떻게 살고 생각했으며 예수에게 어떤 반응을 보였던가를 아는 것이 예수가 정확히 어떤 말을 사용했으며 어떤 행동을 취했던가를 아는 것보다 오히려 가치 있는 일이리라. 예수의 언행들을 안다는 것도 어디까지나 예수의 본래 의도를 밝히는 데 도움이 되는 한에서만 가치 있는 일이 되겠기 때문이다.

예수는 무엇을 하려 했던가? 초세기 팔레스티나에서 사람들 가운데 활동하면서 무엇을 성취하고자 했던가?

예수의 진의를 밝히는 최선의 방법은 예수의 결단·선택이라는 사실의 증거를 찾는 일이다. 예수가 여러 가능성 가운데 하나를 선택했다는, 역사

---

[1] 오늘날 학자들이 예수에 관하여 역사적으로 확실한 사실이라고 보는 바를 집약한 책들: Leslie E. Mitton, *Jesus: The Fact behind the Faith*; John Dominic Crossan, *The Historical Jesus: The Life of a Mediterranean Jewish Peasant* (San Francisco 1991); John P. Meier, *A Marginal Jew: Rethinking the Historical Jesus* (New York 1991).

[2] Robinson 67-8, 105: Leonardo Boff, "Salvation of Jesus Christ and the Process of Liberation", *Concilium*, June 1974, 79-80.

적으로 확실한 사건을 발견할 수 있다면, 예수가 생각하는 방향의 중요한 실마리를 붙든 셈이다. 그런데 이런 실마리가 네 복음서에서 모두 첫머리에 나와 있으니, 곧 예수가 요한에게 세례를 받기로 결단했다는 사실이다.

예수의 세례에 또 다른 어떤 의미가 있든 간에, 적어도 그것은 예수가 당시의 다른 어떤 외침이나 운동보다도 세례자 요한과 손잡기를 결심했음을 뜻한다. 세례자 요한이 당시 사람들과 얼마나 달랐던가를 이해할 수 있다면, 우리는 예수가 생각하는 방향의 첫 실마리를 붙든 셈인데, 사실 우리는 당시 역사에 관하여 그럴 만큼 넉넉히 알고 있다. 기원전 63년 로마는 팔레스티나를 식민지화했다. 각 식민지에 현지 출신 통치자를 앉히는 정책에 따라 로마는 후보자들 가운데 가장 유력한 헤로데를 유다인의 왕으로 삼았다. 헤로데 대왕으로 알려진 그가 다스리던 때 예수는 태어났다. (현대식으로 계산해서) 기원전 4년 이 헤로데가 죽자 그의 왕토는 세 아들에게 나뉘었다. 헤로데 아르켈라오스는 유다와 사마리아를 받았고, 헤로데 안티파스는 갈릴래아와 베레아를 얻었으며, 헤로데 필리포스는 북부 지역 대부분을 차지했다.

아르켈라오스는 그런데 백성들의 끊임없는 소요에 대처해 나갈 능력이 없는 사람이었다. 그래서 로마가 직접 개입하게 되어 마침내 아르켈라오스는 폐위되고 로마 총독이 파견되어 유다와 사마리아를 통치하게 되었다. 로마의 직할 통치가 시작된 이때 예수는 열두 살쯤이었다. 이때부터 70년 성전과 도성과 민족이 거의 전멸하다시피 되고 다시 135년 최후로 완전히 파괴되고 말 때까지, 유다 민족사상 가장 어수선하던 난세가 계속되었다. 이 시기에 예수가 살다가 죽었으며, 이 동안에 최초의 그리스도인 공동체들이 발 디딜 땅을 찾아야 했다.

이 세대는 폭동으로 발단되었다. 쟁점은 세금의 부과였다. 로마인들은 과세 목적으로 전국에 인구조사를 실시하고 자산 목록을 작성하기 시작했다. 유다인들은 종교적 이유로 이를 반대했고 폭동을 일으켰다. 이 폭동의 지도자는 '갈릴래아 사람 유다'라는 이름으로 알려진 사람으로서, 종교적 정신에 바탕하여 해방 투사들의 운동을 창도한 사람이었다.[3]

로마는 즉각 이 첫 봉기를 진압한 다음, 일벌백계 삼아 적어도 만 명이 넘는 반도들을 십자가형에 처했다. 그러나 운동은 계속되었다. 유다인들은 그들을 **젤로데**(열성파)라고 일컬었고 로마인들은 강도라고 불렀다. 그들은 물론 지하운동을 벌이고 있었고 엄밀한 조직이 있는 것은 아니었다. 때로는 여러 패로 갈라지기도 하고 때로는 암살을 전문으로 하는 '시카리'와 같은 신생 단체와 제휴하기도 했다.[4] 더러는 싸움이 좋아 가담한 사람들도 있었지만, 대부분은 투철한 종교적 열성을 견지하면서 고문과 십자가형이라는 무서운 위협이 계속 목숨을 노리고 있는데도 필사적으로 저항하고 있었다. 간헐적으로 폭동을 일으키고 수시로 게릴라전을 벌이면서 그들은 60년 동안 끈질기게 로마 점령군을 괴롭혔다. 그러는 동안에 폭도에서 혁명군으로 발전했다. 그리하여 예수가 죽은 지 약 30년 후인 66년에는 높아가는 백성들의 지지를 받으면서 로마 정부를 타도하고 정권을 인수했다. 그러나 4년 후에는 로마에서 막강한 대군이 파견되어 그들을 부수어 버렸다. 처참한 대학살이었다. 그 마지막 일단은 마사다 산상에서 항전하면서 73년까지 버티다가 패망했는데, 이때 로마에 항복하느니 차라리 자결을 선택한 사람이 거의 천 명이었다.

젤로데 운동은 그 정신과 목적이 근본적으로 종교적이었다는 점이 강조되어야겠다. 당시 팔레스티나의 유다인들 대부분은 이스라엘을 신정神政 국가로 믿고 있었다 — 자기들은 하느님의 선택된 백성이라고. 하느님이 왕이요 유일한 주님이며 영도자이시라고. 토지와 재산은 하느님께만 속한

---

[3] Josephus 「유다인의 로마 항전사抗戰史」 2,118; 「유다 고사古事」 18,1-10.
[4] 「항전사」 2,254-7; 참조: Brandon ② 39-40.

다고. 로마인을 지도자로 받아들인다는 것은 하느님께 불충한 행위가 되며, 로마 황제에게 세금을 바친다는 것은 하느님의 것을 황제에게 주는 셈이라고. 젤로데는 율법에 대하여 열성적이고 하느님의 주권과 왕권에 대하여 열성적인, 독실한 유다인들이었다.

이 점에 관해서라면 **바리사이**파도 젤로데와 다툴 이유가 없었으리라.[5] 바리사이 6천 명이 황제에 대한 충성 서약에 서명하기를 거부했고, 그래서 로마도 유다인 신민들에 대해서는 이 요구를 유보할 수밖에 없었던 것이다.[6] 그러나 대부분의 바리사이는 무기를 들고서 로마에 대항해야 한다고는 생각지 않았다. 아마 너무 부담스럽게 여겨졌기 때문이리라. 그들의 주된 관심사는 이스라엘 자체의 개혁이었다. 이스라엘이 율법과 선조들의 전통에 충실하지 못했기 때문에 하느님이 그들을 버리고 로마의 멍에에 매이게 하셨다는 것이었다. 바리사이는 불만을 품고서도 하는 수 없이 로마에 세금을 바쳤다. 그러고도 자기네 자신은 율법과 전통에 충실하지 못한 모든 사람과 따로 놓고서 이스라엘의 충실한 잔존자殘存者라는 폐쇄 집단을 이루고자 했다. 바리사이라는 이름은 '분리된 사람들', 곧 참된 이스라엘 공동체로서 성별聖別된 거룩한 사람들이라는 뜻이다.[7] 그들의 윤리는 준법적이고 시민적이며 상·벌을 주요 내용으로 삼고 있었다. 하느님은 율법을 지키는 사람들을 사랑하고 그들에게 상을 주시며 율법을 지키지 않는 사람들을 미워하고 그들에게 벌을 주신다는 것이다. 바리사이는 또 후세와 죽은 사람들의 부활을 믿었으며, 장차 하느님이 메시아를 보내어 자기들을 로마에서 해방시키시리라고 믿고 있었다.

완벽성을 추구하는 점으로 말하면 **엣세네**파야말로 바리사이보다도 한결 더했다. 그들 가운데는 완전히 사회와 절연하고 사막에서 노숙하면서

---

[5] Brandon ② 37, 47, 54. [6] 『고사』 17,2. [7] Jeremias ⑦ 246.

독신 · 금욕 생활을 하는 사람들도 많았다. 엣세네는 예식상의 부정不淨과 사악한 세상의 오염에 대하여 바리사이보다 더 경계심이 컸다. 본디는 성전에서 제사 드릴 제관들을 위하여 규정되어 있던 정결례를 그들은 나날이 꼬치꼬치 준행하고 있었다.

엣세네는 자기네 '종파'에 속하지 않는 사람이면 누구나 배격했다. 성전의 제관 제도도 썩어 빠진 것으로 보았다. 바깥 사람들은 모조리 어둠의 자식들로서 마땅히 미움을 받아야 했으며, 사랑과 존경은 오로지 자기네 교단에 속한 사람들(빛의 아들들)에게만 유보된 특권이었다. 오로지 자기네만이 이스라엘의 충실한 잔존자들이라는 것이었다.

엣세네의 엄밀한 분리와 엄격한 규율은 세말이 다가왔다는 믿음에 대응하는 것으로 이해되어야 한다. 그들은 메시아(두 메시아?)의 도래를 예비하고 있었다. 빛의 아들들인 자기들이 사탄의 군대인 어둠의 자식들을 섬멸하게 될 큰 전쟁을 벌일 준비를 하고 있다는 것이었다. 그리고 섬멸될 어둠의 아들들 가운데 첫째가 로마인들일 것이었다.[8]

엣세네는 그러므로 젤로데 못지않게 호전적이었다.[9] 다만 그들에게는 아직 때가 무르익지 않은 것이었다. 그들은 주님의 날을 기다리고 있었다. 66년경 젤로데의 무력이 로마보다 우세해지기 시작하자 엣세네는 거기에 가담했다가 결국 그 밖의 가담자들과 더불어 모두 섬멸되고 말았다.[10]

이런 예외적인 종교적 열성의 발로자들 가운데서도 **사두가이**파는 특히 보수적이었다. 그들은 가장 오랜 히브리 전통을 고수했으며 믿음과 예식의 새로운 요소라면 무엇이든 배격했다.[11] 후세와 죽은 사람들의 부활은

---

[8] 1QM 1,15-19; 참조: Vermes ① 123, 125, 143-8.

[9] Philo(*Quod omnis probus liber sit,* 78)는 엣세네에 관하여 다른 말을 했으나 믿을 만한 것이 못 된다. 참조: E. Sutcliffe, *The Monks of Qumran* (Westminster/London 1960) 125.

[10] Brandon ② 61.   [11] Moyne 378.

그런 새로운 요소로 간주되었다. 상·벌은 현세에서 찾아야 한다는 것이었다. 사두가이는 그러니까 로마에 협력하면서 현상status quo 유지에 애쓰는 편의주의자들이었다.

사두가이의 전부는 아니라도 다수가 부유한 귀족 계급의 **제관장**들과 **원로**들이었다.[12] 제관장은 제관 가운데 특별 계급으로서, 여느 제관과 마찬가지로 제사를 바칠 뿐 아니라 성전의 조직·관리도 맡고 있었다. 제관 신분은 물론 세습적이었다.

원로는 평신자 귀족이었다. 오랜 귀족 가문의, 대부분의 토지를 소유하고 있던 호족들이었다.[13]

율법 학자(혹은 서사나 랍비)들은 대부분 바리사이였으나, 일부 사두가이도 있었던 모양이다. 그들은 똑똑한 사람들이었다. 신학자이자 법률가이자 교사였으며, 다만 제관은 아니었다.

이리하여 복음서에서는 사두가이를 가리켜 "제관장과 율법 학자들" 또는 "백성의 지도자들"이라고 부르곤 한다. 그들은 상류 지배 계급이었다.

오늘날 **묵시문학**이라고 부르는 문학 유형에 몰두해 있던 조그만 일단의 이름 없는 저자들에 대해서도 언급해 두어야겠다. 그들은 관조가觀照家 또는 환시자幻視者들로서, 역사에 대한, 그것도 특히 세말에 대한 하느님 계획의 비밀을 간접적으로 계시받았다고 믿고 있었다. 그들에 따르면 하느님은 모든 때와 시대를 예정해 두셨으며, 처음으로 당신 비밀 계획을 계시해 주신 사람들은 에녹·노아·에즈라·아브라함·모세와 같은 옛 조상들이었다고 했다. 이제는 그들 묵시문학 저자들이 이 비밀을 알게 되었는데, 그래서 그들은 옛 조상들을 대신해서 자기네 시대의 식자識者들을 위하여 그것을 기록하고 있다는 것이었다.[14]

---

[12] Moyne 349-50.　　　[13] Jeremias ⑦ 222-32.　　　[14] Russell 4장.

이 저자들은 율법 학자였을지도, 따라서 바리사이나 엣세네의 일원이었을지도 모른다. 어떻든 우리로서는 확실히 알 수 없다. 그들은 무명인이었으며, 오늘날까지도 무명인으로 남아 있다.

이 모든 종교적·정치적 운동가와 사변가 가운데서 마치 반대의 깃발처럼 솟아오른 한 사나이가 있었으니, 그가 세례자 요한이다. 요한은 예언자라는 점에서 당시의 여느 사람들과 달랐다. 참으로 요한은 옛날의 선행자들과 마찬가지로 재난과 멸망의 예언자였다. 표면적으로 엣세네나 묵시문학 저자 같은 사람들과 닮은 데가 있었다고 해서, 일찍이 어느 예언자나 그러했듯이 요한도 동시대인들과는 달랐다는 사실을 간과해서는 안 된다. 다른 사람들은 "다가오는 시대"에 이스라엘의 충실한 사람들이 원수들에게 승리를 거두리라고 내다보고 있었던 반면에, 요한은 이스라엘에 대하여 재난과 멸망을 예언하고 있었다.[15]

매우 오랜 세월 동안 이스라엘에는 예언자가 없었다. 당시의 모든 문헌이 증언하고 있거니와 사람들은 모두가 이 점을 통감하고 있었다.[16] 예언자 정신의 불꽃은 꺼지고 말았다고. 하느님은 말이 없으시다고. 하느님의 말씀을 들을 수 있는 것이라고는 고작 "그 소리의 메아리"가 전부라고. 나아가 "참된 예언자가 나올 때까지"(1마카 14,41) 확실한 결정들은 미루어 두어야 하리라고(1마카 4,45-46 참조). 이 침묵이 광야에서 세례자 요한의 소리로 깨어졌다. 그의 생활양식, 그의 말하는 방식과 그의 메시지, 그것은 예언자 전통의 의식적 재생이었다. 우리가 가진 요한에 관한 자료들은 신약성경 안팎에서 한결같이 이 점을 증언하고 있다.

요한의 예언자적 메시지는 단순한 것이었다. 하느님이 자기 백성에게 화가 나서 벌을 줄 계획이시라고. 하느님이 역사에 개입하여 이스라엘을

---

[15] Schillebeeckx ② 129.　　　　　[16] ⑧ 80-2; Scobie 118-20.

단죄하고 멸하고자 하신다고. 요한은 이 멸망을 큰 수풀의 불에 비겨 묘사한다. 불이 나기 전에 독사들이 도망을 가듯 하리라고(마태 3,7병). 불 속에서 나무들과 곡식 쭉정이들이 타는 것과 같으리라고(마태 3,10.12병). 사람들이 마치 불의 세례를 받듯이 불 속으로 삼켜 들어가리라고(마태 3,11병). 요한은 또 도끼와 키라는 은유도 사용한다. 이것은 예언자들이 사용하던 은유들이며, 묵시문학 저자들이 사용하던 자연적 사물에 의한 표상들과는 아무 공통점도 없다.[17] 요한이 후세의 지옥이나 어떤 천지개벽 같은 것을 가리키고 있었다고 할 아무 근거도 없다. 수풀의 큰불은 지상 생지옥의 표상이다.

이스라엘에 대한 하느님의 준엄한 심판은 요한에 의하면 한 인간이 집행할 것이었다. 그를 요한은 "오시는 분"이라고 부른다(마태 3,11병; 마태 11,3병). 나아가 바야흐로 도끼와 키를 들고 차비를 하고서 "**그분**께서는 … 불로 세례를"(마태 3,11병) 주시리라고도 한다.

예언이란 예고가 아니라 경고나 약속이다. 예언자는 이스라엘에게 하느님의 심판을 경고하며 하느님의 구원을 약속한다. 경고도 약속도 조건부다. 둘 다가 이스라엘 사람들의 자유로운 응답에 의존한다. 이스라엘이 회개하지 않는다면 결과는 처참하리라. 회개한다면 축복이 넘치게 내리리라. 예언의 실제 목적은 사람들로 하여금 회개하도록 설득하는 데 있다. 무릇 예언자는 누구나 회개를 호소했다.

예언자가 아닌 동시대인들과는 달리 요한은 이스라엘을 향하여 경고하고 호소한다. 이방인들에게 멸망이 박두한 줄로, 아브라함의 자손들은 조상 덕분에 살아남을 줄로 착각하지 말라고.

---

[17] Schillebeeckx ② 130.

그리고 "우리는 아브라함을 조상으로 모시고 있다"고 말할 생각일 랑 하지 마라. 내가 너희에게 말하는데, 하느님께서는 이 돌들로도 아브라함의 자녀들을 만드실 수 있다(마태 3,9).

하느님은 이스라엘을 멸하고 새로 당신 백성(새로운 아브라함의 자손들)을 만드실 수도 있다고 — 이스라엘이 회개하지 않는다면 그렇게 되리라고.

요한은 죄인·창녀·세리·군인뿐 아니라 율법 학자와 바리사이에게도 회개를 호소했다(루카 3,12.14; 마태 21,32). 심지어 유다인의 왕(분봉왕) 헤로데 안티파스까지도 호되게 질책했다(마르 6,18병; 루카 3,19). 여기서 중요한 것은 이스라엘 잔존자의 규합도, 무슨 '종파'의 창설도 아니며[18] 각자가 모두 회개해야 한다는 것이다.

초기 예언자들은 왕이나 지도자들을 대표로 해서 이스라엘 온 백성이 달라지기를 기대했다. 그러나 요한은 후기 예언자들처럼 이스라엘의 개인 각자가 회개하여 인격적 마음의 변화를 경험하기를 기대한다. 이것이 요한이 행한 세례의 기본 의미다. 예식 자체로 어떤 선례들이 있을 수 있었던가는 중요한 문제가 아니다. 참으로 중요한 것은 요한이 그 예식을 어떤 의미로 사용했던가다. 요한의 세례는 개인적이며 인격적인 회개의 표지였다. 그들은 "죄를 고백"했고, 그러고 나서 세례를 받았다(마르 1,5병).

이 세례는 죄의 용서를 위한 혹은 향한(eis) 것이었다(마르 1,4병). 이 문맥에서 죄의 용서란 장차 다가올 벌에서 면제되는 것을 의미한다.[19] 온 이스라엘이, 아니면 혹시 아브라함의 자손들 가운데 다수만이라도 회개할 수 있다면, 하느님은 진노를 거두고 당신 계획을 누그러뜨리시리라고. 그렇게 되면 파멸의 재난은 일어나지 않으리라고. 그 파국이 실지로 일어났던

---

[18] Gaston 138.   [19] Schillebeeckx ② 134; Gaston 138.

지, 세례를 받은 사람들이 개인적으로 구제를 받게 되었던지는 확실하지 않다. 이것은 결국 요한이 어떤 종류의 파국을 염두에 두고 있었더냐에 달려 있다. 그것은 (무죄한 자라고 해도 구제되는 일은 좀처럼 없는) 전쟁이었을까? 사실 예언자들이 생각하던 재난이란 이스라엘의 패전을 말하는 경우가 흔한 편이다.[20] 어떻든 요한이 무엇을 염두에 두고 있었던가, 혹은 도대체 그런 것을 생각하기나 했던가에 대하여 우리로서는 단정할 충분한 근거가 없다.

또 한 가지 뜻 깊은 사실로서, 요한이 호소한 회개는 정결 예규나 안식일 법의 자질구레한 세칙 준수 같은 것과는 아무 상관도 없었다. 또 이방인들에게 세금을 바치는 일과도 무관했다. 요한이 호소한 것은 말하자면 사회윤리였다.

> 옷을 두 벌 가진 사람은 못 가진 이에게 나누어 주어라. 먹을 것을 가진 사람도 그렇게 하여라. … 정해진 것보다 더 요구하지 마라. … 아무도 강탈하거나 갈취하지 말고 너희 봉급으로 만족하여라(루카 3,11-14).

요한은 헤로데가 이혼을 하고는 동생(또 다른 헤로데)의 아내와 결혼한 것과 그 밖의 여러 범죄를 들어 비난했다(루카 3,19). 한편 당시의 유다인 역사가 요세푸스의 주장에 따르면 헤로데가 요한을 체포한 것은 정치적 이유에서였다고 한다.[21] 헤로데는 요한 때문에 백성이 등을 돌리게 될까 봐 두려웠다. 특히 자기의 재혼이 낳은 정치적 파급 효과라는 관점에서 백성의 후원을 결코 소홀히 취급할 수 없었다. 헤로디아와 결혼하기 위해서 헤로데는

---

[20] von Rad 98-9; Russell 274-5.   [21] 『고사』 18,116-9.

이웃 나라 나바테아 왕국의 통치자인 아레타스 2세의 딸과 이혼을 했던 것인데, 이것은 비단 개인적 모욕만이 아니라 정치적 동맹 관계의 파기로 여겨질 수 있는 일이었다.[22] 나바테아인들은 그래서 전쟁을 준비하고 있었다. 헤로데가 볼 때 요한은 자기의 이혼과 재혼을 비난하고 하느님의 복수를 예언함으로써 사태를 불리하게 만들고 있었다. 사실 몇 년 후에 나바테아인들은 헤로데를 공격하여 패배시켰고, 그리하여 헤로데는 로마인들을 불러들여 자기와 자기 왕국을 구하게 할 수밖에 없었다. 요한은 헤로데를 거스르는 말까지도 서슴없이 감행했기 때문에 체포되어 참수당했다.

세례자 요한은 그때 그 사회에서 예수에게 깊은 인상을 준 유일한 사람이었다. 자기 백성에게 재난이 임박했음을 경고하며 사람마다의 마음의 변화를 요구하는 하느님의 소리가 바로 이 사람이었다. 예수는 이를 믿었고 이에 관하여 무엇인가를 하기로 결심한 사람들과 더불어 이에 가담했다. 예수는 요한에게 세례를 받았다.

예수가 세세한 점에서까지 요한과 의견이 같았다고 할 수는 없다. 나중에 보려니와, 적어도 후에는 요한과 자못 의견이 달라진 것이 확실하다. 그러나 요한에게 세례를 받았다는 사실이야말로 결국 기본적으로 요한의 예언을 받아들였다는 증거다. 곧, 이스라엘에게 더없이 크나큰 파국이 박두했다는 것이다. 그리고 이 예언을 믿기로 선택·결심하는 바로 거기서 예수는 젤로데·바리사이·엣세네·사두가이·율법 학자·묵시문학 저자들 같은, 요한과 요한의 세례를 배격하던 모든 사람과 근본적으로 견해가 다르다는 것이 즉각 드러난다. 이들 부류의 사람들이라면 어느 누구도 옛 예언자들처럼 이스라엘 전부를 거슬러 예언하는 그런 예언자는 믿고 싶지 않았으리라.

---

[22] Scobie 183.

예수의 출발점은 그러므로 이스라엘에 박두한 심판, 곧 더없이 엄청난 파국이었다. 풍부한 증거가 말해 주거니와 예수는 일생을 통하여 이 예언을 거듭 되풀이했다. 지금까지 전해져 오는 여러 성경 구절을 보면 임박한 재난이 어떤 결과를 낳을 것인가에 대하여 실상 요한보다도 예수가 더 뚜렷한 말을 하고 있다. 몇 대목 인용해 보자.

그러면 너의 원수들이 네 둘레에 공격 축대를 쌓은 다음, 너를 에워싸고 사방에서 조여들 것이다. 그리하여 너와 네 안에 있는 자녀들을 땅바닥에 내동댕이치고, 네 안에 돌 하나도 다른 돌 위에 남아 있지 않게 만들어 버릴 것이다. 하느님께서 너를 찾아오신 때를 네가 알지 못하였기 때문이다(루카 19,43-44).

예루살렘이 적군에게 포위된 것을 보거든, 그곳이 황폐해질 때가 가까이 왔음을 알아라. 그때에 유다에 있는 이들은 산으로 달아나고, 예루살렘에 있는 이들은 거기에서 빠져나가라. 시골에 있는 이들은 예루살렘으로 들어가지 마라. 그때가 … 징벌의 날이기 때문이다. 불행하여라, 그 무렵에 임신한 여자들과 젖먹이가 딸린 여자들! 이 땅에 큰 재난이, 이 백성에게 진노가 닥칠 것이기 때문이다(루카 21,20-23).

예루살렘의 딸들아, 나 때문에 울지 말고 너희와 너희 자녀들 때문에 울어라(루카 23,28).

바로 그때에 어떤 사람들이 와서, 빌라도가 갈릴래아 사람들을 죽여 그들이 바치려던 제물을 피로 물들게 한 일을 예수님께 알렸다.

그러자 예수님께서 그들에게 이르셨다. "… 너희도 회개하지 않으면 모두 그렇게 멸망할 것이다"(루카 13,1-5).

여기서 이 말들이 가리키는 것이 무엇인지는 의심의 여지도 없다. 로마와의 전쟁에서 예루살렘이 망하리라는 것이다. 참으로 예언자다운 말투로 예수는 이스라엘의 군사적 참패를 예언한다. 무시무시한 학살이 하느님의 심판이 될 것이며 로마인들이 그 심판의 집행자가 되리라고. 재빨리 도망갈 줄을 아는 사람들만이 목숨을 건지리라고(마르 13,14-20병). 이 일은 70년 실제로 그대로 일어났다.

흔히 학자들은 위의 구절들과 이와 비슷한 구절들(마르 13,2; 마태 23,37-39 = 루카 13,34-35; 11,49-51; 17,26-37)을 사건이 일어난 다음, 본문에 예고로서 삽입된 대목들("vaticinia ex eventu")이라 하여 대수롭지 않게 보아 넘기기가 일쑤였다. 그러나 최근 학자들의 연구에서 사실은 그런 것이 아니라는 것이 결정적으로 입증되었다.

이 구절들이 사후에 기록된 것일 수 없음을 처음으로 증명한 사람은 도드[23]였다. 이유인즉 이 구절들이 기원전 586년 일어난 첫 번째 예루살렘 멸망을 가리키는 구약성경 구절들을 모델로 삼고 있으며, 기원후 70년의 멸망만이 지닌 독특한 특징은 암시조차 해 준다고 할 만한 점이 전혀 없기 때문이라는 것이다. 개스턴도 대체로 같은 결론에 이른다. 그는 이 문제의 연구에 10년을 소비하여, 비록 별로 알려지지는 않고 읽히는 일도 드물기는 하지만 실은 매우 설득력 있는 방대한 저술들을 낳았다.[24]

예수가 과연 로마에 의한 예루살렘 멸망을 예언했다는 사실에는 의문의 여지가 없다. 초대 그리스도인들이 예수의 말에 다소 손질을 했을지는 모

---

[23] Dodd ② 47-54.   [24] Gaston 138.

르나, 이것도 70년의 사건보다는 먼저 이루어졌을 것이 틀림없다. 재난을 처음 예견한 사람은(그가 정확히 무엇을 내다보고 있었던가는 우리가 모르지만) 세례자 요한이었다. 예수는 요한의 견해에 찬동했으며, 시대의 징조를 읽어 이스라엘이 로마와 더불어 붕괴 도상에 있음을 뚜렷이 알아보았다. 예수도 요한도 예언자들과 마찬가지로 이 임박한 파국을 하느님의 심판이라는 견지에서 표현했다.

바로 이 참변을 생각하고 예수는 울었다(루카 19,41) — 수세기 전에 예언자 예레미야가 같은 이유로 울었듯이. 그런데 이에 대처하여 예수는 무엇을 실행하려고 하였던가?

2. 실행

가난하고 억눌린 사람들

예수는 요한의 예를 따라 요르단 강에서 세례를 주는 것으로 활동을 시작했을지도 모르나(요한 3,22-26), 그렇다 하더라도 곧 그만두었음에 틀림없다(요한 4,1-3). 예수가 요르단 강과 사막을 떠난 다음에도 누군가에게 세례를 주거나 누군가를 요한이나 다른 사람에게 보내어 세례를 받게 한 일이 있다는 증거는 없다. 많은 사람이 예수를 세례자 요한의 후계자라고 생각했지만, 사실로 후계자였든 아니었든 간에 예수가 세례를 주지 않았던 것만은 확실하다. 그 대신 예수는 이스라엘 집안의 길 잃은 양들을 찾아 도와주고 봉사하는 일에 나섰다. 여기에 예수의 두 번째 결단이 있으며, 여기서 우리는 예수의 정신과 의도에 이르는 뚜렷한 둘째 실마리를 얻게 된다. 예수는 이스라엘 사람들을 전부 요르단 강으로 데리고 가서 참회의 세례를 받게 함으로써 이스라엘을 구해 낼 사명을 받았다고 생각지는 않았다. 어떤 다른 것이 필요하다고, 가난하고 죄짓고 병든 사람들(이스라엘 집안의 길 잃은 양들)에게 무엇인가를 해 줄 필요가 있다고 판단하고 결심했던 것이다.

예수가 특별히 관심을 기울이던 사람들을 가리켜 복음서에서 부르는 이름은 여러 가지가 있다: 가난한 사람, 소경, 절름발이, 앓는 사람, 중풍 병자, 나병 환자, 거지, 굶주리는 사람, 우는 사람, 불쌍한 사람, 죄인, 창녀, 세리, 과부, 귀신 들린(더러운 영에 사로잡힌) 사람, 박해받는 사람, 억눌린 사람, 포로, 수고하고 짐 진 사람, 율법을 모르는 무리, 군중, 작은 사람, 지극히 작은 사람, 꼴찌, 철부지, 어린이, 이스라엘 가문의 길 잃은 양 ….[1] 여기 이름을 든 사람들은 주민들 가운데서 그 의미가 오해될 여지도 없이 잘 알려져 있던 부류의 사람들이다. 일반적으로 예수는 그들을 가리켜 가난한 사람이나 작은 사람이라고 일컬었고, 똑같은 사람들을 두고 바리사이는 죄인 또는 율법을 모르는 무리라고 불렀다.[2] 오늘의 용어로라면 혹은 하류 계급이라고, 혹은 피압박자라고 이를 수도 있겠다.

예수가 살던 때의 역사적 환경에 관하여 하고많은 글이 씌어 왔다. 그러나 이들은 대부분의 역사 저술이 으레 그렇듯이 '중요한' 사람들이 무엇을 행하고 무엇을 말했던가를, 곧 제왕과 영주, 세도가와 부자, 압제자와 그들의 군대에 관한 것을 말해 줄 뿐이다. 참역사는 그러나 (역사서에서 매우 귀하게만 찾아볼 수 있는) 민중 고난의 역사다.[3] 역사상의 영광스런 전쟁 때문에 고생을 겪던 뭇 사람들은 어떠했던가? 이 임금님 또는 저 황제 폐하의 찬란한 지배 아래 나날이 압제받던 사람들의 괴로움은 어떠했던가? 그 시대 고통의 역사를 이해하지 못하고도 나폴레옹을 이해할 수는 있을지언정, 이런 종류의 배경에 비추어 보지 않고 예수를 이해하기는 단연

---

[1] 예: 마르 1,23.32-34.40; 2,3.15.17; 3,1; 9,17-18.42; 12,40.42; 루카 4,18; 5,27; 6,20-21; 7,34.37.39; 10,21; 11,46; 14,13.21; 15,1-2; 18,10.13.22; 마태 5,10-12; 8,28; 9,10.14; 10,3.15.42; 11,28; 15,24; 19,30; 20,16; 21,31-32; 25,40.45; 요한 7,49; 9,1-2.8.34.

[2] Jeremias ⑧ 112.

[3] J.B. Metz, "The Future in the Memory of Suffering", *Concilium*, June 1972, 16; Alves 129-30.

불가능하다. 우리는 그러므로 초세기 팔레스티나에서 있었던 그대로의 가난하고 억눌린 사람들의 세계 속으로 들어가 보지 않으면 안 된다.

복음서의 '가난한 사람들'이라는 말이 순전히 경제적으로 빈곤한 사람들만을 가리키는 말은 아니라 하더라도 그런 사람들을 포함하는 것은 확실하다. 가난한 사람들은 우선 첫째로 거지들이었다. 병들고 무능해서 일을 하여 벌어먹을 수 없건만 부양해 줄 수 있거나 부양해 주겠다는 친척이 없어서 구걸에나 의지해 오던 사람들이다. 물론 병원도, 복지시설도 없었다. 그들은 빌어먹는 것이 당연시되던 사람들이었다. 이렇게 소경·벙어리·귀머거리·절름발이·앉은뱅이·문둥이는 일반적으로 거지였다.

다음으로 과부와 고아들이 있었다. 그들은 부양해 줄 사람이 아무도 없는 데다가 당시 사회에서는 생계를 벌 길도 없었으므로, 독실한 신심 단체나 성전 금고의 희사에 의존하게 되었다.

경제적으로 가난한 사람들 가운데는 또 자주 일거리가 없이 지내던 기술 없는 날품팔이들과 농장에서 일을 하던 농부들이 있었다. 또 아마 노예들도 여기 포함된다고 해야겠다.

일반적으로 가난한 이들의 고통은 전쟁이나 흉년 동안을 제외하면 기아와 빈곤이 아니었다. 더러 배고프고 목마른 때도 있기는 했으나 오늘의 수많은 사람과는 달리 굶어 죽는 일은 드물었다. 그때나 지금이나 가난한 사람들의 첫째 괴로움은 부끄러움과 창피함이었다. 비유 이야기에 나오는 집사의 말마따나 "빌어먹자니 창피한" 노릇이었던 것이다(루카 16,3).

경제적으로 가난한 사람들은 전적으로 남들의 '선심'에 의존하여 있었다. 이런 일은 서방보다 동방에서 더 무섭도록 치욕적인 일이 된다. 중동 지역에서는 위신이나 명예가 음식이나 생명 자체보다도 더 중요시된다.[4]

---

[4] Derrett ② 40, 42.

돈과 권력과 학식은 사람으로 하여금 상대적으로 독립하여 남을 위한 일을 할 수 있게 하므로 위신과 지위를 얻게 한다.[5] 자기가 남에게 늘 의지하게 마련이고 남이 자기에게 의지하는 일이라고는 전혀 없는 그런 사람이야말로 참으로 가난한 사람이다. 사회의 밑바닥에 있는 사람이다. 위신도 명예도 없는 사람이다. 거의 인간이 아니다. 그의 삶은 의미가 없다. 오늘의 서방에서 만일 이런 일을 경험한다면 일컬어 인간 존엄성의 상실이라고 하리라.

'가난한 사람'이라는 말이 압박받는 모든 사람, 남들의 선심에 의지하는 모든 사람까지 망라하여 널리 사용될 수 있는 것은 바로 이 때문이다. 또 이 말이 하느님의 자비에 온전히 의지하는 모든 사람["마음이 가난한 사람들"(마태 5,3)]에게까지 확대·적용될 수 있는 것도 이 때문이다.[6]

'죄인'이란 사회적으로 버림받은 사람들이었다. 어떤 이유로든 중류 계급(똑똑하고 점잖은 사람들인 율법 학자와 바리사이)의 율법과 전통에서 벗어난 사람이면 누구나 열등 인간으로, 하류 계급으로 대우받았다. 죄인이란 그 의미가 잘 알려진, 넓은 의미의 가난한 사람들과 동일한 사회 계층이었다.

죄스럽거나 부정한 직업을 가진 사람들, 곧 창녀·세리(공공세 징수원)[7]·강도·목자·돈놀이꾼·노름꾼도 이들에 속했다. 세리는 직권상 조세나 관세의 액수를 (얼마만큼의 수수료도 포함시켜) 결정할 권한이 주어져 있었으므로 사기꾼이나 도둑놈으로 여겨지고 있었다. 또 실제로 정직하지 못한 사람들도 많이 있었다. 비슷하게 목자들도 자기 가축 떼를 남의 땅으로 이끌고 다니며 소출을 좀도둑질해 먹는다는 혐의를 받고 있었으며, 이

---

[5] Derrett ② 53-5.   [6] Jeremias ⑧ 112-3.
[7] Jeremias의 주장에 따르면, 직접 납세자와 대면하는 일이 없던 세무 관리들과 그들에게 고용되어 직접 세금을 거두어들이면서 사람들의 미움을 사고 있던 사람들을 구별하고, 그러기 위하여 후자는 세리(toll collector)라고 부르기보다 세관원(tax gatherer)이나 공공세 징수원(publican)이라고 불러야 한다고 한다. ⑧ 110; ⑦ 228.

또한 실제로 흔한 일이었다. 이런 부류의 직업을 가진 사람들은 그러므로 늘 사회적 누명을 달고 다니는 것이었다.

또 십일조(소득의 10분의 1)를 제관들에게 바치지 않는 사람이나 안식일 휴식과 정결 예규를 지키는 일에 태만한 사람도 죄인에 포함되었다. 이 문제들에 관한 율법과 관습은 하도 복잡해서 무식한 사람들로서는 아예 무엇을 어떻게 하라는 것인지를 알아듣기부터가 불가능할 지경이었다. 당시의 교양이란 성경을 아는 일이었다. 성경이란 율법과 예언서였고, 예언서란 율법에 대한 옛 조상들의 주석으로 이해되고 있었다. 교양이란 따라서 율법과 그 모든 세칙을 아는 일이었다. 그러니 불학무식한 사람들은 자연히 불법무도할 수밖에 없었다. '암 하 아레스' *'am ha-arez*, 곧 "율법을 모르는 군중"(요한 7,49)이라는 무식한 농부들은 힐렐 같은 매우 진보적인 바리사이에게조차도 덕행과 신심이 불가능한 사람들로 여겨지고 있었다.[8]

죄인들에게는 사실상 아무 탈출구도 없었다. 이론상으로야 창녀도 세밀하게 규정된 참회·정화·보속 절차에 의하여 다시 깨끗해질 수도 있는 것이었다. 그러나 정작 그렇게 하자면 돈이 들어야 하는데, 나쁜 방법으로 번 창녀의 더러운 돈이 그 목적에 사용될 수는 없다는 것이었다. 세리도 그 직업을 버릴 것이 요망되고 있었지만, 그러자면 자기가 손해를 끼친 모든 사람에게 그 액수에다가 5분의 1을 보태어서 보상을 해야 했다. 무식한 사람들로서는 우선 자신이 '깨끗하게' 되었다는 것을 확인하기 위한 교양을 쌓는 데만도 장구한 세월이 필요할 판이었다. 말하자면 죄인이란 운수 소관이었다. 죄인은 운명,[9] 곧 하느님의 뜻에 의하여 열등 인간으로 예정되어 있는 셈이었고, 이런 의미에서 묶인 자나 갇힌 자였다.

그들의 고통은 그러므로 좌절과 죄의식과 불안의 형태를 취하고 있었

---

[8] Aboth 1,5.   [9] Derrett ② 117-8.

다. 그들은 '점잖은 분들' 축에 끼이기는 아예 글렀다고 생각하여 절망하고 있었다. 무엇보다도 아쉬운 것이 위신이요 사회적 존경이건만,[10] 그것이 그들에게는 거부되고 있었다. 심지어 하느님의 선행자 명부에 들어 있다고 자위할 수조차도 없었다. 그들은 하느님을 슬프게 해 드리고 있다고, 그것도 모르느냐고 '똑똑한 분들'이 늘 말하지 않던가. 결과는 신경증적 또는 거의 신경증에 가까운 죄의식 '컴플렉스'로 나타났고, 그것은 또 자기네들에게 내려질지도 모른다는 여러 가지 천벌에 대한 공포와 불안에까지 이를 수밖에 없었다.

예로부터 으레 가난하고 억눌린 사람들이 병에 더 잘 걸리는 편이지만, 이런 사정은 예수 당시에 유난히 더했다. 그 이유는 당시의 육신 생활 조건 때문만이 아니었다. 심리적 조건들이 더 중요한 이유였다. 그들 가운데는 정신 질환을 앓아 온 것으로 보이는 사람들이 매우 많았다. 그 정신 질환이 또 반신불수나 언어장애 같은 정신·신체적psychosomatic 조건들을 낳고 있었다. 그러나 여기서 우리는 현대 심리학의 관점을 떠나 예수 당시의 사람들이 이해하던 그대로의 병의 세계로 들어가 보아야겠다.

유다인이든 이교도이든 동방인에게 육신이란 정신이 깃들어 사는 곳, 영靈의 거처였다.[11] 하느님이 인간에게 영을 불어넣어 그를 살게 하신다. 죽을 때 이 영이 육신을 떠난다. 한 인간이 살아 있는 동안 [선한 영(하느님의 영)이든 악한 영(더러운 영)이든] 또 다른 영들이 그의 몸 속에 깃들어 살 수도 있다. 이런 상태는 그 사람의 태도에서 식별되는데, 사람이 제정신이 아닐 때마다, 정신 나간 짓을 하고 자제력을 잃어버린 것으로 보일 때마다, 그 사람 속에 아무래도 무엇인가가 들어간 것이 분명하다고 생각하는 것이다.

---

[10] Derrett ② 63.   [11] Derrett ② 122.

이런 경우에 동방 사람들이 곧잘 생각하는 바에 따르면, 바야흐로 활동하고 있는 것은 그 사람 자신의 영이 아니라 분명히 어떤 다른 영이 그를 사로잡고 있다는 것이다. 그것이 선한 영이냐 악한 영이냐는 그 사람의 이상한 행동을 어떻게 평가하느냐에 달려 있다. 그러므로 어떤 예언자 편에서 이례적 행동과 비범한 통찰의 섬광이 나타나는(특히 황홀경에 들어가는) 경우에는 그것을 하느님의 영에 사로잡힘으로 보는 반면에, 정신적으로 병든 자들의 병적 행동은 더러운 영에 사로잡힘, 악마가 붙음(付魔)이라는 개념으로 설명되는 것이다.[12]

복음서의 귀신 들린 소년에게 나타난 것은 우리라면 간질이라고 부를 병의 증상들이다. 곧, 일시적으로 귀머거리·벙어리가 되고, 경련을 일으키고, 몸을 비틀고, 입에 거품을 내고, 땅바닥에 뒹굴거나 불 속으로 뛰어드는 것이다(마르 9,17-27병). 그런 사람이 악령에 사로잡힌 것으로 생각될 수 있었다는 것은 이해하기 어려운 일이 아니다. 아마 회당에서 발작을 일으킨, 더러운 영에 사로잡힌 사람(마르 1,23-26병) 역시 간질 병자였으리라. 무덤 가운데서 죽은 사람의 영들과 함께 살던 게라사 지방의 부마자는 분명히 미치광이다.

> 어느 누구도 더 이상 그를 쇠사슬로 묶어 둘 수가 없었다. … 쇠사슬도 끊고 족쇄도 부수어 버려 아무도 그를 휘어잡을 수가 없었다. 그는 밤낮으로 무덤과 산에서 소리를 지르고 돌로 제 몸을 치곤 하였다(마르 5,3-5).

분명히 "더러운 영이 들린 사람"(마르 5,2)이라는 것이었다.

---

[12] Jeremias ⑧ 93.

몇몇 신체적 질환과 정신·신체적 질환 역시 악령의 작용으로 생각되었다. 루카는 "병고의 영에 사로잡힌 여인"이라는 불구 병약자 이야기를 전한다. 그 여자는 "허리가 굽어" 있었는데, "사탄이 묶어" 놓았기 때문이라고, 곧 악령이 깃들어 있어서 그렇게 된 것이라고(루카 13,10-17). 또 귀를 틀어막고 혀를 동여매는, 귀머거리의 영, 벙어리의 영도 있다(마르 9,18.25; 7,35). 시몬의 장모가 앓던 열병 또는 혼수상태도 악령의 작용이라고 명시되지는 않았으나 매우 비슷한 방식으로 의인화되어 있다.

> 예수님께서는 … 열을 꾸짖으시니 열이 가셨다. 그러자 부인은 즉시 일어나 …(루카 4,38-39).

죄의 사함을 받은 중풍 병자의 경우(마르 2,1-12병)도 심한 죄의식 컴플렉스가 초래한 정신·신체적 결과에 시달려 온 경우로 보인다. 복음서에 실제로 그런 표현이 사용되는 것은 아니나, 그 사람 역시 절름발이의 영에 사로잡혀 있다는 식으로 묘사될 수도 있었으리라.

이 모든 병은 이를테면 기능장애에 해당하는 것이었다고 하겠다. 겉으로 피부에 나타나는 병도 그런 식으로 묘사되지는 않았다. 그런 것들은 신체 안에 깃든 영으로 말미암은 것이라기보다 신체 자체의 결함이었다. 어떤 종류의 병이든 외부적으로 사람을 불결하게 만드는 것이면 나병으로 알려져 있었다. 고대에는 나병이란 종양·발진 할 것 없이 모든 피부병을 포괄하는 유개념類概念이었다. 나병 환자를 더러운 영에 사로잡혀 있다고 하지는 않았다. 그러나 그 육체적 불결 역시 죄의 결과라고 보았다.[13]

불행과 질병과 그 밖의 온갖 탈이 모두가 죄로 말미암은 악이었다. 그

---

[13] Jeremias ⑤; ⑧ 92.

모든 것이(자신의 죄거나 가족의 죄거나, 또는 조상의 죄거나 간에) 죄의 벌로서 하느님이 보내신 재앙이었다.

> 누가 죄를 지었기에 저이가 눈먼 사람으로 태어났습니까? 저 사람입니까, 그의 부모입니까?(요한 9,2; 참조: 루카 13,2.4)

그러나 하느님이 몸소 그런 천벌을 집행하신다고 생각했던 것은 아니다. 하느님이 악의 세력들에게 사람을 넘겨주신다는 것이었다(욥 1,12).

이와 같이 죄와 고통을 연결시키는 데는 근원적이며 근본적인 진리가 있다 — 죄를 짓는다는 것이 자기 자신이나 다른 사람에게 어떤 해를 끼치는 것임을 말해 주는 것이다. 그러나 그 연관 관계는 전혀 잘못 생각되어 왔다. 보통 사람들은 율법에 아주 무식하면서도 그 율법을 준수하지 못하는 것이 죄라고 생각하도록 가르침을 받아 왔다. 죄란 그러므로 반드시 완전히 고의적인 행동인 것만은 아니었다. 실수나 무지로 죄를 지을 수도 있었다. 또 마찬가지로 다른 사람이 지은 죄의 탓을 자기가 짊어져야 할 수도 있었다. 어떤 불법적 남녀 관계든 간에 거기서 자식이 태어나면 그 10대 후손까지 죄인으로 간주되었다.[14] 혈통이 불순한, 곧 혈통의 순수성을 주장할 만큼 충분히 먼 조상에게까지 거슬러 올라갈 수 없는 유다인은 자기 조상이 유다인의 피와 이방인의 피를 섞는 죄를 지었다는 사회적 낙인을 짊어지고 다녀야 했다.[15] 죄를 그처럼 기계적으로 이해하여 애매한 사람에게다가 뒤집어씌우고 있었으니, 죄와 벌과 고통과의 관계도 마찬가지로 기계적으로 생각될 수밖에 없었다.

---

[14] 신명 23,3; 참조: Jeremias ⑦ 337-42.
[15] Jeremias ⑦ 275-6, 297-8, 337.

여기에 미신이 창궐할 충분한 소지가 있었다. 가난하고 무식한 사람들은 대부분이 결정적으로 미신에 빠져 있었다. 팔레스티나에서는 유다인이나 이방인이나 모두 무녀의巫女醫와 복죄사卜罪師들의 도움을 받고 있었는데, 그들은 재난의 근원이 되는 죄를 점쳐 낼 수 있는 것으로 생각되었다.[16]

참으로 어둡고 무서운 세상이었다. 속수무책인 채 개인들은 사방으로부터 적의에 찬 악령들과, 역시 적의에 찬 인간들의 위협을 받고 있었다. 언제 어디서 악령들이 질병과 광증을 가지고 침범해 올지 모르는데, 설상가상으로 왕들과 영주들은 그들을 마치 재산처럼 소유하고 정책상 필요에 따라 수시로 마음대로 취득·사용·처분할 수 있었고, 또 자주 무거운 과세가 출혈을 강요하고 있었다.

율법 학자들은 가난하고 억눌린 사람들에게 율법의 짐을 지우면서도 자기네는 그들을 구제하기 위하여 손가락 하나 까딱하지 않았다(루카 11,46). 가난하고 억눌린 사람들에게는 시민권이 인정되지 않았다. "그들에게는 어떠한 명예직도 부여될 수 없었으며, 법정에서 증인이 될 자격이 인정되지 않았다."[17] "중요한 영예와 지위와 공직들은 모두가 완전한 이스라엘인에게만 유보되어 있었다."[18] 다시 말해서 혈통이 순수하고 합법적임을 입증할 수 있는, 요컨대 죄인이 아닌 사람들에게만 유보되어 있었다. 죄인은 회당에도 들어갈 수 없었다.

이런 속절없는 처지가 "억압받는 이들"·"박해받는 이들"·"잡혀간 이들"이라는 사람들의 세계였다(루카 4,18; 마태 5,10). 요새 말로 하자면 피압제자들, **한계상황에 처한 사람들** 또는 소외당한 자들이라고 할 수 있으리라.

---

[16] Derrett ② 122.

[17] Jeremias ⑧ 110. 여기서 말하는 것은 세리(아니 오히려 세관원)에 관한 것이지만, 결국은 억압받는 모든 이에게도 해당된다.

[18] Jeremias ⑦ 297.

그러나 그들은 팔레스티나 주민의 압도적 다수를 차지하는(복음서에서 '군중' 또는 '무리'라고 불리는) 사람들이었다. 중류 계급은 매우 소수였고, 상류 계급은 더욱 극소수였다.

목수나 어부 같은 전문 기술자 또는 가게 주인이나 행상들은 중류 계급의 '점잖은 분들'이었다. 바리사이와 엣세네와 젤로데는 모두 중류 계급의 '똑똑한 분들'이었다. 젤로데들의 군대 속에는(특히 예루살렘이 멸망할 때가 다가오던 무렵에는) "율법을 모르는 무리"도 더러 있었겠지만,[19] 일반적으로 가난하고 억눌린 사람들은 이런 종교적·정치적 운동에서 아무 구실도 못하는 처지였다.

상류 지배 계급은 엄청난 부호들이었다. 중류 계급과 상류 계급 사이에는 비교가 안 되는 경제적 격차가 있었다. 상류 계급 사람들로는 세금을 거두어들여 치부하던 헤로데 왕족과, 십일조와 성전세로 배를 불리던 귀족 제관(제관장)들과, 그리고 대부분의 토지를 소유하고 있던 평신도 귀족(원로)들이 있었다.[20]

예수는 중류 계급 출신이었다. 태생으로 보나 교육으로 보나 가난하고 억눌린 사람들 가운데 하나는 아니었다. 바오로와 달리 예수는 로마 시민이 아니었으며 따라서 로마 시민권을 누리지 못했다는 점이 곧잘 지적되지만, 실상 예수가 살던 사회에서는 그것이 그리 불리한 조건이 되는 것은 아니었다. 예수의 유일한 불리한 조건이라면 갈릴래아 사람이라는 사실이었는데, 그것도 예루살렘에서나 약간 불리한 조건일 뿐이었다. 예루살렘의 정통파 유다인들은 갈릴래아 출신 유다인이라면 중류 계급이라도 내려다보는 경향이 있었다.[21]

---

[19] 66년 그들이 자기네 빚 문서가 든 서고(書庫)를 태운 것도 이 때문이 아닐까? 참조: Josephus 『항전사』 2,427.

[20] Jeremias ⑦ 147-232.   [21] 요한 7,41.45-52; 참조: Vermes ② 42-57.

예수의 주목할 만한 점은 중류 계급 출신이며 이렇다 할 불리한 조건이 없는 사람이면서도 하류 가운데 최하류의 사람들과 어울려 사귀고 또 그들과 같은 사람이 되었다는 사실이다. 예수는 스스로 **선택하여** 버림받은 자가 되었다.

왜 이런 행동을 했던가? 무엇이 중류 계급의 한 인간으로 하여금 거지들과 사귀고 가난한 사람들과 어울리게 했던가? 무엇 때문에 예언자가 율법을 모르는 무리와 하나가 되었던가? 그 대답을 우리는 복음서에서 아주 분명히 볼 수 있으니, 바로 연민(자비, 동정)이 그것이다.

> 예수님께서는 … 많은 군중을 보시고 가엾은 마음이 드시어, 그들 가운데에 있는 병자들을 고쳐 주셨다(마태 14,14).

> 그분은 군중을 보시고 가엾은 마음이 드셨다. 그들이 목자 없는 양들처럼 시달리며 기가 꺾여 있었기 때문이다(마태 9,36; 참조: 마르 6,34).

나인 고을에서 과부의 딱한 처지와 눈물을 보고 애가 타서 "울지 마라" 하고 위로하는 예수였다(루카 7,13). 한 나병 환자를(마르 1,41), 두 소경을(마태 20,34), 먹을 것이 없는 여러 사람을(마르 8,2병) 예수가 불쌍하게 여겼다는 이야기를 우리는 분명히 전해 듣고 있다.

복음서의 곳곳에서(해당하는 낱말이 직접 쓰이지 않은 곳에서도) 우리는 예수의 연민의 정을 느낄 수 있다. '울지 마라', '걱정하지 마라', '두려워하지 마라', 거듭거듭 예수는 위로의 말들을 한다(예컨대 마르 5,36; 6,50; 마태 6,25-34; 참조: 마르 4,40; 루카 10,41). 성전에서 웅장한 건물을 보고는 대수롭게 여기지 않았으나(마르 13,1-2), 헌금함에다가 마지막 남은 동전 한 닢을 넣는 가난한 과부를 보고는 감동하는(마르 12,41-44) 예수였다. 다른 사람들은 모두 야이로의 딸에게 일어난 '기적'을 보고 흥분해서들 야단법석이던 참에, 예수는 그 소녀에게 먹을 것을 주도록 마음을 쓰는 것이었다(마르 5,42-43).

비유에 나오는 착한 사마리아 사람의 남다른 점은 길가에 버려져 반쯤 죽어 있는 사람을 보고 동정심이 움직였다는 점이다(루카 10,33). 또 다른 비유에 나오는 자애로운 아버지의 남다른 점도 방탕한 아들을 측은히 여기는 마음이 넘쳤다는 점이다(루카 15,20). 예수의 남다른 점은 바로 가난하고 억눌린 사람들에게 거침없이 자비로운 인정을 보여 주었다는 점이다.

'연민'·'자비'·'동정' — 이런 말들은 실상 예수를 움직이고 있던 감정을 표현하기에는 너무 약하다. 위의 모든 구절에서 사용된 '스플랑크니소마이'$\sigma\pi\lambda\alpha\gamma\chi\nu\iota\zeta o\mu\alpha\iota$라는 그리스어 동사는 '스플랑크논'$\sigma\pi\lambda\acute{\alpha}\gamma\chi\nu o\nu$이라는 명사에서 파생된 낱말로, 이 말은 애(창자·내장·심장), 말하자면 강한 감정의 근원으로서의 인간 내부를 의미한다. 위의 그리스어 동사가 뜻하는 것은 그러므로 바로 인간의 애간장에서 일어나는 반응이며, 그야말로 충심에서 우러나는 공감이요 착한 마음에서 솟아나는 충정이다. 번역을 하자니 '측은히 여겼다', '가엾은 마음이 들었다', '마음이 움직였다' 따위로 여러 표현이 동원될 수밖에 없겠지만, 어떻든 어떤 말로도 본래 그리스어 동사의 구체적이면서도 감정이 풍부한 깊은 맛을 붙들기는 어렵다.

예수가 이런 감정에 의하여 움직여지고 있었다는 것은 어떠한 합리적 의심의 여지도 없다. 이런 특별히 인간적인 감정이 두드러진 면을 복음서 저자들과 초대교회가 호교적 이유로 예수에게 귀속시켰을 리는 만무하다. 그뿐 아니라 앞으로 살펴보려니와, 예수가 만일 사실로 가난하고 억눌린 사람들과 깊이 공감하고 있었던 것이 아니라면, 그의 행동 방식과 사고방식의 많은 점이, 또 그가 사람들에게 미친 영향의 많은 점이 영영 이해할 수 없는 일이 되고 말리라.

가난하고 억눌린 사람들이 겪는 고통이 예수에게 그처럼 큰 영향을 미쳤다면, 훨씬 더 큰 엄청난 고통이 내다보이는 앞날의 전망이 그에게 미친 영향이야 더 말할 나위도 없는 일이었다. 연민이란 고통에 대한 반응이다. 하고많은 사람을 피바다 속으로 쓸어 넣을, 생각만 해도 지긋지긋한 고통을 낳게 될 그런 참변이 임박했다는 것을 생각하고는 그처럼 인정 많고 고운 마음이 얼마나 뒤흔들렸으랴.

> 불행하여라, 그 무렵에 임신한 여자들과 젖먹이가 딸린 여자들!(루카 21,23)

> 그때가 너에게 닥쳐올 것이다. … 너와 네 안에 있는 자녀들을 땅바닥에 내동댕이치고 …(루카 19,43-44).

예레미야처럼 예수는 흐느껴 울었다. 그러나 이 일을 어찌할 것인가? 동정하고 공감하는 것도 좋지만, 누가 무엇을 어떻게 할 수 있던가?
    요한은 회개의 세례에 호소했다. 예수는 사람들을 (현재와 미래의) 온갖 형태의 고통과 불안에서 해방시키기 시작했다.
    어떻게?

치유

당시에도 의원이나 의사가 있기는 했으나 극소수인 데다가 의학 지식도 극히 한정되어 있었다. 그나마 가난한 사람들은 좀처럼 진료를 받을 수 없었다. 사람들이 무녀의와 복죄사를 이용하고 있었음은 이미 말했거니와, 그 밖에도 전문 구마자驅魔者들이 또 있었다. 그들은 악령을 쫓아낼 수 있다고 주장하고 있었고 또 종종 성공하는 것 같기도 했다.

전문 구마자들은 오랜 규식의 엄수를 성공의 비결로 삼았다. 이를테면 주문을 외운다든지, 상징적 동작을 한다든지, 어떤 재료를 사용한다든지, 하느님으로부터 그 예식을 계시받았다고 여겨지던 (솔로몬 같은) 옛 현자賢者들의 이름을 부르는 등이다.[1] 마술과 별로 다를 것이 없다. 그러나 매우 특별한 경우, (하니나 벤 도사 같은) 성자聖者가 하느님께 간단한 자발적 기도를 드려 비를 내리게 하거나 치료 효과를 내는 수도 있었던 모양이다.[2]

---

[1] Vermes ② 64. [2] Vermes ② 69-78.

예수는 이런 치유자들 가운데 누구와도 달랐다. 하기야 때로는 일반적으로 약효가 있다고 생각되던 물질인, 자기 침을 이용했을지도 모른다(마르 7,33; 8,23). 또 자연히 환자와 어떤 신체적 접촉을 하려는 마음이 일어나기도 하여 손을 대거나 손을 잡거나 했으리라(예컨대 마르 1,31.41; 6,56; 8,22-25). 그러나 무슨 주문을 외우거나 이름을 부르거나 하는 규식을 사용한 일은 없다. 예수가 베엘제불이나 사탄의 이름으로 구마를 한다는 비난을 받은 이유도 아마 그는 어떤 타자의 권위에도 호소하지 않고 어떤 전통적 예식도 사용하지 않았기 때문이리라.[3]

어떤 의미에서는 예수도 자발적 기도를 이용하고 있었던 것이 사실이다(마르 9,29). 그러나 그런 경우에도 일어나는 일을 이해하는 관점에서는 성자들이 강우나 치유를 위하여 기도하던 경우와 크게 달랐다. 성자들은 자신의 거룩함에, 하느님 앞에서 자신이 지닌 당당한 힘에 의거했음에 반하여,[4] 예수는 믿음의 힘에 의거했다. 치유 효험을 내는 것은 기도 자체가 아니라 믿음이었다(마태 21,22).

예수가 치유된 사람에게 "네 믿음이 너를 구원하였다"라고 말했다는 이야기를 우리는 누누이 전해 듣는다.[5] 이것은 예수를 당시의 의원이나 구마자나 기적가나 성자의 범주에 속하는 사람들과 구별 짓는 주목할 만한 진술이다. 결국 예수가 말하는 것은 자기가 환자를 낫게 한 것이 아니라는 것이다. 자기가 어떤 심령적 능력이나 하느님과의 어떤 특별한 관계를 가지고 있기 때문이 아니라는 것이다. 그것을 어떤 주문의 효험으로 돌려서는 안 되며, 심지어 단순한 의료적 속성으로 돌려서도 안 된다는 것이다. 하느님이 치유하신다는 말조차도 적어도 명시적으로는 하지 않는다.[6]

---

[3] Vermes ② 64-5. [4] Vermes ② 76.
[5] 마르 5,34병; 10,52병; 마태 9,28-29; 루카 17,19; 참조: 마르 5,36병; 마태 8,13; 15,28.
[6] Ebeling 232-3.

네 **믿음**이 너를 구원하였다.

실로 깜짝 놀랄 주장이었다. 믿음을 가진 여느 유다인과 마찬가지로 예수도 "하느님께는 모든 것이 가능하다"(마르 10,27)는 것을 인정하고 있었겠는데, 그러나 예수는 이것을 "믿는 이에게는 모든 것이 가능하다"(마르 9,23)는 뜻으로 이해하고 있었다는 점에서 동시대인들과 달랐다. 믿음을 가진 사람은 하느님과 비슷하게 된다. 전능하게 된다.

> 너희가 겨자씨 한 알만 한 믿음이라도 있으면, 이 산더러 "여기서 저기로 옮겨 가라" 하더라도 그대로 옮겨 갈 것이다(마태 17,20).

이것은 은유隱喩다. 믿음은 **마치** 겨자씨처럼 겉보기에는 작고 보잘것없으면서도 실은 불가능한 일이라고 할 만큼 큰일을 성취할 수 있다. 신앙이 성취할 수 있는 것은 **마치** 산을 움직이는 것과 같다. 혹은 루카의 표현 방식으로 말하자면 돌무화과나무를 옮겨 심는 것과 같다(루카 17,6). 일찍이 이 은유들의 의미가 혼란을 일으킨 예도 더러 있었던 것 같지만, 어떻든 요점은 분명하고도 남음이 있다. 예수에게 믿음이란 전능한 힘, 불가능한 것을 성취할 수 있는 힘이다.[7]

요한이 회개의 세례에 호소했던 거기서 예수는 신앙에 호소했다. 세상을 치유하고 구원할 수 있는 것은, 불가능한 일을 성취할 수 있는 유일한 힘은 믿음의 힘이다.

네 **믿음**이 너를 구원하였다.

---

[7] Ebeling 227-32.

물론 이 믿음이란 무슨 신앙고백문(信經)이나 일련의 교리와 신조에 찬동하는 것과 똑같은 것은 아니다. 그러나 그것이 어떤 신념, 매우 힘찬 확신이라는 것도 사실이다. 환자가 믿음을 가지고 있을 때 그는 자기가 치유될 수 있고 또 치유되리라는 확신을 얻는다. 이 확신이 충분히 강력할 때 치유 효과가 나타난다. 일어나 걸을 수 있다. 어떤 사람이 충분한 확신을 가지고 있다면 그대로 되는 법이다.

> 마음속으로 의심하지 않고 자기가 말하는 대로 이루어진다고 믿으면, 그대로 될 것이다(마르 11,23).

참으로 확신을 가지고 기도한다면 그대로 이루어지는 법이다.

> 너희가 기도하며 청하는 것이 무엇이든 그것을 이미 받은 줄로 믿어라. 그러면 너희에게 그대로 이루어질 것이다(마르 11,24).

그러나 한 번이라도 의심하거나 주저하게 되면 아무것도 이루어지지 않는 법이다. 이를 예증하는 것이 베드로가 물 위를 걸었다는 이야기다. 베드로는 잠시 의심을 했고, 바로 그 순간 가라앉기 시작했다(마태 14,28-31). 예수의 제자들이 처음에 악령들을 쫓아내어 보려고 해도 성공하지 못했던 것은 아직도 확신이 약하고 주저하는 마음이 있었기 때문이다. 믿음이 너무 작았기 때문이다(마태 17,19-20).

그렇다고 믿음의 힘이란 단순히 어떤 힘찬 확신의 위력이나 강력한 암시의 정신·신체적 영향이 이른바 '위압 요법'overpowering therapy[8]에 의하여

---

[8] 참조: Jeremias ⑧ 92.

치유 효과를 낳게 된다는 것을 의미한다는 말은 아니다. 어떤 확신이나 다 (그것이 참이냐 거짓이냐, 선이냐 악이냐 또는 무관심이냐를 막론하고) 한결같이 믿음인 것은 아니다. 믿음은 확신의 특수한 종류이며, 그런 성격에서 그 힘을 얻는다. 믿음은 선한 확신이며 참된 확신이다. 어떤 일이 그 자체가 선이기에, 그리고 선은 악을 이길 수 있고 또 이기리라는 것이 참이기에 그 일이 이루어질 수 있고 또 이루어지리라는 확신이다. 바꾸어 말하면 하느님이 인간에게 선하시며 악을 이길 수 있고 또 이기시리라는 확신이다. 믿음의 힘은 하느님의 힘인 선과 참의 힘이다.

믿음과 반대되는 것은 그러므로 숙명론이다. 숙명론이란 한때 세상 어느 한구석에서나 존재했던 특수한 생철학이 아니다. 숙명론은 대부분의 시대에 대부분의 사람들이 취하고 있는 유력한 생활 태도다. "그야 어쩔 수 없지", "세상을 바꿀 수는 없어", "희망이 어디 있느냐", "태양 아래 새로운 것이란 없다", "현실을 받아들여라" — 이런 표현들이 숙명론을 내포하고 있다. 신의 능력을 참으로 믿지 않는, 신이 약속한 바에 참으로 희망을 걸지는 않는 사람들의 말이다.

이렇게 볼 때 믿음은 희망과 매우 밀접한 관련이 있음을 알 수 있다. 사실 성경에서 믿음이라는 말의 의미는 희망과 거의 구별될 수 없다(예컨대 히브 11,1; 로마 4,18-22).[9] 말하자면 믿음과 희망이란 동일한 정신 상태의 상이한 양면이라고 할 수 있겠다 — 마치 불신과 절망이 숙명론의 양면이듯이.

우리는 앞에서 예수 당시의 가난한 사람·죄인·병자의 숙명론에 관하여 좀 보았거니와, 예수 치유 활동의 성공은 숙명론에 대한 믿음과 희망의 승리라고 보아야겠다. 병자들은 병을 평생의 운수라고 체념했었다가 용기를 얻어 자기들도 나을 수 있고 또 나으리라고 믿게 되었다. 예수 자신의

---

[9] Moltmann ①.

믿음, 예수 자신의 요지부동한 확신이 그들 안에 이 믿음을 일깨웠다. 믿음이라는 삶의 태도는 예수와의 접촉을 통하여 예수로부터 사람들에게로 거의 일종의 전염병인 양 옮아갔다. 그것은 가르쳐질 수 있는 것이 아니다. 다만 옮을 수 있을 뿐이다. 그래서 또 그들은 믿음을 키우기 위하여(루카 17,5) 또는 믿지 못하는 데 대한 도움을 구하기 위하여(마르 9,24) 예수를 찾기 시작했다. 예수는 믿음의 창출자였다. 그러나 일단 믿음이 창출되고 나면 그것은 한 사람으로부터 다른 사람에게로 전파될 수 있었다. 한 사람의 믿음은 다른 사람 속에 믿음을 일깨울 수 있는 것이었다. 예수의 제자들은 다른 사람들 속에 믿음을 일깨우러 파견되어 나갔다.

숙명론의 분위기가 믿음의 분위기로 대치된 곳곳에서 불가능한 일이 일어나기 시작했다. 예수의 고향 나자렛에서는 일반적으로 믿음이 없었고, 그 때문에 거기서는 '기적'이나 두드러진 치유가 일어나지 않았다(마르 6,5-6). 그러나 갈릴래아와 그 밖의 다른 곳에서는 사람들의 병이 낫고 악령들이 쫓겨났으며 나병 환자들이 깨끗해졌다. 해방의 기적들이 일어나기 시작한 것이다.

그런데 그런 일들은 과연 참으로 기적이었던가?

기적을 믿는 사람이건 믿지 않는 사람이건 양쪽 다 기적이란 '자연법칙'에 어긋나는, 따라서 과학이나 이치로는 설명될 수 없는 사건 또는 그런 취지의 사건이라고 생각하는 일이 매우 많았다. 그러나 어느 성서학자에게 물어보아도 이런 생각은 성경이 말하는 기적과는 전혀 거리가 멀다.[10] 자연법칙이란 근대과학의 개념이다. 성경은 자연과학에 관하여 아는 바 없다. 하물며 자연법칙이랴. 세계는 하느님의 피조물이며, 세계 안에서 일어나는 일은 범상한 일이든 비상한 일이든 모두 하느님 섭리의 일부다. 성

---

[10] 참조: Fuller 8-11.

경은 사건을 자연적 사건과 초자연적 사건이라는 두 가지로 나누지 않는다. 하느님은 어떻게든 모든 사건의 배후에 계신 것이다.

성경에서 이해하는 기적이란 어떤 비상한 사건으로서, 비상한 **하느님의 행동**이며 하느님의 강력한 역사役事다. 어떤 특정한 하느님의 행동들이 우리에게 신기로움과 경이로움을 일으키며 우리를 놀라워하고 탄복하게 할 수 있으므로 기적 또는 이적이라고 불린다. 이런 의미에서 세계의 창조가 기적이요, 은총이 기적이며, 엄청나게 큰 겨자나무가 쬐끄만 씨앗 하나에서 자라나는 것이 기적이요, 이스라엘이 이집트에서 해방된 것이 기적이었으며, 하느님 나라가 기적이 될 것이다. 기적을 볼 눈을 가진 사람들에게 세계는 기적으로 가득하다. 이른바 자연법칙이 깨뜨려질 때가 아니면 더는 경이와 탄복을 경험할 수 없다면 그야말로 가련한 일이라고 해야 하리라.

자연법칙이란 과학에서 실용되는 가설들이다. 이들은 물론 매우 중요한 실천적 가치가 있지만, 그 본래 성격에 맞게 인식되어야 한다. 17세기에 자연법칙이라고 생각되던 것 가운데 많은 것이 오늘에는 이미 그렇게 생각되지 않는다. 아무리 최근의 과학 이론이라도 그것이 생의 어떤 가능성 또는 불가능의 최후 선언은 아니라는 것을 훌륭한 과학자라면 누구나 인정한다. 오늘의 과학자 가운데는 증거도 없이 기적으로 통하고 있는 것들조차도 처음부터 배척하고 들어갈 수는 없다고 말하는 이들이 많다.[11] 신비로운 우리네 세상에는 일찍이 우리 인간 가운데 어느 누가 이해할 수 있던 것보다도 훨씬 많은 것이 존재하는 것이다.

그렇다면 무엇이 기적이냐를 결정함에는 자연법칙이 기준이 되는 것이 아니다. 예컨대 침술이나 초감각적 지각이나 인도의 요가와 같은, 주어진

---

[11] 참조: Emmanuel M. Papper, "Acupuncture: Medicine or Magic?": *Encyclopaedia Britannica Yearbook of Science and the Future* (1974) 55-6.

시대에 알려진 대로의 자연법칙에는 모순된다고도 할 만한 것이면서도 하느님의 행동인 기적이라고 할 수는 없는 것이 있는가 하면, 자연적 원인에 의하여 완전히 설명될 수 있으면서도 기적이라고 할 만한 것도 있다. 성경상으로 유다인들의 가장 큰 기적은 이집트 탈출, 곧 갈대 바다를 건넌 일이었다(홍해를 건넜다는 것은 오역이다. 갈대 바다는 홍해 북쪽에 있는 늪이다).[12] 오늘날의 진지한 학자들이라면 누구나 이 이스라엘 백성의 갈대 바다 횡단과 뒤이은 이집트 군대의 익사 사건이 조수와 바람의 자연현상에 의하여 설명될 수 있다는 데 이의가 없을 것이다. 실은 이런 일들이 이스라엘 사람들에게는 '섭리적인' 일들이었다. 이것은 어디까지나 구약성경의 최대 기적으로 남아 있다. 여러 세기를 통하여 이야기가 되풀이되면서 전해 내려오는 사이에 가미되고 윤색되기도 했지만, 그것은 다만 하느님이 자기 백성을 위하여 하신 일을 보고 우리가 경탄할 필요가 있음을 강조하자는 의도에서 나온 것이다.

기적이란 그러므로 그것이 지닌 힘과 비상함이 우리로 하여금 놀라워하고 경탄하게 하는, 그런 하느님의 행동이다. 그 자체로 보면 '표징'이라고 부를 수 있으며, 또 사실 성경에서는 자주 그렇게 부르고 있다. 기적은 하느님의 권능과 섭리를 가리키는 표징이요, 하느님의 정의와 자비를 드러내는 표징이며, 구원하고 해방하고자 하시는 하느님의 뜻을 열어 보이는 표징이다.

그러면 복음서에 나오는 예수의 기적 이야기는 어떻게 이해할 것인가?

상당한 근거를 가진 이론에 따르면,[13] 마르코는 당시에 교회 안에서 유행하던, 스승으로서의 예수상像에 불만을 가지게 되었다. 예수 생시에 그

---

[12] 예컨대 참조: *The Jerome Biblical Commentary* (London 1970) 3,29.
[13] Trocmé 103-5.

를 알지 못했던 사람들은 주로 그의 어록과 비유들을 통하여 그를 알게 되었는데, 마르코는 이 일방적 예수상을 바로잡고 싶었고, 그래서 갈릴래아에서 예수를 알고 있던 순박하고 무식한 시골 사람들과 직접 또는 간접으로 접촉을 했다. 아마 그리스도인이 된 일은 없었을 이 갈릴래아 이야기꾼들은 특히 가난하고 억눌린 사람들에게 크게 인상을 준 예수의 기적들을 기억해 내어 이야기하고 있었다. 설교나 현명한 말씀이나 참신하고 독창적인 종교 사상보다는 기적이 더 재미있는 이야깃거리가 되는 법이다. 그 이야기들은 밤중에 모닥불 둘레에서 거듭 되풀이될 수 있었을 것이고, 다소 윤색되기도 하면서 언제나 청중을 매혹시키고야 말고는 했으리라.

그런 이야기꾼들에게서 마르코는 예수의 기적에 관한 그의 대부분의 자료를 얻었던 모양이다. 또 물론 베드로나 그 밖의 어떤 제자들에게서 전해져 내려온 다른 이야기들도 있었을 것이다. 어떻든 어느 경우에 대해서나 마르코는 현대의 역사가처럼 비평적 판단을 구사하지는 않았다. 마르코는 자기의 자료들을 충실히 그대로 받아들였다. 그뿐 아니라 기적 이야기란 독자들을 설득시키기에 특별히 쉽고 편리한 방법이었다. 기적의 언어는 당시에 누구나가 이해하고 평가할 수 있는 언어였다.[14] 마태오와 루카는 마르코를 따랐던 모양이고, 그러나 요한은 예수가 행한 '표징' 또는 '행적'에 대하여 독자적 자료를 가지고 있었던 것 같다.

이렇게 볼 때, 복음서에 전해 내려온 기적 이야기들에는 윤색되고 과장된 내용이 들어 있을 개연성이 매우 크다. 또 본디는 별로 놀랄 일도 아니던 이야기마저 들어 있을 가능성도 매우 크다(예컨대 물 위를 걸은 일, 빵을 많게 한 일, 무화과나무를 저주한 일, 물을 포도주로 바꾼 일 등). 성경 본문을 비판적으로 연구해 보면 이 점을 긍정하는 쪽으로 기울어지게 된다.[15]

---

[14] Jeremias ⑧ 89.　　　　　　[15] Jeremias ⑧ 86-8.

그러나 이 점을 고려에 넣고 나서도 예수가 실제로 기적을 행했으며 아주 이상한 방식으로 마귀를 쫓아내고 사람들을 치유했다는 것은 의심할 수 없는 역사적 사실로서 나타난다. 도리어 기이한 일은, 사람들 자신이 어디서든 될 수 있는 대로 기적적인 일들을 찾아내려고 애들을 쓰고 있는데도 불구하고 예수는 기적을 행하기를 극도로 꺼려했었다는 점을 복음서 저자들이 충실하게 기록하고 있다는 사실이다.

바리사이들은 예수에게 "하늘에서 오는 표징"을 끊임없이 요구하고 있었고, 그때마다 예수는 거절했다(마르 8,11-13병; 참조: 루카 11,16; 요한 2,18; 4,48; 6,30). 그들이 찾고 있던 것은 예수 전도 활동의 진정한 권위를 밑받침할 만한, 그래서 결국 예수가 하느님의 보내심을 받은 예언자임을 입증할 만한, 어떤 장관스런 기적이었다. 그런 것이 없이 어떻게 예수를 믿을지 말지를 알 수 있겠느냐는 것이었다. 그러나 예수는 그런 표징은 하나도 주어지지 않으리라고, 그뿐 아니라 기적적 표징을 요구하는 세대는 사악한 불신의 세대라고 단호하게 선언한다(루카 11,29병).

예수가 자기 시대의 사람들과 얼마나 달랐던가를 이보다 더 분명히 보여 주는 것은 없다. 예수는 자기 권위를 입증하고자 기적을 행하려는 것은 사탄의 유혹이라고 보았다. 사탄이 예수에게 성전 꼭대기에서 뛰어내리라고 유혹했다는, 광야의 유혹 이야기가 있는 것도 이 때문이다. 예수는 이것이 하느님을 시험하려는 죄악이라면서 거절한다(루카 4,12병). 당시 종교인이라면 어느 누구라도 천상적 증거와 표징에 의하여 자기 자신을 정당화하고 싶은 유혹에 저항하기란 거의 불가능한 일이었으리라.

치유의 기적을 행한 예수의 **동기**는 무엇인가를 증명하기 위함이었다고, 곧 자기가 메시아나 하느님의 아들임을 입증하기 위함이었다고 생각하는 사람이 있다면, 그는 예수를 전적으로 오해한 사람이다. 연민만이 예수가 사람들을 치유한 유일한 동기였다. 사람들을 고통과 고통에 대한 숙명적 체념에서 해방시키는 것이 예수의 유일한 소망이었다. 예수는 이 일이 이루어질 수 있으며 자기 노력의 기적적 성공이 자기 믿음의 힘 덕분임을 깊이 확신하고 있었다. 또 연민과 믿음과 기적적 치유를 자기만의 독점권이라고 생각지도 않았다. 무엇보다도 간절한 예수의 소망은 같은 연민과 같은 믿음을 두루 여러 사람에게 일깨워 주는 것이었다. 오로지 그것만이 사람들 가운데서 하느님의 능력이 역사하고 효험을 낼 수 있게 하리라고 생각했던 것이다.

 결국, 예수가 결코 무엇인가를 증명하려고 꾀한 일은 없지만 예수가 사람들 속에 태생시킨 믿음에 의하여 하느님이 자기 백성들을 해방시키는 역사를 하고 계시다는 것을 예수의 기적적 성공이 결과적으로 입증해 주는 것이었다.

용서

세례자 요한은 죄인들에게 설교를 했다. 하니나 벤 도사는 죄인들에게서 악령을 쫓아내었다.[1] 그러나 예수는 죄인들과 하나가 되었다. 자기 길을 걸으면서 거지·세리·창녀와 어울려 사귀고 있었다.

계급·인종 그 밖의 집단적 신분의 장벽이 있는 사회에서는 그 장벽이 사교적 '터부'(禁忌)에 의하여 유지된다. 다른 집단에 속하는 사람과 함께 먹거나 더불어 잔치나 축전에 참여하지 않는다. 중동 지역에서 '두레상 사귐', 곧 함께 둘러앉아 먹는다는 것은 각별히 친밀한 형태의 사귐이요 친교다. 자기네보다 낮은 계급이나 신분에 속한 사람들, 자기네가 못마땅하게 여기는 사람들과는 비록 예의상으로라도 함께 먹고 마시는 일이 없다.

그런 사회에서 예수가 죄인들과 어울림으로써 일으킨 '스캔들'은 대부분의 현대인으로서는 거의 상상하기조차 어려울 정도로 대단한 것이었다.

---

[1] Vermes ② 72-8.

그것은 예수가 그들을 받아들이고 인정하며 실제로 "세리와 죄인들의 **친구**"(마태 11,19)가 되고자 한다는 것을 의미했다. 그것이 가난하고 억눌린 사람들에게 미친 영향은 기적적인 것이었다.

예수가 죄인들과 사귀었다는 것은 확실한 역사적 사실이다. 네 복음서의 각 전승傳承에서마다, 또 그 모든 문학 유형genre에서마다 찾아볼 수 있는 사실이다.² 그처럼 추문스런 행적을 예수보다 더 '점잖은 분들'이던 후대의 추종자들이 창안해 내었을 리는 만무하다. 도리어 복음서에는 예수 행적의 이런 면이 삭감되어 있는 것이나 아닐까? 어떻든 우리가 가지고 있는 증거만으로도 예수가 죄인들과 더불어 이른바 두레상 사귐으로 어울렸다는 것은 분명히 입증되고도 남는다.

> 세리들과 죄인들이 모두 예수님의 말씀을 들으려고 가까이 모여들고 있었다. 그러자 바리사이들과 율법 학자들이, "저 사람은 죄인들을 받아들이고³ 또 그들과 함께 음식을 먹는군" 하고 투덜거렸다 (루카 15,1-2).

> 예수님께서 그(레위)의 집에서 음식을 잡수시게 되었는데, 많은 세리와 죄인도 예수님과 그분의 제자들과 자리를 함께하였다. 이런 이들이 예수님을 많이 따르고 있었기 때문이다(마르 2,15; 참조: 마태 9,10; 루카 5,29).

> 사람의 아들이 와서 먹고 마시자, "보라, 저자는 먹보요 술꾼이며

---

² 참조: Schillebeeckx ② 95.
³ 이곳의 그리스어($\pi\rho o\sigma\delta\acute{\epsilon}\chi\eta\epsilon\theta\alpha\iota$)는 '맞아들이다' 또는 '환대하다'로 번역하는 것이 제일 낫다. 참조: Linnemann 69.

세리와 죄인들의 친구다" 하고 너희는 말한다(루카 7,34 = 마태 11,19).

예수는 자기 집에 죄인들을 맞아들여 환대했다. 종래에 우리는 "사람의 아들은 머리를 기댈 곳조차 없다"(마태 8,20 = 루카 9,58)라는 말을 너무 글자 그대로 받아들이는 경향이 있었다. 예수는 여러 곳을 많이 돌아다녔고, 그래서 길가에서나 친구 집에서도 자야 했던 것이 사실이다. 그러나 카파르나움에 자기 집이 있었던 것도 사실이며, 어쩌면 베드로와 안드레아의 가족과 한집에서 살았을 것이다(마르 1,21.29.35; 2,1-2; 마태 4,13). 마르코 2,15에서 말하는 그의 집이란 루카에 따르면(루카 5,29) 레위의 집일 수도 있겠지만, 예수의 집이라고 그럴듯하게 논증된 바도 있다.[4] 더욱이 예수가 죄인들을 환대한다고 비난받았다는 점을 생각할 때(루카 15,2), 그럴 만한 집이 없었다면 그런 비난인들 있었겠는가.

손님들이 초대받았다는 사실과 밥상에 기대어 앉았다는 사실이 말해 주듯이, 복음서에서 말하는 식사란 잔치나 만찬이었다. 손님 초대가 없는 가족 간의 평소 끼니 때는 지금의 우리와 매우 비슷하게 똑바로 앉아서 먹었다.[5] 잔치나 만찬에서만 비스듬히 기대어 앉았다. 잔치나 만찬이라고 해서 반드시 대단한 고급 연회였다고 생각할 필요는 없다. 둘러앉아서 이야기를 나눈다는 것이 음식을 먹는 것보다 중요한 일이었다(루카 10,38-42). 어떻든 이런 만찬이 예수의 생활에서는 하도 예사스런 특징이 되어 있어서 먹보요 술꾼이라는 비방을 받는 수도 있을 정도였다.

루카에 따르면 예수가 한번은 자기를 초대한 중류 계급의 집주인에게 말하기를 "친구들이나 형제들이나 친척들이나 부유한 이웃들"만 늘 부르

---
[4] E. Lohmeyer, *Das Evangelium des Markus* (Göttingen 1967) 55; Jeremias ⑧ 115.
[5] Jeremias ⑧ 115; ⑤ 20-1.

지 말고 "가난한 이들, 장애인들, 다리 저는 이들, 눈먼 이들"도 초대하라고 한 적이 있다(루카 14,12-13). 예수는 자기가 설교한 바를 실천한 사람이었다고 추정할 수 있다면, 따라서 그는 세리와 죄인만이 아니라 거지와 뜨내기들도 환대하는 습관이 있었다고 또한 추정할 수 있으리라.

예수는 또 바리사이 같은 '점잖은 분들'도 초대해서 함께 만찬을 하고자 했음에 틀림없다. 그들이 예수를 자기 집으로 초대했으니(루카 7,36; 11,37; 14,1), 예수도 답례로 더러 그들을 초대했을 것은 당연하다. 그러나 바리사이와 거지들이 같은 두레상에 어울려 앉을 수 있었을까? 바리사이들은 체통을 잃을세라 그런 초대라면 응하기를 꺼리지 않았을까?

바로 이런 점에서 손님 초대의 비유(루카 14,15-24)는 아마도 예수 생애의 실제 사건에 근거한 것이 아닐까? '점잖은 분들'이 예수의 초대를 받고는 실제로 변명들을 늘어놓은 것이 아닐까? 실제로 예수가 제자들을 시켜 "한길과 골목으로 나가 가난한 이들과 장애인들과 눈먼 이들과 다리 저는 이들을" 데려오게 하고, 심지어 "큰길과 울타리 쪽으로 나가 어떻게 해서라도" 붙들어 오게 한 것이 아닐까?

한편 예수를 자기 집으로 초대하는 일을 두고 말하자면, 거지들은 물론 애당초 엄두조차 못 내었을 것이 뻔한 일이고, 죄인들은 먼저 거듭 새삼 이런저런 생각에 마음이 걸렸으리라. 그처럼 깊이 새겨진 사회적 관습을 극복하자니 예수로서는 더러 억지로라도 거지들을 자기 집에 오게 하고 죄인들이 자기를 초대하게도 하지 않을 수 없었으리라. 후자의 예를 루카는 자캐오 이야기(루카 19,1-10)에서 보여 준다.

자캐오는 경제적으로는 가난한 사람이 아니었다. 예리코의 원로급 세리였고, 그래서 제법 큰 재산을 모을 수 있었다. 그러나 직업 때문에 으레 따돌려진 자일 수밖에 없었고, 그래서 결국 죄인 축에 들어 있었다. '점잖은 분들'은 아무도 그의 집에 들어가거나 그와 함께 만찬을 나누지 않았다. 예수는 그런데 아예 일부러 (예리코에서 가장 악명 높은 죄인인) 이 사람이 자기를 초대하도록 만드는 것이다.

그러나 일단 예수의 사람됨을 헤아리기 시작하면, 세리나 죄인이나 병자나 무능력자나 모두들 (루카가 말했듯이) 그와 어울리려 했고(루카 15,1) 그를 초대하는 것이었다.

예수 자신이야말로 이런 잔치스런 모임들을 무척 소중히 여겼다. 때로는 여관 객실을 빌려서 자기를 따르는 사람들과 함께 축일을 기념하기도 했다. 최후 만찬은 그런 여러 만찬 가운데 그야말로 마지막 만찬이었다. 예수가 죽은 다음, 그를 따르던 사람들은 이 일을 계속 회상하면서 함께 모여 빵을 나누어 먹었다. 이렇게 (잔칫상의 먹는 일과 관련하여) 자기를 기억하기를 예수는 원했던 것이다.

> 나를 기억하여 이를 행하여라(1코린 11,24.25).

이런 두레상 사귐들이 가난한 사람들과 죄인들에게 큰 충격을 주었다는 것은 아무리 강조해도 과장이 될 수 없으리라. 그들을 친구로, 대등한 사람으로 받아들임으로써 예수는 그들의 수치심과 비굴감과 죄의식을 씻어 주었다. 그들이 자기에게 중요한 사람들임을 보여 줌으로써 그들에게 자존심과 해방감을 주었다. 그들과 더불어 두레상에 기대어 앉아 있을 때 예수는 그들과 몸이 닿았을 것이 틀림없다(요한 13,25 참조). 그런 접촉을 거절할 생각은 꿈에라도 해 본 일이 없는 것도 분명하다(루카 7,38-39 참조). 이렇게 함으로써 예수는 그들로 하여금 스스로 결백하고 인정받을 수 있는 사람임을 느끼게 했다.

그뿐인가, 예수는 하느님의 사람으로서 또 예언자로서 우러러보이고 있었으므로, 그들은 예수의 우의 표시를 그들에게 대한 하느님의 인정으로 해석했다. 그들은 이제 하느님에게 받아들여질 수 있는 사람들이었다. 그들의 죄스러움과 무식함과 부정함은 이미 문제 삼을 장애가 아니었다.

자주 지적되어 왔거니와 예수가 죄인들과 나눈 두레상 사귐은 그들의 죄에 대한 암시적 용서였다.[6] 이 점을 제대로 알아듣기 위해서는 당시에 죄와 용서가 어떻게 생각되고 있었던가를 알아야겠다.

죄란 하느님에게 진 빚이었다(마태 6,12; 18,23-35). 이런 빚들은 과거에 자기 자신이나 조상들이 율법을 범한 결과였다. 이미 본 대로 이 범법 행위는 고의로만이 아니라 실수로 이루어질 수도 있었다. 그래서 위법적인, 혼혈아로 태어난 유다인은 조상 탓에 인종상으로 영구적 죄인 처지에서 살고 있었다.

용서란 하느님에게 진 빚을 없애 주는 것을 의미했다. 그리스어로 '용서하다'에 해당하는 '아피에미' $\alpha\phi\iota\epsilon\mu\iota$ 라는 낱말은 '사면하다'·'석방하다'·'해방하다'의 뜻이 있다. 누구를 용서함은 그를 과거사의 지배에서 해방시킴이다. 하느님은 용서하실 때 사람의 지난 일을 보아 넘기시고 과거의 범죄가 현재나 미래에 미치는 결과를 지워 없애신다.

예수의 우의 표시는 바로 이 점을 염두에 두고 있음을 뚜렷이 드러내는 것이었다. 예수는 사람들의 과거를 보아 넘겼고 그 어떤 것도 그들을 가로막는 장애로 인정하지 않았다. 전에는 하느님께 빚진 일이 있더라도 이제는 이미 아무 빚도 없는, 따라서 더는 배척당하고 처벌받을 이유가 없는 그런 사람이 되어 있는 것으로 그들을 대우했다.

예수가 이것을 말로 드러낼 필요가 없었음은 탕자의 아버지가 아들에게 굳이 용서한다고 말할 필요가 없었음과 마찬가지다. 환대와 잔치가 여러 말보다 더 소리 높은 웅변이었던 것이다.

---

[6] Jeremias ⑧ 114-6.

병은 죄의 결과이므로 치유는 용서의 결과라고 여겨졌다. 하느님께 진 빚을 갚을 대가로, 죗값으로 요구될 수 있는 것이 병이었다. 그래서 병자가 병에서 해방되면 그 병자의 빚이 삭쳐졌음에 틀림없는 증거라고 보았다.[7] 사해 두루마리의 단편에 다음과 같은 바빌론 왕 나부나이의 말이 나올 수 있는 것도 이 때문이다.

> 내가 일곱 해 동안 (더러운 종양에) 걸려 있었는데, 한 유다인 구마자가 내 죄를 사해 줍디다.[8]

복음서의 중풍 병자 이야기(마르 2,1-12병)에서도 이와 똑같은 생각을 볼 수 있다. 일어나 걸을 수 있다면 죄가 용서되었음에 틀림없는 증거라는 것이다. 아마 그는 죄의식에 시달린 나머지 정신·신체적 증상으로 신체 마비가 일어나게 되었으리라. 예수가 그에게 그의 죄는 용서받았다고, 그는 하느님께 빚진 것이 없다고 확언해 주자, 그의 숙명론적 죄의식은 사그라졌고 그는 다시 걸을 수 있었다.

이 이야기에서 예수와 바리사이들이 나누는 대화는 아마 마르코나 그 이전의 그리스도인 설교자가 지어낸 이야기일 것이다. 대화의 목적은 치유가 용서의 표징 또는 증거가 될 수 있다는 점을 지적하자는 것이다. 그러나 여기서 예수가 중풍 병자를 치유한 **동기**가 사죄권을 증거하려는 것이었다는 결론이 나오는 것은 아니다. 이미 보았거니와 예수의 치유 동기는 연민이었다. 중풍 병자에게 하느님의 용서를 확인해 준 동기도 연민이었다. 치유하는 힘은 이미 본 바와 같이 믿음의 힘이었다. 죄를 용서하는 힘도 믿음의 힘이었다. 군중이 놀라워했다고 말하는 이유는 **예수**가 아니

---

[7] Vermes ② 69.　　　　[8] Vermes ① 229.

라 **사람들**에게 그런 권능이 주어졌기 때문이었다(마태 9,8). 넉넉한 믿음을 가진 사람이라면 누구라도 똑같은 일을 할 수 있으리라는 것이 놀라운 일이었던 것이다.

이 점은 예수의 발을 씻은 죄녀 이야기에서 뚜렷이 드러난다.

> 예수님께서는 그 여자에게 말씀하셨다. "너는 죄를 용서받았다."
> … "네 믿음이 너를 구원하였다. 평안히 가거라"(루카 7,48.50).

이 대목에 나타나는 대화의 구성을 보면, 하느님의 용서가 그 여자에게서 실제로 효과가 날 수 있게 한 것은 그 여자의 믿음이었다는 점을 지적하고자 하는 것으로 되어 있다. 예수는 그 여자의 모든 빚이 면제되었으며 바야흐로 하느님이 그녀를 받아들이고 인정하신다는 것을 확신하고 있었다. 그리고 그 여자가 이것을 믿는 그 순간에 효과가 발생하고 그 여자의 삶은 달라졌다. 하느님의 무조건의 용서를 믿는 예수의 믿음이 그 여자 안에도 똑같은 믿음을 일깨웠다. 정확히 어떤 방식으로 그렇게 했던지 우리는 모른다. 틀림없이 무슨 간단한 우의와 용납의 표시로써 그렇게 했으리라 — 어쩌면 그 여자가 눈물로 자기 발을 씻는 것을 내버려 두는 것 이상의 다른 아무 표시도 아니했을지도 모른다. 예언자라면 그런 여자를 배척하리라고들 생각하고 있었는데, 뜻밖에도 예수는 그렇게 하지 않았다(루카 7,39). 예수는 그 여자를 벌하거나 욕하거나 부정한 여자로 대하지 않았다. 되찾은 아들의 비유에 나오는 아버지처럼 예수는 어떤 조건도, 어떤 자격도, 어떤 노력도, 어떤 행업도 요구하지 않았다. 간단한 표시 하나로 그 여자는 홀가분하게 과거에서 해방되었다 — 보속도 없이, 또 조건도 없이.

결과는 일종의 치유였다. 곧, 그 여자가 안도와 기쁨과 감사와 사랑으로서 체험하게 된 일종의 구원이었다.

이 여자는 그 많은 죄를 용서받았다. 그래서 큰 사랑(감사)[9]을 드러
낸 것이다. 그러나 적게 용서받은 사람은 적게 사랑한다(루카 7,47).

그녀의 감사에 넘치는 사랑과 걷잡을 수 없는 기쁨은 죄에서 해방되었다
는 표징이었다. **기쁨**, 그것이야말로 가난하고 억눌린 사람들 가운데서 예
수가 행한 모든 활동의 가장 특징적인 효과였다. 예수가 그들과 더불어 먹
는 모임들은 잔치이며 연회였다. 예수는 이런 모임들에서 사람들을 즐겁
게 해 줄 줄 아는 사람이었음에 틀림없다. 이 점이 바리사이들에게는 '걸림
돌'이 되었다. 죄인들과 어울려 즐거워하고 잔치를 벌이고 하다니, 도무지
이해할 수 없는 노릇이었다(루카 15,1). 그들로서는 예수를 쾌락 추구자라
고, "먹보요 술꾼"(루카 7,34)이라고 추정할 수밖에 없었다.

이렇게 즐거워하고 잔치를 벌이고 하는 까닭을 바리사이들에게 설명하
기 위하여 예수는 세 가지 비유 이야기를 했다 — 되찾은 양, 되찾은 은전,
되찾은 아들의 비유가 그것이다(루카 15,1-32). 이들 각 비유가 한결같이 말
해 주는 요점인즉 잃었던 것을 되찾는다는 것(용서)은 즐거워하고 잔치를
벌이고 하기에 충분하고 당연한 이유가 된다는 것이다.

의심할 나위도 없이 예수는 두드러지게 명랑한 사람이었다. 그의 기쁨
도 그의 믿음과 희망처럼 말하자면 전염성이 있었다. 이 점이야말로 사실
예수와 요한의 가장 두드러진 차이점이었다. 나중에 보려니와 요한은 단
식을 하는 동안에 예수는 잔치를 벌이고 있었다(루카 7,31-34병).

스힐레벡스가 적절히 표현한 바와 같이 예수의 제자들이 단식을 하지
않았다는 사실은 "예수와 함께 있으면서 슬퍼하기란 실존적으로 불가능하
다"는 증언이다.[10] 단식은 슬픔과 비애의 표시다. 혼례 때 신랑과 함께 있

---

[9] Jeremias ③ 126-7에 따르면 여기서 사랑이란 감사를 뜻한다.
[10] Schillebeeckx ② 201.

는 동안에 단식을 할 리가 없다(마르 2,18-19병). 가난하고 억눌린 사람들, 그 밖에도 '체면'이나 '위신'에 지나치게 매이지 않은 사람들은 누구나 예수와 함께 있게 되면 그저 기쁘기만 한 해방의 체험을 하는 것이었다.

예수는 그들을 안심하게 했다. 악령도 악인도 호수 위의 폭풍도 무서워할 필요가 없었다. 무엇을 입을까, 무엇을 먹을까, 병들면 어쩔까 걱정할 필요도 없었다. '두려워하지 마라', '걱정하지 마라', '기뻐하라'는 말들을 하면서 예수가 사람들에게 힘을 주고 격려한 일이 얼마나 자주 있었던가는 주목할 만한 사실이다.[11] 예수는 비단 치유하고 용서했을 뿐 아니라 또한 두려움을 몰아내고 걱정으로부터 건져 주었다. 예수의 존재 자체가 사람들을 해방시키는 것이었다.

---

[11] 마르 5,36; 6,50; 마태 6,25.27.28.31.34; 9,2.22; 10,19.26.28.31; 14,27; 루카 12,32; 요한 16,33; 그리고 이들에 해당하는 모든 병행구. 참조: 마르 4,19.40; 10,49; 루카 10,41.

3. 복음

하느님 나라

가난하고 억눌린 사람들을 해방하는 자기 활동을 설명하기 위하여 예수가 사용했으리라고 생각되는, 이사야에서 따온 몇 대목이 있다(루카 4,16-21; 7,22병; 마태 10,7-8). 루카는 자기 자료 중에서 예수가 나자렛 회당에서 이사야를 낭독했다는 이야기를 발견했던 모양인데, 이 이야기를 채택한 루카는 예수의 활동을 아주 적절히 설명하는 한 대목을 일종의 기획 구성으로 예수의 봉사 활동 개시 부분에다가 끼워 넣었다(루카 4,16-21). 설사 실제로는 예수가 회당에서 이 구절을 읽고 해설한 적이 없다 하더라도, 루카가 예수의 활동을 이해함에 그것을 중요시한 것은 확실히 정확한 안목이다.

> 그날에는 **귀먹은 이들**도 책에 적힌 말을 듣고 **눈먼 이들**의 눈도 어둠과 암흑을 벗어나 보게 되리라. **겸손한 이들**은 주님 안에서 기쁨에 기쁨을 더하고 사람들 가운데 가장 **가난한 이들**은 이스라엘의 거룩하신 분 안에서 즐거워하리니(이사 29,18-19).

그때에 눈먼 이들은 눈이 열리고 귀먹은 이들은 귀가 열리리라. 그때에 다리 저는 이는 사슴처럼 뛰고 말 못하는 이의 혀는 환성을 터뜨리리라(이사 35,5-6).

주님께서 나에게 기름을 부어 주시니 주 하느님의 영이 내 위에 내리셨다. 주님께서 나를 보내시어 **가난한 이들**에게 기쁜 소식을 전하고 **마음이 부서진 이들**을 싸매어 주며 **잡혀간 이들**에게 해방을, **갇힌 이들**에게 석방을 선포하게 하셨다. 주님의 은혜의 해(禧年), 우리 하느님의 응보의 날을 선포하고 슬퍼하는 이들을 모두 위로하게 하셨다(이사 61,1-2).

귀머거리 · 벙어리 · 소경 · 절름발이 · 가난한 자 · 찢긴 마음 · 포로 · 옥에 갇힌 자 · 짓밟힌 자들이란 가난하고 억눌린 사람들을 달리 부르는 것일 뿐이다. 따라서 각 문장의 동사들도 하느님이 가난하고 억눌린 사람들과 관련시켜서 약속하신 행동을 달리 표현하는 것일 따름이다. 그런즉 치유, 시력과 청력의 회복, 기쁨의 재래, 석방, 자유나 희년의 선포, 복음의 전달도 **해방**을 여러 가지로 달리 묘사하는 방식들이다. 복음을 전함이 해방의 한 형태로 이해되었다는 것은 특별히 뜻 깊은 일이다. 예수의 설교는 이 점에 비추어 이해되어야 한다. 예수의 복음 선포는 해방 사업의 실행에 속한다. 가난한 이들에게 복음을 전함은 말로써 그들을 해방함을 뜻한다.

이사야와 예수 자신은 '에우앙겔리존타이' $εὐαγγελίζονται$ 라는 동사를 사용했다(이사 40,9; 52,7; 61,1; 루카 7,22병). '에우앙겔리온' $εὐαγγέλιον$ 이라는 명사를 처음으로 사용하여(예컨대 마르 1,1.14)[1] 예수가 가난하고 억눌린 사람들에

---

[1] 마르 1,15; 8,35; 10,29; 13,10병; 14,9병에서 사용하는 $εὐαγγέλιον$ 은 일차적으로 중요한 내용을 이루는 것이 아니다. 참조: Jeremias ⑧ 134; Schillebeeckx ② 87-8.

게 선포한 메시지의 내용을 가리키게 된 것은 초대 그리스도인들이었다. 어떤 새로운 사건, 최근에 일어났거나 가까운 장래에 틀림없이 일어나리라고 느낄 수 있는 사건을 말해 주는 것을 '소식'이라고 부른다. 그 소식이 희망적이며 고무적인 것일 때, 그것이 사람들을 행복하게 만드는 경향이 있을 때, 그것을 '좋은 소식'이라고 부른다. 가난한 이들에게 좋은 소식이란 그러므로 가난한 이들에게 희망적이며 고무적인 소식이다.

예수가 가난하고 억눌린 사람들에게 가져다준 좋은 소식은 **예언**이었다. 예수는 가난한 이들에게 행복이 될 미래의 일을 예언했다. 이 미래 사건은 그저 하느님 나라의 도래가 아니라 가난하고 억눌린 사람들을 위한 하느님 나라의 도래였다. "하느님의 나라가 너희 것"(루카 6,20)이라고.

예수의 기본 예언은 우리가 '행복 선언'이라고 부르는 구절에 들어 있다.

> 행복하여라, 가난한 사람들!
> 하느님의 나라가 너희 것이다.
> 행복하여라, 지금 굶주리는 사람들!
> 너희는 배부르게 될 것이다.
> 행복하여라, 지금 우는 사람들!
> 너희는 웃게 될 것이다(루카 6,20-21).

마태오보다 루카의 복음서에 더 본래 형태의 예언이 보존되어 있다. 여기서는 말 상대가 여전히 예수 당시의 사람들이다. 곧, 지금 가난하고 굶주리고 우는 그대들로 되어 있다. 마태오는 이 예언을 사실상 가난하고 굶주리고 우는 사람들이 아닌 독자들의 필요에도 적용시켰다. 즉, 축복과 약속을 확대해석하여 마음으로 가난한 누구에게나[가난한 사람들과 한 정신이 된, 정의에 굶주리고 목말라하는, 가난한 이들의 겸손함이나 비천함을 본받는, 슬프고 억울한, 예수를 믿기 때문에 박해를 받는 누구에게나, 사실상 참으로 덕이 있는 누구에게나(마태 5,1-12)] 적용함으로써 예언을 교훈으로 바꾸어 놓았다.

예수의 실천 행동들이 가난한 사람들에게 미래에 대한 큰 희망을 일깨웠다면, 그의 예언 말씀들은 더욱 큰 희망을 일깨웠을 것이 틀림없다. 그러나 이 희망이란 본디 하늘(적어도 후세에 보상을 받고 행복을 누리는 곳으로서의 천당)과는 아무 상관도 없는 것이었다. 예수 당시에 하늘이란 하느님과 같은 말이었다.[2] 하늘나라란 곧 하느님 나라를 뜻한다. 하늘의 보상 또는 보화란 바로 하느님의 선행자 명부에 적힌 선행들을 의미한다. 하늘이라는 말이 글자 그대로 뜻하는 것은 하느님과 그 밖의 온갖 영靈이 깃든 곳인 궁창穹蒼이다. 죽어서 거기로 올라간다는 생각은 조금도 없다. 죽은 사람들은 모두가 '셔올'이라는 명부冥府 또는 무덤으로 간다. 죽은 모든 사람이 부활하기 전에 후세의 상벌을 받는다고 믿는 사람들까지도 그것은 셔올의 여러 다른 두 부분에서 일어나는 일이라고 상상했다. 의인은 셔올에서 아브라함 품속에 있으며, 그들과 셔올의 다른 부분에 있는 악인 사이에는 커다란 골짜기가 양쪽을 갈라놓고 있다는 것이었다(루카 16,23-26 참조). 하늘에 대한 그리스도교의 믿음은 예수가 죽은 다음에 하늘로, 하느님 오른편으로 올라갔다는 생각과 더불어 생겨났다.

하느님 나라에 관한 복음은 그러나 **지상**의 미래 사정에 관한, 가난한 이들이 더는 가난하지 않고 굶주리던 사람들이 이제는 배부르며 억눌린 자들이 다시는 울지 않게 될 때에 관한 소식이었다. "아버지의 나라가 오게 하소서"라는 말은 "아버지의 뜻이 하늘에서와 같이 **땅**에서도 이루어지게 하소서"라는 말과 같은 뜻이다(마태 6,10병).

"하느님 나라는 여러분 **속에**", 곧 여러분의 마음속에 있다는, 잘 알려진

---

[2] Jeremias ⑧ 9.

루카 17,21의 오역 때문에 오랜 세월에 걸쳐 많은 그리스도인이 하느님 나라의 본성을 오해해 왔다. 오늘날 진정한 학자나 번역자라면 누구나 이 구절을 "하느님 나라는 여러분 **가운데**", 즉 여러분이 모인 가운데 있다는 뜻으로 읽어야 한다는 데 의견이 일치하고 있다. 그리스어 '엔토스' ἐντός는 '속에'로도 '가운데'로도 읽을 수 있다. 그러니 이 대목의 문맥에서 이 말을 '속에'로 번역한다는 것은 그 나라가 언제 올 것이냐는 바리사이들의 질문에 예수가 대답을 하면서(루카 17,20) 그것은 **그들** 마음속에 있다고 말했다는 셈이 된다! 이것은 예수가 일찍이 그 나라나 바리사이들에 관하여 다른 데서 말한 바와 전혀 모순된다. 그뿐 아니라 그 나라에 관한 다른 모든 언급이 그것은 미래의 일임을 전제하고 있고,[3] 또 이 구절(루카 17,20-37)에 들어 있는 다른 모든 말의 동사가 미래 시제로 되어 있다. 따라서 이 구절도 어느날 갑자기 그들이 뜻밖에도 그 나라가 자기들 가운데 와 있음을 발견하게 되리라는 뜻으로 이해되어야 한다.[4]

무릇 나라란 그런 것이거니와, 하느님 나라가 사람의 마음속에 있을 수는 없다. 오히려 사람이 그 속에서 살 수 있다. 예수가 사용하는 '그 나라'라는 말은 다분히 구상화具象畵처럼 묘사하는 용어다. 사람들이 그 **안으로** 들어가거나 못 들어간다(마르 9,47; 10,15.23.24.25병; 마태 5,20; 7,21; 18,3; 21,31; 23,13; 요한 3,5). 사람들이 그 **안에** 앉을 수 있으며 그 **안에서** 먹고 마실 수 있다(마르 14,25; 마태 8,11-12병; 루카 22,30). 거기에는 문이 있고(마태 7,13-14; 루카 13,24), 그 문을 두드릴 수 있다(마태 7,7-8병; 25,10-12병). 그 문은 또 열쇠가 있으며(마태 16,19; 루카 11,52), 그 열쇠로 잠궈질 수 있다(마태 23,13; 루카 13,25). 이렇게 그 나라의 배후에는 분명히 집이나 도성이라는 회화적 표상이 들어 있다.[5]

---

[3] 이에 관한 철저한 연구서: Hiers, *The Kingdom of God in the Synoptic Tradition*.
[4] Jeremias ⑧ 100-1.

이 점은 또 하느님 나라와 대립되는 사탄의 나라가 뚜렷이 집이나 도성
으로 지칭된다는 사실에서 더욱 확실해진다.

어떻게 사탄이 사탄을 쫓아낼 수 있느냐? 한 **나라**가 갈라서면 그
나라는 버티어 내지 못한다. 한집안이 갈라서면 그 집안은 버티어
내지 못할 것이다(마르 3,23-25).

먼저 힘센 자를 묶어 놓지 않고서는, 아무도 그 힘센 자의 집에 들
어가 재물을 털 수 없다. 묶어 놓은 뒤에야 그 집을 털 수 있다(마르
3,27).

어느 나라든지 서로 갈라서면 망하고, 어느 고을이나 집안도 서로
갈라서면 버티어 내지 못한다(마태 12,25).

비유 이야기에서 가장 자주 등장하는 인물은 집주인이다. 일곱 개의 각기
다른 비유에서 집주인이 주인공으로 등장한다.[6] 그리고 적어도 여섯 개의
비유에서 집안에 일어나게 되는 일은 잔치다.[7]

또 하느님 나라와 성전과의 사이에도 어떤 유비 관계가 있다.[8] 예수가
사흘 만에(그러니까 곧) 짓겠노라고 하는 성전은 인간의 손으로 짓는 성전이
아니다(마르 14,58). 그것은 새로운 공동체다. 사해 두루마리의 발견으로 밝

---

[45] S. Aalen, "'Reign' and 'House' in the Kingdom of God in the Gospels": *New Testament Studies* (1962) 215-40; Gaston 231-7. 다스림 또는 통치권으로서의 '바실레이아' 개념에 관해서는 '그 나라와 권력' 부분을 보라.

[6] 루카 11,5-8; 12,42-46병; 16,1-8; 17,7-10; 마태 20,1-15; 21,28-31; 25,14-30.

[7] 루카 15,11-32; 12,36-38; 14,7-10; 마태 22,1-10병; 22,11-13; 25,1-12.

[8] E. Lohmeyer, *Kultus und Evangelium* (Göttingen 1942) 72-3.

혀졌거니와, 쿰란 공동체는 자기네 자신들을 새 성전, 새 하느님의 집으로 보았다.[9] 새 성전을 지으리라는, 하느님의 예언자를 통한 약속도 이런 의미로 하신 말씀이었음에 틀림없다.

하느님 나라에 관한 예수의 표현 방식이 집이나 도성이나 공동체라는 회화적 표상에 입각한다는 사실에서 미루어 보아, 예수가 염두에 두고 있던 것은 바로 이 지상의 사람들로 구성된 정치적 조직 사회였음에 틀림없다. 여기서 나라란 완전히 정치적인 개념이다. 군주정체의 사회, 곧 왕이 통치하는 왕국이다. 일찍이 예수가 말한 어느 한마디도 이 말을 비정치적 의미로 사용했다는 결론에 이르게 한다고 볼 수 있는 것은 없다.

많이들 인용하는, "내 나라는 이 세상에 속하지 않는다"(요한 18,36)라는 구절은 하느님 나라가 이 세상 **안에** 또는 이 땅 **위에** 있는 것이 아니라는 뜻이 아니다. 이것은 요한복음서에 특유한 구절이며, 요한이 이 말을 사용하는 맥락 속에서 이해되어야 한다. 요한 17,11.14-16에 예수와 그의 제자들은 이 세상 **안에** 있으나 이 세상에 **속해** 있지는 않다는 말이 나오는데, 이때 그 의미는 분명하고도 남음이 있다. 그들은 비록 이 세상에 살고 있지만 이 세상에 영합하지는 않는다는, 현세의 가치와 기준에 동조하지는 않는다는 뜻이다. 이런 말을 하는 같은 복음서에서 또한 그 나라는 이 세상의 것이 아니라는 말도 하고 있는 것이라면, 이 역시 같은 방식으로 해석되어야 한다. 그 나라의 가치는 이 세상의 가치와 다르며 대립된다는 말이다. 이것을 그 나라는 어딘가 지상에서는 동떨어져 공중에 떠 있는, 구체적으로 지적될 만한 사회적·정치적 구조가 없는 추상적 존재라는 뜻이라고 생각할 아무 이유도 없다.

하느님의 나라라고 말한다고 해서 정치적 의미가 덜해지는 것도 결코

---

[9] Q Flor 1,1-13; 1QS 5,5-7; 8,1-10; 9,3-6.

아니다. 이것은 다만 인간의 나라들, 아니 그보다 더욱 사탄의 나라와 대립된다는 말일 따름이다.

예수가 이해한 바에 따르면 세상을 지배하는 것은 사탄이다. 세상은 바야흐로 빗나가고 죄 많은 세대다(마르 8,38병; 9,19병; 마태 12,39-45병; 23,33-36; 참조: 사도 2,40). 악의 권세들이 최고 통치권을 행사하고 있는 세계다. 이것은 비단 가난하고 억눌린 사람들이 고통을 당하며 악령들이 그들에게 세력을 떨치고 있다는 사실에서만 드러나는 것이 아니다. 나아가 종교 지도자(율법 학자와 바리사이)들의 위선과 몰인정과 맹목성에서도, 또 지배계급의 무자비한 탐욕과 탄압에서도 명백히 드러난다. 이것은 또 비단 예수가 살던 사회에만 해당되는 것도 아니다. 세상의 모든 나라, 온갖 원리·주의·권력·세도에도 해당된다. 그 모든 것이 사탄의 손안에 있으니, 이유인즉 (인간들이 사탄을 숭배하고 사탄에게 복종한다는 조건으로) 사탄이 그런 것들을 인간들에게 넘겨주어 사탄 대신으로 지배하게 했기 때문이다(마태 4,8-10병). 인간들은 사탄의 악한 목적에 봉사하는 방식의 통치에 의하여 사탄을 숭배하고 있다. 사탄은 보이지 않게 간접적으로 지배하는 영靈이다. 황제·헤로데·카야파·제관장·원로·율법 학자·바리사이 같은 지도자들은 사탄의 꼭두각시들이다. 예수는 당시 세상의 정치적·사회적 현실 구조들을 모조리 단죄했다. 모두가 악이라고. 깡그리 사탄에게 속하는 것이라고.

그 나라가 도래하면 사탄 대신 하느님이 다스리시리라. 하느님이 온 인류 공동체를 통치할 것이며, 사회 안에서 하느님의 목적에 봉사하는 사람들에게 그 나라를, 곧 그 나라의 통치권[10]을 부여하시리라. 모든 악이 제거될 것이며, 사람들은 하느님의 영으로 충만하리라.

---

[10] '그 나라와 권력'을 보라.

문제는 인류 공동체의 최고 통치권을 행사하는 것이 선이냐 악이냐에 있다. 그것은 힘의 문제이며 권력 구조의 문제다. 지금 이 세상에도 많은 선한 사람이 있다고 할 수 있지만, 상수上手 노릇을 하고 있는 것은 여전히 악이며 권세를 쥐고 있는 것은 아직도 사탄이다.

예수는 자신의 해방 활동을 사탄과 힘을 겨루는 한바탕 싸움으로, 온갖 양상과 형태를 띤 악의 세력에 대한 전쟁으로 보았다. 예수의 치유 활동은 사탄의 집 또는 사탄의 나라에 대한 일종의 강제 침입이었다(마르 3,27병). 이것이 가능한 까닭은 무엇인가 사탄보다 더 강한 힘이 작용하고 있기 때문이었다. 궁극에는 선이 악보다 강한 법이다. 예수는 하느님 나라가 필경은 사탄의 나라를 이길 것이며 이 지상에서 그 나라를 대신하리라고 확신하고 있었다.

그렇다면 여기서 더없이 큰 파국이 오리라는 요한과 예수의 예언은 어떻게 보아야 하는가? 예수는 하느님 나라가 커다란 파멸이 이루어진 **다음에** 오리라고 예상하고 있었던가, 아니면 그런 파멸 **대신에** 바람직한 선택 가능성으로서 다가오리라고 기대하고 있었던가?

이 문제에 대답할 수 있으려면 먼저 이 하느님 나라에서 필연적으로 나오는 결론들부터 좀 더 이해할 필요가 있다. 문제의 요점은 선과 악의 구체적이며 실질적인 의미다. 우리가 예수의 통찰을 이해하는 척도가 되는 것은 사회 안에 얽혀 있는 악의 구조와 하느님 나라의 가치 구조를 예수가 어떻게 이해하고 있었느냐에 있다. 하느님 나라의 가치는 사탄 나라의 그것과 어떻게 다른가?

그 나라와 돈

부富의 추구는 하느님 또는 하느님 나라의 추구와 도식적圖式的으로 대립한다. '맘몬'과 하느님은 같은 식으로 섬겨지는 두 주인이다. 한쪽을 사랑하면 다른 쪽은 배척되기 마련이다(마태 6,24병; 참조: 마르 4,19병). 어떤 타협도 불가능하다.

흔히 돈과 재물에 관한 예수의 말들은 복음서의 '가장 어려운' 대목에 속하는 것으로 여겨지고 있으며, 대부분의 그리스도인들이 그 의미를 완화시키려는 경향이 있다. 하느님 나라에 관한 말들 가운데 가장 사람을 놀라게 하는 것은 그 나라가 다가왔다는 것이 아니라 그 나라가 **가난한 이들의 나라**가 되리라는 것, 부자들은 부자로 머물러 있는 한 그 나라에 속하지 못하리라는 것이다(루카 6,20-26). 부자가 하느님 나라에 들어가기는 낙타가 (혹은 어부의 밧줄이?)[1] 바늘귀를 빠져나가기만큼이나 어려운, 불가능한 일이

---

[1] 참조: Jeremias ③ 195.

다(마르 10,25병)라는 말을 듣고 예수의 제자들마저 깜짝 놀랐다고 마르코는 전한다(마르 10,24.26). 그 나라가 대체 무슨 나라이기에?

> 제자들이 더욱 놀라서, "그러면 누가 구원받을 수 있는가?" 하고 서로 말하였다. 예수님께서는 그들을 바라보며 이르셨다. "사람에게는 불가능하지만 하느님께는 그렇지 않다. 하느님께는 모든 것이 가능하다"(마르 10,26-27).

바꾸어 말해서 부자가 하느님 나라에 들어가자면 기적이 필요하다는 것이다 — 부자로 하여금 자기 재산을 모두 **가지고** 들어가게 하는 것이 아니라 가난한 이들의 나라에 들어갈 수 있도록 모든 재산을 포기하게 하는 그런 기적이다. 이것이 복음서의 이야기(마르 10,17-22병)에 나오는 부자 청년이 받은 요구다. 청년은 그 나라를 믿는 신앙이 너무 작았고 경제적 안정을 지나치게 중시하고 있었으므로 하느님의 능력이 그 안에서 역사하여 불가능한 일을 성취할 수 없었다. 기적이 일어날 수 없었다.

하느님 나라에는 부자들이 들어설 여지가 없다. 거기에는 그들을 위한 어떤 보상도 어떤 위로도 없다(루카 6,24-26). 부자와 거지 라자로의 비유에서 부자에게 그처럼 극적으로 모든 보상이 거부되는 이유는 그가 부자였다는 것과 자기 재산을 거지와 나누어 가지지 않았다는 것이 전부다(루카 16,19-31). 또 이 부자가 자기 형제들에게 경고하고 싶어 하는 것도 이것이 전부다 — 도대체 누가 믿어 주기나 하랴마는!

결국 하느님 나라에 마음을 두고 그 나라의 가치들에 동의하면, 자기가 가진 것을 모두 포기할 수밖에 없다(마태 6,19-21; 루카 12,33-34; 14,33). 예수는 자기를 따르려는 사람들이 집도 가족도 땅도 배도 그물도, 무엇이나 고스란히 버리고 떠날 것을 기대했다(마르 1,18.20병; 10,28-30병; 루카 5,11). 그래서 치러야 할 대가부터 먼저 신중히 헤아려 보라고 경고했다(루카 14,28-33).

여기서 요구되는 것은 단순히 무슨 자선이 아니다. 모든 물질적 소유를 전적으로 또 일반적으로 나누어 가짐이다. 예수는 돈과 재물에 초연하여 그런 일일랑은 염려하지 말라고, 무얼 먹고 어떻게 입을까 따위는 아예 걱정하지 말라고 가르쳤다(마태 6,25-33병).

> 네 겉옷을 가져가는 자는 속옷도 가져가게 내버려 두어라. 달라고 하면 누구에게나 주고, 네 것을 가져가는 이에게서 되찾으려고 하지 마라. … 아무것도 바라지 말고 꾸어 주어라(루카 6,29-30.35).

> 네가 잔치를 베풀 때에는 오히려 가난한 이들, 장애인들, 다리 저는 이들, 눈먼 이들을 초대하여라. 그들이 너에게 보답할 수 없기 때문에 너는 행복할 것이다 …(루카 14,13-14).

예수가 사람들로 하여금 가진 것을 나누어 가지도록 가르치고자 한 가장 좋은 보기가 되는 예화는 빵과 물고기 이야기다(마르 6,35-44병). 이 사건을 초대교회와 모든 복음서 저자는 빵과 물고기가 늘어난 기적으로 해석했다. 물론 이 점을 명백히 말하는 저자는 아무도 없다. 기적을 가리키는 상례적 표현 방식은 사람들이 깜짝 놀랐다는 말을 하는 것인데, 이 경우에는 어느 누구도 놀란 사람이 있었다는 말은 없고 다만 제자들이 어찌 된 영문인지 몰라 하더라는 이야기만 전한다(마르 6,52; 8,17-18.21).[2] 이 사건은 오히려 더 깊은 뜻을 담고 있다. 정작 사건 자체는 빵과 물고기가 늘어난 기적이 아니라, 가진 것을 나누어 가지는 두드러진 사례다.

---

[2] Dodd ③ 132.

어느 외딴 곳에서 예수는 큰 무리를 이루어 모여든 사람들에게 설교를 하고 있었는데, 어느덧 시간이 흘러 잠시 쉬면서 끼니 때가 된다. 두말할 나위도 없이 먹을 것을 가지고 온 사람도 있고 못 가지고 온 사람도 있다. 예수와 그의 제자들이 가진 것은 빵 다섯 덩이와 생선 두 마리뿐이다. 그래서 제자들은 "사람들을 돌려보내어" 뭘 좀 사 먹고 오게 하자고 제안한다. 예수는 그러나 그러지 말라고 한다. "너희가 그들에게 먹을 것을 주어라." 그러자 제자들은 기가 막히다는 듯 항변을 하는데, 예수는 사람을 백 명씩 또는 오십 명씩 떼를 지어 둘러앉히게 하고는, 빵과 물고기를 들어 올리더니 자기 제자들더러 그걸 사람들에게 나누어 주라고 이른다.

그리고 이때 예수가 먹을 것을 가지고 온 또 다른 사람들에게도 쉰 사람씩 모여 앉은 무리 속에서 자기네끼리 같은 일을 하라고 일렀거나, 아니면 예수와 제자들이 나누어 먹는 것을 보고는 그들도 자진해서 도시락을 풀어 놓게 되었거나, 어떻든 모두들 나누어 먹기 시작한다.

그야말로 '기적'이라 할 만한 것은 그처럼 많은 사람이 갑자기 자기 음식에 욕심을 부리지 않고 나누어 먹게 되었다는 것이요, 그 결과 가져온 음식들이 두루 나누어 먹고도 남은 것을 발견하게 되었다는 것이다. 먹고 남은 부스러기가 열두 광주리였다는 이야기다. 물건이란 나누어 쓰면 '늘어나는' 경향이 있는 법이다.

예루살렘에 있던 첫 그리스도인 공동체도 그들의 소유를 나누어 가지려고 노력하는 가운데 똑같은 발견을 했다. 어쩌면 루카가 이 공동체를 좀 이상화된 모습으로 그려 놓았는지도 모른다. 그것조차도 초대 그리스도인들이 예수의 의도를 어떻게 이해했던가를 매우 훌륭히 증언하는 셈이다.

> 신자들은 모두 함께 지내며 모든 것을 공동으로 소유하였다. 그리고 재산과 재물을 팔아 모든 사람에게 저마다 필요한 대로 나누어

주곤 하였다. … 즐겁고 순박한 마음으로 음식을 함께 먹고 …(사도 2,44-46).

가진 것을 모조리 팔았다는 뜻은 아니다. 적어도 직접 쓰는 옷가지와 이부자리, 요리 기구, 집과 가구는 계속 간직하고 있었으리라. 중요한 점은

> 아무도 자기 소유를 자기 것이라(고 권리를 주장)하지 않고 모든 것을 공동으로 소유하였다(사도 4,32)

라는 사실이다.
 그러면 판 것은 무엇인가?

> 땅이나 집을 소유한 사람은 그것을 팔아서 받은 돈을 가져다가 사도들의 발 앞에 놓고, 저마다 필요한 만큼 나누어 받곤 하였다(사도 4,34-35).

집들을 팔았다고 해서 살던 집마저 팔았다는 것은 물론 아니다. 그들이 모두 한 지붕 밑에 산 것은 아니다. 집집마다 돌아가며 모였다는 말을 우리는 듣고 있다(사도 2,46). 판 집들이란 그러므로 다른 사람들에게 셋돈 받고 내놓았던 집들이다. 다시 말하면 내다 판 것은 부동산이나 자산이나 기업이다. 이런 것들이 팔아서 나눈 그들의 "소유"요 "재산"이었다. 쓰고 남은 것, 꼭 필요하지는 않은 여분이었다.
 루카복음서에 이런 본보기가 또 하나 있다. 자캐오는 회심하자 가진 것의 반을 나누어 주고 속여 먹은 일이 있는 사람에게는 네 배로 갚아 주기로 했다(루카 19,8).

자기의 모든 소유를 판다는 것은 그러므로 쓰고 남는 것을 포기하고, 아무것도 자기만의 것으로 취급하지 않는다는 뜻이다. 그러면 그 결과는 언제나

> 그들 가운데에는 궁핍한 사람이 하나도 없었다(사도 4,34)

는 것이 되기 마련이다.

예수는 가난을 이상으로 삼지 않았다. 도리어 아무도 모자라는 사람이 없게 하려고 애썼다. 바로 이런 목적에서 예수는 물욕과 싸웠고 사람들로 하여금 재물에 연연하지 말고 자기 소유를 나누어 가지라고 촉구했다. 그리고 이것은 공동체 안에서만 가능한 일이었다. 예수는 가난한 사람도 부자도 없는 그런 식으로 구성될 나라인 범세계 공동체를 감히 소망하고 있었다.

여기서도 또 한번 예수의 동기는 가난하고 억눌린 사람들에 대한 가없는 연민이다. 예수가 부자 청년에게 모든 것을 팔라고 권한 것은 무슨 추상적 윤리 원칙 때문이 아니라 가난한 이들에 대한 연민 때문이다. 「히브리 복음서」라는 책에 전해 내려오는 같은 이야기의 대목에서 이 점이 매우 분명히 나타나는데, 우리가 익히 알고 있는 이야기의 첫 부분 다음에 저자는 이렇게 계속한다.

> 그러나 그 부자는 기분이 언짢아져서 머리를 긁기 시작하였다. 그러자 주님께서 그에게 말씀하셨다. "어떻게 당신이 '나는 율법과 예언자들의 말씀을 지켰습니다' 하고 말할 수 있단 말이오? 율법에는 '네 이웃을 네 자신과 같이 사랑하라'고 씌어 있습니다. 그런데 보시오, 아브라함의 자손인 당신 형제들 가운데 많은 이가 누더기

를 입고 굶주려 죽어 가는데, 당신 집에는 좋은 물건이 가득하면서도 그 가운데서 그들에게로 나가는 물건이라고는 하나도 없구려."[3]

요아킴 예레미아스에 따르면 이 예수의 말은 일반적으로 네 복음서에 나오는 예수의 말들과 같은 정도로 역사성이 인정될 수 있다고 한다.[4]

결국 어느 사회든 일부는 가난에 시달리고 일부는 필요 이상의 것을 차지하고 있는 그런 식으로 구성된 사회는 사탄의 나라에 속한다는 결론이 나온다. 돈에 대한 예수의 태도를 진지하게 받아들이지 않고 하느님과 '맘몬' 사이에 타협을 꾀하는 식의 '의로움'을 예수가 어떻게 생각하고 있었던가를 루카는 하느님과 맘몬에 관한 말에 이어서 이렇게 쓴다.

> 돈을 좋아하는 바리사이들이 이 모든 말씀을 듣고 예수님을 비웃었다. 그러자 예수님께서 그들에게 이르셨다. "너희는 사람들 앞에서 스스로 의롭다고 하는 자들이다. 그러나 하느님께서는 너희 마음을 아신다. 사실 사람들에게 높이 평가되는 것이 하느님 앞에서는 혐오스러운 것이다"(루카 16,14-15).

---

[3] Origenes, In Matthaeum 15,14; Jeremias ② 34.
[4] Jeremias ② 33.

그 나라와 위신

예수가 살던 사회에서 돈은 둘째로 중요한 가치였다. 으뜸가는 가치는 **위신**이었다. "동방 세계에서는 오늘날까지도 위신이 어떤 다른 요소보다 중요하다. 동방 사람들은 위신을 잃느니 차라리 자결을 하려고 한다!"[1]

사회는 사람마다 어느 한 계층에 붙박혀 있도록 구성되어 있었다. 말 하나 행동 하나에 신분이나 지위가 고려되지 않는 일이 없었다. 자기보다 높은 지위의 누군가에게서 모욕을 당하는 것은 참을 만한 일이었다. 심지어 당연시되기도 했다! 신분이 대등한 사람에게 모욕을 당한다는 것은 더 살 맛이 없을 만큼 치욕적인 일이었다. 계급이 낮은 자의 모욕에 대해서는 그저 가차가 없을 뿐이었다. 신분을 보장한다는 것은 지극히 중요한 일이었다. 사람들은 남들에게서 자기 명예와 위신을 인정받는 일을 생명처럼 소중히 여겼다.

---

[1] Derrett ② 40; 참조: 42, 73.

신분과 위신은 족벌 · 재산 · 권위 · 교양 · 덕행에 바탕을 두고 있었다. 옷차림이 어떠하고 말하는 법이 어떠하냐, 사회적으로 누구에게 대접을 받고 있느냐, 누가 자기 집 밥상에 초청하여 함께 먹어 주느냐, 잔칫집에서 어느 자리에 앉게 되느냐, 회당에서는 또 어디에 앉느냐 — 이런 것들이 신분과 위신을 나타내고 지켜 주는 것이었다.

신분은 사회 생활의 일부임에 못지않게 종교 생활의 일부이기도 했다.

경건한 유다인 가운데서도 가장 엄격하고 열광적인 쿰란 수도원 공동체의 내부 생활조차도 신분과 지위에 의존하여 있었다. 사해 두루마리에는 엄밀히 세분된 공동체 위계질서 안에서 자기 위치를 안다는 것이 중요함을 언급하는 곳이 수없이 많다.[2] 권리와 특전들이 지위에 따라 할당되어 있었고, 사회에서 아무 지위도 없던 사람들인 미치광이 · 정신병자 · 소경 · 절름발이 · 귀머거리 · 벙어리 · 불구자는 아예 입회가 금지되어 있었다.[3] 이 공동체의 내부 생활은 "각자가 (그의 신분과 덕성이) 존귀하냐 미천하냐에 따라 한 사람이 다른 사람보다 더 큰 영예를 받는다"는 원칙을 명확한 기초로 삼고 있었다.[4]

이 모든 것을 예수는 배격했다. 차별이야말로 세상의 악이 지닌 기본 구조의 하나라고 보았으며, 그런 차별들이 아무 의미도 없어질 나라를 감히 소망하고 있었다.

> 사람들이 너희를 미워하면, 그리고 사람의 아들 때문에 너희를 쫓아내고 모욕하고 중상하면, 너희는 행복하다!(루카 6,22)

---

[2] 1QS 2,19-25; 5,23-24; 6,8-13; 1QSa 1,16.23; 2,11-16; 1QM 2,1-14. 간편한 참조: Vermes ① 74, 80, 81, 119, 120, 121, 125 그리고 28의 해설.

[3] 1QS 15,15; 1QSa 2,4-10 또는 참조: Vermes ① 109, 120.

[4] 1QSa 1,16; 또는 Vermes ① 119.

모든 사람이 너희를 좋게 말하면, 너희는 불행하다!(루카 6,26)

율법 학자와 바리사이에 대한 예수의 비판이 일차적으로 겨냥하는 것은 그들의 가르침이 아니라 실천 생활이었다(마태 23,1-3) — 사실상 그들은 다른 사람들 앞에서 위세를 부리고 다른 사람들의 칭송을 받는 재미를 추구하면서 살고 있다는 것이었다.

> 그들이 하는 일이란 모두 다른 사람들에게 보이기 위한 것이다. 그래서 성구갑을 넓게 만들고 옷자락 술을 길게 늘인다. 잔칫집에서는 윗자리를, 회당에서는 높은 자리를 좋아하고, 장터에서 인사받기를, 사람들에게 스승이라고 불리기를 좋아한다(마태 23,5-7; 참조: 마르 12,38-40병; 루카 11,43; 14,7-11).

자선과 기도와 단식의 종교적 실천에 관해서도 같은 말을 한다. 겉치레로 "사람들에게 드러내 보이려고"(마태 6,1-6.16-18) 그런다는 것이다. 예수가 볼 때 이것은 애당초 덕이기는커녕 위선이다(마태 6,2.5.16). 율법 학자와 바리사이들은 회칠한 무덤과 같다. 그들은 잔과 그릇의 바깥쪽만 씻는다. 겉으로는 착하고 정직한 사람 같지만 속은 위선이 가득한 자들이다(마태 23,27-28). 그들이 외적으로 율법을 준수하는 내적 동기는 체면이다(루카 18,9-14 참조).[5]

위선자도 부자와 마찬가지로 이미 보상을 받았다 — 사람들의 칭송을 받은 것이다(마태 6,1-6.16-18과 루카 6,20-26을 비교해 보라). 하늘나라에는 그들을 위한 아무 자리도 남아 있지 않으리라(마태 5,20). 누구든지 위신이나 '위대

---

[5] 초대교회는 물론 바리사이파와 분쟁 관계에 있었으므로 그들에 대한 예수의 반박을 과장했을 것이다. 이 점은 복음서, 특히 마태오복음서에 뚜렷이 반영되어 있는데, 그렇다고 위선 자체에 대한 예수의 분개를 초대교회의 창안이라고 할 수는 없다.

함'에 부심하는 사람은 예수가 직시하고 있던 하느님 나라의 가치들과는 어긋나게 행동하는 사람이다.

> 제자들이 예수님께 다가와, "하늘나라에서는 누가 가장 큰사람입니까?" 하고 물었다. 그러자 예수님께서 어린이 하나를 불러 그들 가운데에 세우시고 이르셨다. "내가 진실로 너희에게 말한다. 너희가 회개하여 어린이처럼 되지 않으면, 결코 하늘나라에 들어가지 못한다. 그러므로 누구든지 이 어린이처럼 자신을 낮추는 이가 하늘나라에서 가장 큰사람이다"(마태 18,1-4).

어린이는 신분과 위신의 '위대함'과 대립되는 '작음' 또는 '미천함'의 산 표상이다. 당시 사회에서 어린이란 하찮은 존재였다. 그러나 예수에게는 어린이도 사람이며 소중한 존재였다. 바로 이 때문에 예수는 제자들이 어린이들을 쫓아 버리려 하자 화를 내었고 그들을 불러 안아 주고 머리에 손을 얹어 축복해 주었다.

> 사실 하느님의 나라는 이 어린이들과 같은 사람들의 것이다(마르 10,14).

그 나라는 **'어린이들의'** 나라가 되리라고. 더 정확히 말하면 사회 안에서 신분도 지위도 없는 보잘것없는 존재라는 점에서 어린이와 다름없는 사람들의 나라가 되리라고.
여기서 어린이라는 것이 흔히 사람들이 생각하듯이 순진함을 표상한다고 생각할 근거는 없다. 하물며 미성숙이나 무책임과는 더욱 거리가 멀다. 예수는 어린이들이 때로는 철없이 비뚤어지기도 한다는 것을 잘 알고 있었다. 바로 이런 특성을 이용하여 바리사이들을 어린아이에 비유하기도 했다 — 흥겨운 혼례 놀이도 싫다, 구슬픈 장례 놀이도 싫다 하는, 장터에서 노는 아이들의 비유에서(마태 11,16-17병).

하느님 나라의 표상인 어린이는 사회에서 가장 천시되던 사람들, 가난하고 억눌린 사람들, 거지·창녀·세리 등, 예수가 흔히 작은 이 또는 제일 작은 이라고 부르던 사람들의 상징이다.[6]

예수의 관심사는 이들 보잘것없는 사람들이 멸시당하고 열등 인간으로 천대받아서는 안 되겠다는 것이다.

> 너희는 이 작은 이들 가운데 하나라도 업신여기지 않도록 주의하여라(마태 18,10).

예수는 그들의 수치감과 열등감을 잘 알고 있었고, 연민 때문에 예수의 눈에는 그들이 도리어 유난히 큰 가치를 지닌 사람들로 보였다.[7] 예수가 볼 때는 그들이야말로 아무것도 두려워할 것이 없었다. 하느님 나라가 그들의 것이 아닌가.

> 너희들 작은 양 떼야, 두려워하지 마라. 너희 아버지께서는 그 나라를 너희에게 기꺼이 주기로 하셨다(루카 12,32).[8]

---

[6] S. Légasse가 학자답게 편견 없이 정리해 준 덕분에 이 점은 의심할 여지 없는 사실로 확립되었다: *Jésus et l'Enfant*.

[7] Légasse 106.

[8] Légasse(118)에 따르면 '작은 양 떼'란 본디 빈민 또는 하류 계급을 뜻했다. 초대 그리스도인들이 스스로 작은 이들로 여기고(예컨대 마태 10,42) 마음으로 가난한 사람들로 자처했다는 사실은, 틀림없이 예수가 하느님 나라는 가난하고 억눌린 사람들, 또 그들과 일치하는 사람들(작은 이들)에게만 속한다고 말했음을 확인시켜 준다.

하늘나라에서는 가장 보잘것없는 사람들도, 다시 말해서 작은 이라는 사람들도,[9] 여자에게서 태어난 사람들 가운데 제일 큰 인물인 세례자 요한보다 더 큰 사람들이다(마태 11,11병). 이것은 세례자 요한의 특출한 지위조차도 그 자체로는 아무 가치도 없다는 역설적 표현이다.

더욱 특이한 일인즉, 예수는 "철부지 같은 사람들"과 "슬기롭고 똑똑한 사람들"을 대조시킨다는 사실이다(마태 11,25병). 율법 학자들은 교양과 학식으로 당대 사회에서 대단한 명망을 누리고 있었다. 누구나가 그들의 지혜와 지성을 우러러보고 있었다. '철부지'나 '어린이'는 예수가 교육받지 못하고 무지한 사람들을 가리켜 사용한 표상이다.[10] 예수는 하느님 나라에 대한 진리가 유식하고 지혜로운 사람들에게보다는 교육받지 못하고 무식한 사람들에게 계시되고 이해되었다고 말한다. 그리고 이 점에 대하여 하느님께 감사드린다.

그렇다고 사회의 특정 계급에 속한 사람들만이 그 나라에서 환영을 받으리라는 말은 아니다. 그러나 누구든지 하늘나라에 들어갈 수 있으려면 생활 태도를 **돌이키고**(마태 18,3) 자기를 낮추어(마태 18,4) 어린이처럼 될 채비가 되어 있어야 한다. 또는 마르코의 표현을 따르면, "꼴찌가 되고 모든 이의 종이 되어야" 한다(마르 9,35). 결국 모든 돈과 재산에 대한 관심을 버려야 하듯이 온갖 신분이나 지위에 관한 집착도 버려야 한다는 말이다. 재산을 모두 팔 용의가 있어야 하듯이 사회에서 꼴찌가 될, 또 더 나아가 모든 이의 종이 될 각오가 있어야 한다는 말이다.

가난하고 억눌린 사람들에 대한 예수의 사랑은 배타적 사랑이 아니다. 그것은 오히려 예수가 높이 평가하는 것이란 인간 자체이지 신분이나 지

---

[9] Légasse 118.
[10] 이 말의 배경인 아람어가 만일 *sabra*라면, 그 의미는 '바보'나 '얼간이'일 수도 있다! 참조: Légasse 185.

위가 아니라는 사실을 말해 준다. 가난하고 억눌린 사람들은 자기들도 사람이라는 사실, 또 그것도 고통 속에 사는 사람이라는 사실밖에는 내세울 만한 것이 아무것도 없었다. 예수는 중류와 상류 계급에 대해서도 무관심하지 않았다 — 그들이 특별히 중요한 사람이라서가 아니라 그들도 사람이기에. 예수는 그들이 거짓 가치들인 재산과 위신에 대한 집착에서 탈피하고 참으로 사람이 되기를 바랐다. 위신이라는 '현세적' 가치 대신에 사람으로서의 사람이라는 '천상적' 가치가 자리 잡게 되기를 소망했다.

또 한 가지 예수가 사람을 사람으로서 존중했다는 사실을 말해 주는 것은 여자에 대한 그의 태도다. 당시 사회에서 "여자가 태어난다는 것은 손실이었다. 출산을 기다리던 부모의 기도가 응답을 얻지 못했다는 표지였다."[11] 여자는 어린이와 마찬가지로 하찮은 존재였다. 여자는 율법 학자의 제자나 사두가이·바리사이·엣세네·젤로데 같은 여러 파벌의 일원이 될 수 없었다. 여자가 할 일이란 성性의 봉사와 어머니 노릇뿐이었다.

예수는 여자에게 남자와 정확히 같은 가치와 존엄성을 부여한 사람으로서, 그의 동시대인들 속에서(또 후대에 그를 따른 대부분의 사람들 가운데서도) 두드러지게 빼어난 사람이었다. 나인의 과부, 시몬의 장모, 하혈하는 여자, 가나안 여자들에게도 예수는 다른 어떤 곤경에 처한 사람들에게 보인 관심과도 똑같은 관심을 보였다. 예수는 자기 친구와 추종자들 속에 여자들을 넣어서 헤아릴 수 있었다(마르 15,40-41병; 루카 7,36-50; 8,2-3; 요한 11,5; 20,11-18). 그들은 예수의 자매들이며 어머니들이었다(마르 3,34-35병). 예수가 볼 때는 여자인 베타니아의 마리아도, 제자 구실은 남자들에게만 맡겨 두고 부엌에 가서 마르타 언니의 일이나 도와주고 있기보다는 자기 발치에 앉아 제자 노릇을 하고 있는 것이 더 훌륭한 쪽을 택한 것이었다(루카 10,38-42). 예

---

[11] Derrett ② 31.

수는 아무 거리낌 없이 창녀들과도(루카 7,36-50; 그리고 마태 11,19와 21,31.32를 비교해 보라), 멸시받는 여자들과도 어울렸다(요한 4,7-27; 8,10-11). 사람은 사람이고 그것이 중요한 것이었다.

"스스로 낮추는 자가 높임을 받으리라"는 것은 현재로서는 아무 위신도 없거나 위신에 대한 기대마저 버린 사람들에게 미래의 위신을 약속하는 그런 것이 아니다. 그것은 그들이 열등 인간으로 천대받지 않고 온전한 인간 대우를 받게 되리라는 약속이다. 가난한 이들이 부자가 되리라는 것이 아니라 필요한 것을 넉넉히 얻게(아무도 모자람이 없게) 되리라는 것처럼, 보잘 것없는 사람들이 신분이 아니라 인간으로서 완전한 존엄성을 인정받으리라는 약속이다. 그리고 이 일이 성취되자면 철저하고도 근본적인 사회의 재구성이 요구된다는 것이다.

하느님 나라는 그러므로 어떠한 위신이나 신분도, 어떠한 사람 높낮이의 나누임도 있지 않을 그런 사회다. 누구나가 사랑받고 존경받을, 교양·재산·혈통·권력·지위·덕성 그 밖의 소원 성취나 성공 때문이 아니라 그저 사람이기에 사랑받고 존경받을 그런 사회다. 더러는 그런 삶이 대체 무슨 재미가 있겠느냐고, 상상하기조차 어려워하는 사람들도 있으리라. 그러나 무슨 특전 같은 것이라고는 누려 본 일이 없는 '철부지'들은, 또 나아가 그런 것을 높이 평가하지 않던 사람들은 그런 사회에 살게 될 때 맛볼 성취감을 쉽사리 실감할 수 있으리라. 거지나 창녀 출신이나 종이나 아녀자들과 동등한 대우를 받는 것은 도무지 견딜 수 없다는 사람, 적어도 몇 사람에게나마 우월감을 느끼지 않고는 살맛이 없다는 사람, 그런 사람들은 예수가 이해하고 있던 대로의 하느님 나라에서는 그저 안절부절못하리라. 아니 그들 스스로가 그런 데는 들어가려 하지 않으리라.

그 나라와 연대성

연대성連帶性이란 성경의 용어는 아니나, 성경의 기본 개념 가운데 하나를 어느 단어보다도 잘 나타낸다고 생각된다. 학자들이 자주 언급하듯이 히브리인들은 가족·부족·민족을 일정한 집단 인격으로 생각한다. 그러면서 그 집단 인격을 때로는 그 대표자로서 발언하고 행동하는 왕과, 때로는 그 공통의 유래인 선조와 동일시한다.

사탄의 나라와 하느님 나라의 차이(곧, 예수가 이해하는 선·악의 차이)는 이 연대성이라는 개념을 고려하지 않고서는 이해할 수 없다. 그것은 비단 두 나라를 두 집단 인격으로 볼 수 있기 때문만이 아니라, 두 나라가 연대성에 관하여 근본적으로 다른 태도를 드러내기 때문이다.

예수 시대의 사회에서 위신과 돈 다음으로 으뜸가는 주요 관심사는 파벌派閥의 결속이었다고 데렛은 논증했다.[1] 고래로 유다 민족은 탁월한 단결

---

[1] Derrett ② 39-52.

심을 보여 왔다. 특히 위기에 처하여 그들이 얼마나 잘 뭉쳐서 서로 도우며 그 위기를 견디어 내는가를 우리는 알고 있다. 그러나 적어도 예수 시대에는 이방인 세계에 대항하여 유다 민족이 굳게 뭉치는 것만이 중요한 것은 아니었다. 사실상 그들의 큰 관심사는 도리어 민족 안에서 각 집단이 이루는 연대성에 있었다.

단일 조직체로서 함께 살던 기본 단위는 가족(모든 친척을 포함한 넓은 의미의 가족)이었다. 혈통(자기 자신과 살과 피가 하나라는 친족)과 혼인(부부가 한 몸을 이루는 데서 생겨나는 인척)이라는 유대는 그야말로 엄숙한 것이었다. 자기 가족에 속한 사람은 부모·자녀·형제·자매로만 생각된 것이 아니라 모두가 자기 자신과 동일시되었다. 가족의 한 사람이 해를 입으면 온 가족이 함께 그것을 느꼈다. 한 사람의 수치는 모두의 수치가 되었다. 바깥 사람을 보고 "네가 우리 집안의 누구에게 무슨 짓을 하든 그건 곧 내게 하는 짓이다"라거나 "네가 내 친척 가운데 한 사람을 환대하면 곧 나를 환대하는 것이다"라는 말은 누구나가 할 수 있는 말이었다. 또 자기 친척에게 "누구든지 너를 환대하는 사람은 곧 나를 환대하는 사람이다. 너를 모욕하는 사람은 바로 나를 모욕하는 사람이다"라는 말도 누구나가 할 수 있는 말이었다. 아니, 그런 말을 할 필요도 없이 당연한 일이었다.

같은 원칙에 입각해서, 친척이 모욕받거나 살해되면 복수할 의무가 있다고 느꼈다. '벤데타'vendetta라는 혈족 관계의 복수가 예수 시대에도 완화된 형태로나마 상존했다.[2] "눈은 눈으로, 이는 이로"(마태 5,39)라는 '탈리오' 원칙도 여전히 선으로 고수되고 있었다. 우리에게는 이런 일이 '마피아'를 연상시키며 매우 납득하기 어려운 일처럼 느껴질지도 모른다. 그러나 우리로 하여금 이런 특별한 방식의 연대성을 체험하지 못하게 하는 유일한

---

[2] Derrett ② 39.

장애물은 흔히 서양 개인주의 이외의 아무것도 아니다.

예수 시대에 단일 집단적 존재로서 함께 살고 있던 것은 비단 넓은 의미의 가족만이 아니었다. 친구나 동업자 같은 동료 관계에서도, 바리사이나 엣세네 같은 엘리트 '종파'라는 면에서도 연대성이 의식되고 있었다. 데렛이 지적한 바와 같이 "개인 의식은 기도의 세계에서나 있을 뿐이었다".[3]

서양식 개인주의에 젖은 우리는 남들의 이런 낡은 편파성을 보고 놀라지만, 우리도 여전히 의식적이든 무의식적이든 엄청나게 많은 편파적 충성과 애착심을 간직하고 있다. 저마다 다르기는 하나 서양 세계에도 역시 인종·종교·국적·언어·문화·계급·혈통·가문·세대·정당·교파 등에 대한 충성과 애착에 의하여 자신의 정체를 드러내는 사람들은 수없이 많다. 그리고 이런 애착과 충성이란 예나 이제나 으레 배타적이다.

중요한 것은 사탄의 나라와 하느님 나라가 다른 이유인즉 둘 다 파벌 연대성을 가지고 있으면서도 형태만 다르기 때문이 아니라, 사탄의 나라는 배타적이며 이기적인 파벌 연대성에 입각하는 반면에 하느님 나라는 온 인류를 포괄하는 보편 연대성에 입각하기 때문이라는 점이다.

> "네 이웃을 사랑해야 한다. 그리고 네 원수는 미워해야 한다"고 이르신 말씀을 너희는 들었다. 그러나 나는 너희에게 말한다. 너희는 원수를 사랑하여라 …(마태 5,43-44).

이보다 더 근본적으로 혁명적인 변화가 있을 수 있는가. 원수를 미워하라는 것은 사해 두루마리에도,[4] 외경外經「희년서」禧年書에도[5] 명백한 계명으

---

[3] Derrett ② 39.
[4] 1QS 1,9-10; 2,1-9; 9,16.22; 참조: 4,5; 7,1; Vermes ① 72, 73, 76, 88, 103.
[5] 31,29.

로 되어 있다. 구약성경에도 이것을 명시한 구절이 있는 것은 아니지만, 이웃을 사랑하라는 계명은 으레 원수를 제외하는 것으로 해석된다. 여기서 "네 이웃"이란 같은 인간 존재가 아니라 네 친척이요 너와 가까운 사람이며 네가 속한 집단의 일원인 것이다.

> 너희는 중상하러 돌아다녀서는 안 된다. … 마음속으로 **형제**를 미워해서는 안 된다. … **동포**에게 앙갚음하거나 앙심을 품어서는 안 된다. 네 **이웃**을 너 자신처럼 사랑해야 한다(레위 19,16-18).

구약성경에서 "네 이웃을 네 몸처럼" 사랑한다 함은 파벌 의식의 체험이다. 너의 집안, 너의 동아리만 다른 '너 자신'으로 여겨진다. 일부 사람들과의 친밀한 관계가 으레 나머지 사람들과의 적대 관계를 내포하는 것이다.

  예수는 이웃의 범위를 넓혀 원수도 포함시켰다. 이웃이라는 사랑의 유대에다가 만인을 포함시키자는 것을 청중에게 자극적으로 인식시키기에 이보다 더 좋은 방법은 없었으리라. 예수의 말은 거의 참을 수 없을 정도로 역설적이었다. 이웃과 원수, 내부 사람과 외부 사람 사이에 당연히 엄존하는 대립 관계를 무시하고 그것을 극복하여 원수를 친척으로, 외부 사람을 내부 사람으로 삼으라는 것이 아닌가! 거의 어림도 없어 보이는 엄청난 결론들을 예수는 서슴없이 토로하는 것이다.

> 너희를 미워하는 자들에게 잘해 주고, 너희를 저주하는 자들에게 축복하며, 너희를 학대하는 자들을 위하여 기도하여라(루카 6,27-28).

> 너희가 자기를 사랑하는 이들만 사랑한다면 무슨 인정을 받겠느냐? 죄인들도 자기를 사랑하는 이들은 사랑한다(루카 6,32).

자기네끼리만 똘똘 뭉치는 것은 미덕이 아니다. 그런 의리는 도리어 깡패들 사이에 가장 두텁다. 예수는 **인류 연대성 체험**을 호소한다. 그것은 배타적인 것이 아니다. 자기를 미워하거나 박해하거나 학대하는 사람까지도 포함하므로 보답에 의존하지 않는다.

이것은 그리스도인 형제애라는, 요한의 복음서와 편지들에서나 바오로가 말하는 그리스도의 몸으로서의 교회 개념에서 각별히 중요하게 강조되는 그리스도인 상호간의 사랑이라는 이상과는 또 다른 것이다. 그리스도인 형제애란 그리스도인들이 뭉쳐서 사는 체험을 모든 인류와 더불어 나누는, 따라서 개인 서로간에도 나누는, 그런 주고받는 사랑이다(1테살 3,12). 예수가 무엇보다도 먼저 호소한 것은 어느 누구도 배제하지 않는 사랑의 연대 의식이었다.

인류 연대성은 그러므로 기본자세다. 그것은 다른 어떤 종류의 사랑과 연대성보다 우선해야 한다.

> 누구든지 나에게 오면서 자기 아버지와 어머니, 아내와 자녀, 형제와 자매, 심지어 자기 목숨까지 미워하지 않으면, 내 제자가 될 수 없다(루카 14,26).[6]

주석가들이 으레 지적하는 바에 따르면 어휘가 부족한 히브리어와 아람어에서 '미워하다'라는 말은 사랑이 아닌 온갖 태도를 다 포함하는 의미로 사용된다고 한다. 결국 이 말은 어떤 사람에 대하여 혹은 미워하거나 혹은 무관심하거나 혹은 초연하거나 혹은 덜 좋아하거나 하는 여러 의미를 가질 수 있는데, 이 대목의 문맥에서는 예수가 초연성을 요구하고 있다는 것

---

[6] 예수에게로 온다 또는 예수를 따른다 함은 예수를 따라 하느님 나라로 들어감을 뜻한다. 예수의 제자가 된다 함은 하느님 나라에 들어감을 달리 표현하는 방식이다.

이다. 곧, 자기 일가친척만을 더 좋아해서는 안 된다는 말이라는 것이다.[7] 이것은 옳은 말이나 예수와 예수 동시대인들의 사고방식에 대한 적절한 판단은 아니다.

사랑이 연대성을 의미한다면 미움은 비연대성을 의미한다. 예수가 요구하는 것은 가족 연대성을 더 근본적인 만인 연대성으로 대치시키라는 것이다. 이것은 일가와 동료들을 (원수처럼!) 배척하라는 뜻은 물론 아니다. 그들도 (역시 인간이기에!) 새로운 연대성 속에 포함되어야 한다는 뜻이다. 이것은 또 그들을 조금이라도 덜 사랑하라는 뜻도 아니다. 바꾸어지는 것은 사랑의 **바탕**이다. 그들을 사랑해야 하는 까닭은 단순히 어쩌다가 그들이 일가친척이 되었기 때문이 아니라 그들 역시 인격을 가진, 포괄적 사랑을 받아야 할 인간 존재들이기 때문이다. 그러고 보면 그들도 그만큼 더 많은 **사랑**을 받아야 한다는 말이 된다. 그들도 사랑을 받아야 할 사람들이며, 단지 더 좋아하는 사람들에 그쳐서는 안 된다는 말이다.

복음서에 나오는 그 밖의 가족에 관한 언급들도 모두 이런 해석을 긍정해 주고 있다.

제자들이란 "하느님의 나라 때문에 집이나 아내, 형제나 부모나 자녀를 버린"(루카 18,29) 사람들이었다. 그 나라의 특징을 이루는 이 새로운 연대성에 가족 연대성이 장애가 되어서는 안 되었던 것이다(루카 9,59-62 참조).

인위적 가족 연대성을 인격 대 인격의 연대성으로 대치하는 과정에서 불행하게도 가정의 일치가 깨어지는 예가 많았다.

> 내가 세상에 평화를 주러 왔다고 생각하느냐? 아니다. 내가 너희에게 말한다. 오히려 분열을 일으키러 왔다. 이제부터는 한집안의 다

---

[7] 참조: 마태 10,37.

섯 식구가 서로 갈라져, 세 사람이 두 사람에게 맞서고 두 사람이 세 사람에게 맞설 것이다. 아버지가 아들에게, 아들이 아버지에게, 어머니가 딸에게, 딸이 어머니에게, 시어머니가 며느리에게, 며느리가 시어머니에게 맞서 갈라지게 될 것이다(루카 12,51-53; 참조: 마태 10,34-36).

이 구절의 후반부는 미카 예언서에서 따온 인용구다. 미카는 이런 가족 연대성의 파탄을 가리켜 당시 이스라엘이 지은 죄의 하나라고 개탄했다(미카 7,6). 예수가 이 구절을 자기 설교의 필연적 귀결로서 인용할 수 있었다는 것은 근본적 가치 전환을 지적해 주는 가장 분명한 예의 하나다. 새로운 보편 연대성이 온갖 낡은 파벌 연대성에 대치되어야 한다는 것이다.

가족 안의 분열이나 불화가 세대 차이로 묘사되고 있다는 점도 주목할 만한 일이다. 아버지·어머니나 형제·자매 사이가 아니라 부모·자식 사이를 예수의 메시지가 갈라놓는다. 젊은 세대는 보편 연대성을 받아들이는 반면에 늙은 세대는 그것을 배척하리라는 것을 예수는 예상했던 모양이다.

예수 자신은 어떠했던가? 그 자신의 가족, 특히 어머니와의 관계는 어떠했던가? 복음서들을 보면 예수와 대부분 친척들과의 관계가 팽팽히 긴장된 분위기를 이루고 있었다는 것은 의심할 여지도 없다.[8] 마르코에 따르면 친척들은 예수가 정신이 나갔다고 생각했고, 그래서 가족애의 요청에 따라 예수를 붙들어 두어야겠다고 느꼈다(3,21; 참조: 요한 7,5). 아마 예수의 어머니도 이런 친척들 가운데 들어 있었으리라. 그랬다는 이야기가 전해지는 것은 아니나, "예수 둘레에 군중이 앉아" 있던 집으로 예수를 데리러 온

---

[8] Vermes ② 33-4; Flusser 68-70.

사람들 가운데는 마리아도 있었다는 이야기가 있다(마르 3,31-32병). 아마 그 때는 마리아도 예수가 정작 무슨 생각을 하는지 이해하지 못했으리라 — 열두 살 적에 예수가 자기는 "자기 아버지"의 일에 몰두해야 하므로 성전에 남아 있었다고 말하자 부모는 예수가 무슨 생각으로 그런 말을 하는지 몰랐다고 루카가 전하는 경우와 마찬가지로(루카 2,41-50). 나중에 마리아는 참으로 이해하기에 이르렀다(요한 19,25-27). 야고보와 유다 같은 다른 가족 몇 사람은 예수가 부활하고 나서야 그를 믿기에 이르렀다.[9]

예수는 자기 어머니(또는 다른 친척)에 대한 자기의 사랑이 단순히 생물학적인 가족애로 생각되지 않도록 무던히 애를 썼다.

> 군중 속에서 어떤 여자가 목소리를 높여, "선생님을 배었던 모태와 선생님께 젖을 먹인 가슴은 행복합니다" 하고 예수님께 말하였다. 그러자 예수님께서 이르셨다. "하느님의 말씀을 듣고 지키는 이들이 오히려 행복하다"(루카 11,27-28).

예수와 그의 어머니 사이에 어떤 특별히 긴밀한 관계가 있었다면, 그것은 하느님의 뜻에서 나오는 삶에 근본을 두고 있다는 점이었다고 해야 할 것이다.[10]

예수 자신이 통상적 가족 유대를 버린 것은 자기 "둘레에" 있던 "군중"을 자기 "어머니와 형제들"로 삼기 위함이었다(마르 3,31-35병). 그래서 그들 가운데 한 사람을 받아들이는 사람은 곧 자기를 받아들이는 사람이 되도

---

[9] 참조: 마르 3,12; 요한 7,5; 아울러 1코린 9,5; 15,7; 갈라 1,19; 2,9; 야고 1.

[10] 참조: 마르 3,35병. 요한 2,1-10에도 같은 점이 지적되어 있다. 요한이 볼 때 예수가 자기 어머니를 좋아하는 것은 마리아가 예수와 "무슨 상관이 있느냐"라는 거기(생물학적 모성)에 근거하는 것이 아니다.

록(마태 10,40; 참조: 마르 9,37병), 그들 가운데 지극히 작은 이에게 행한 것이 곧 자기에게 행한 것이 되도록(마태 25,40.45)[11] 하기 위함이었다.

그런데 여기서 예수가 그처럼 강렬하게 느끼고 있던 연대성이 참으로 보편적인 것이었더냐에 대하여 의문이 제기된다. 예수는 (원수도 사랑하라는) 보편 연대성을 설교했지만, 과연 그것을 실천했던가? 현대의 한 유다인 작가는 예수를 비난하여, 그는 자기가 설교한 바를 실천하지 않았으니, 이유인즉 자기 원수인 율법 학자와 바리사이들을 사랑하지 않았기 때문이라고 했다.[12] 분명히 예수는 중류 계급의 율법 학자와 바리사이들에 대항하면서 가난하고 억눌린 사람들의 편을 들고 있었다. 그것이 원수를 사랑하는 것이며 만인 연대성 속에 사는 것인가?

바리사이에 대한 예수의 맹박은 초대교회와 바리사이파 사이의 적대 관계로 말미암아 과장되었다는 매우 그럴듯한 주장이 있을 수도 있다. 그러나 이것이 우리의 질문에 대한 대답이 되지는 못한다. 예수는 바리사이들을 사랑했던가, 사랑하지 않았던가?

사랑이란 연대성이라고 이해된다면, 그것은 분노와 양립할 수 없는 것이 아니다. 도리어 진정으로 인간으로서의 인간들에게 관심이 있고 그들의 고통을 아프게 의식하는 사람이라면, 자기 자신과 타인을 괴롭히는 사람들을 보게 될 때 분노가 일어날 것은 당연한 일이다. 예수는 화를 내었다. 때로는 몹시 화를 내었다. 자기 자신과 다른 사람들을 파멸시키는 사람들에게 그랬다. 멸망이 박두해 있다고, 그들이 모든 사람을 함께 멸망에로 이끌어 가고 있다고 경고하는데도 교만과 위선 때문에 귀를 기울이려 하지 않는 사람들에게 그랬다. 예수가 그들에게 화를 낸 것은 그들 자신을

---

[11] 마태 25,40.45가 비유의 이차적 성격에도 불구하고 진본성(眞本性)이 있다는 것과 그 본래 의미에 관해서: Légasse 88-93; Jeremias ③ 208-9.

[12] C.G. Montefiore, *Rabbinic Literature and Gospel Teaching* 103-4에서.

포함한 모든 사람을 위해서였다. 자기 자신을 포함한 모든 사람의 인간성의 적들인 그들에게 이처럼 화를 내었다는 사실이야말로 예수는 모든 사람을 사랑하고 있었다는 가장 확실한 증거다.

예수가 만일 바리사이와 더불어 논쟁하고 토론하고 사귀기를 거절했더라면, 그런 경우에는, 또 오직 그런 경우에만 그는 그들을 따돌리고 국외자로 취급했다고 비난할 수 있으리라. 복음서에는 예수가 그들과 더불어 이야기하고 함께 먹으며 그들을 설득시키려고 끈질기게 애를 쓰는 사례들이 거듭 나온다. 필경은 그들이야말로 예수를 따돌렸다. 그 어느 단계에서도 예수가 그들을 따돌린 적은 없다.

그렇다고 예수가 실제로 가난한 이들과 죄인들의 편을 들었다는 매우 명백한 사실이 부인되는 것은 아니다. 예수의 인간애는 인류 일반에 대한 막연한 추상적 태도가 아니었다. 모든 사람을 일반적으로 사랑한다는 것은 개별적으로는 아무도 사랑하는 사람이 없다는 것을 의미할 수도 있다. 지금까지 보아 온 바에서 우리는 새로운 연대성이 또 다른 종류의 파벌 연대성으로 해석되지 않도록 하자니 부득이 '인류'·'인간성'·'만인'·'모든 사람' 등 일반 개념들에 의존할 필요가 있음을 알 수 있다. 그러나 예수는 그런 막연한 무한정 개념들을 사용한 일이 없다.[13] 예수는 자기 삶이나 생각 속에 들어오는 사람이면 누구든 배척하는 일이 없었다. 그리고 그 누구라도 혈통·인종·국적·계급·가문·지능·업적 등 어떤 자격 때문이 아니라 그 사람 자신을 사랑하는 방식으로 사람을 대했다. 이런 구체적·직접적 인간관계라는 의미에서 예수는 모든 사람을 사랑했고 온 인류와 연대하여 살았다. 또 바로 이 때문에 예수는 가난하고 억눌린 사람들, 자기도 인간이라는 것밖에는 내세울 것이 없는 사람들, 다른 사람들에게 따

---

[13] Bornkamm 115.

돌림받는 사람들, 그런 사람들과 한편이었다. 이 세상에서 '아무것도 아닌 사람들', '쓸모없는 사람들'과의 연대성이야말로 온 인류와의 연대성을 실천 궁행하는 유일한 길이기 때문이다.

여기서 엄밀한 검토를 요하는 것은 그러나 이런 가난하고 억눌린 사람들과의 연대성이 배타적이냐 아니냐다. 다른 사람들을 배척하면서까지 그들을 사랑한다면, 그것은 또 다른 파벌 연대성에 빠지는 것밖에 안 된다. 예수는 그렇게 하지 않았다. 예수가 그런 사람들과 특별하면서도 배타적이지는 않은 연대성을 지니고 있었다는 것은 그러므로 예수가 인간으로서의 인간과 연대성을 지니고 있었다는 또 하나의 표지다.

마지막으로 또 한 가지 난점이 있다. 예수는 이스라엘만을 상대로 활동했고 제자들에게도 같은 한계를 지키도록 지시했다.

> 다른 민족들에게 가는 길로 가지 말고, 사마리아인들의 고을에도 들어가지 마라. 이스라엘 집안의 길 잃은 양들에게 가라(마태 10,5-6).

마태오는 또 예수가 가나안 여자를 도와주기를, 곧 이방인들 가운데서 활동하기를 주저하던 이야기도 전한다.

> 나는 오직 이스라엘 집안의 길 잃은 양들에게 파견되었을 뿐이다
> (마태 15,24).

더욱 충격적인 말까지 했다.

> 자녀들의 빵을 집어 강아지들에게 던져 주는 것은 좋지 않다(마태 15,26 = 마르 7,27).

이야기의 요점은 물론 예수가 결국은 이 이방인 여자를 도와주었다는 것이다 — 로마인 백인대장을 필경은 도와준 것처럼. 그러나 어째서 그 여자가 그처럼 애를 써서야 예수를 설득시킬 수 있었던가? 또 어째서 유다인 원로들이 **로마인** 백인대장을 도와 달라고 예수에게 그처럼 간청을 해야 했던가?(루카 7,3-5)

그런가 하면 또, 사방에서 수없이 많은 이방인이 몰려와서 아브라함·이사악·야곱과 함께 앉아 큰 잔치를 벌일 것이며 유다인 가운데는 그 잔치에 참석하지 않을 사람이 많으리라는 그런 나라를 예수가 내다보고 있었다는 것도 못지않게 확실한 사실이다(마태 8,11-12; 루카 13,28-29; 14,15-24). 니네베 사람들과 남방의 여왕이 거기 있어서 유다인들을 부끄럽게 하리라고(마태 12,41-42병).

이방인을 대하는 예수의 이 같은 양면적 태도는, 요아킴 예레미아스가 『민족들에 대한 예수의 약속』이라는 훌륭한 소책자를 내놓기까지는 미해결 문제로서 학자들 사이에 오가던 끝없는 논쟁 가운데 하나였다. 예레미아스는 유다인의 미래 희망에 이방인이 배제되어 있는 것이 아니었다는 사실을 확증했다. 마지막에 모든 적절한 처벌이 완수되고 나면 이방인도 포함한 온 세상이 참하느님의 힘찬 통치권 아래로 들어오리라는 것이었다. 이것을 특히 예언자들은 이방인 왕들이 예루살렘으로 일대 순례를 하는 것으로, 세말의 통치자인 하느님 자신에게 충성을 바치러 오는 것으로 묘사했다. 세상은 제국들의 계승에 의하여 통치되어 왔었거니와, 현재의 로마제국은 참하느님의 제국인 이스라엘 제국에 의하여 대치되리라고. 이런 생각을 염두에 두고 있던 유다인들, 특히 율법 학자와 바리사이들은 이미 대대적 포교 활동을 벌이고 있었다. 예레미아스는 "예수가 유다인 역사상 **최고도로** 포교적인 시대 상황 속에 등장했다"는 사실도 증명했다.[14]

그러나 놀랍게도 예수는 이런 포교 활동을 인정하지 않았다.

> 불행하여라, 너희 위선자 율법 학자들과 바리사이들아! 너희가 개종자 한 사람을 얻으려고 바다와 뭍을 돌아다니다가 한 사람이 생기면, 너희보다 갑절이나 못된 지옥(게헨나)의 자식으로 만들어 버리기 때문이다(마태 23,15).

문제는 "눈먼 길잡이" 노릇을 하는 사람들이었다.

> 눈먼 이가 눈먼 이를 인도하면 둘 다 구덩이에 빠질 것이다(마태 15,14).

예수가 보기에는 먼저 유다인들 자신부터 개심하고 나서 다른 사람들을 개종시키러 나갈 엄두라도 낼 일이었다. 이것이 예수가 착수한 길이었고, 제자들에게 이스라엘 자체에만 전념하라고 당부한 까닭이었다. 시간이 촉박하므로(큰 재난이 다가오고 있으므로), 또 예로부터 이스라엘은 예비되어 왔으므로, 먼저 유다인들에게 일대 변화를 일으킴으로써 만인에게 구원과 연대성을 가져다주는 것이 하느님의 뜻이라고 예수는 확신하고 있었다. 마치 온 이스라엘을 위하여 이스라엘 집안의 길 잃은 양들에게 온 정신을 쏟듯이, 예수는 또 모든 사람을 위하여 이스라엘에 정신을 집중하는 것이었다. 그것은 파벌 연대성 문제가 아니라 말하자면 일종의 전략이었다.

애초에 예수는 이방인들에게 하느님 나라를 설명해 주자면 무척 긴 과정이 되리라고 생각했다. 그리고 그들에게 치유 효과를 낳을 만큼 믿음을 일깨우자면 자못 오랜 시간이 걸리리라고 생각했다. 짐작건대 대체로 사실이 또한 그랬던 모양이다. 어떻든 예수는 이스라엘에게 먼저 음식을 주

---

[14] Jeremias ① 12.

는 것이 자신의 특별한 소명이라고 느끼고 있었다. 섣불리 이방인들을 개종시키겠다고 (아직 그처럼 절박한 단계에 처한 것으로 생각되지는 않는 사람들에게 음식을 줌으로써) 얼마 남지 않은 시간을 낭비하여 이스라엘이 (하느님이 예정하신) 큰 변화를 일으킬 기회를 앗아 버릴 수는 없다는 생각이었다. 가나안 여자가 큰 믿음을 가진 것을 보고 예수가 깜짝 놀란 것도(마태 15,28병), 로마인 백인대장의 믿음이 일찍이 예수가 이스라엘 사람들 가운데서 본 어느 믿음보다도 더 크다고 탄복한 것도(마태 8,10병) 바로 이 때문이었다. **예수는 이것을 예상하지 못했다.** 예상했더라면 서슴없이 도와주었으리라. 어떻든 그런 즉각적 반응을 모든 이방인에게서 기대할 수는 없었다. 그 시기에는 이스라엘 집안에 정신을 집중하는 것이야말로 모든 사람을 위하여 전략적으로 더 중요한 일이었다. 결국에는 비록 이스라엘 사람들이 예수가 바라던 대로 반응을 보여 주지 않고 말았다고 하더라도, 이 점에서 예수가 옳은 판단을 하고 있었던 것만은 부인할 수 없다. 어떻든 목표는 만인이 연대성 속에서 함께 살 나라였던 것이다.

끝으로, 이 연대성, 이 사랑의 바탕은 역시 연민(다른 사람의 곤경을 보고 애태우는 감정)임을 지적해야겠다. 착한 사마리아 사람의 비유는 "네 이웃이 누구냐?"라는 물음의 대답으로서 루카에 의하여 기록되어 있다(루카 10,29-37). '사람마다'나 '누구나'란 그 자체로 옳은 대답일 수는 있으나 참된 대답이 되지는 않는다. 오히려 비유 이야기 자체에서 우리는 참된 대답을 보게 된다. 우리는 여기서 강도에 맞아 쓰러지는 한 사람의 불행을 우리 자신의 불행으로 느끼게 된다. 그 사람과 연대성을 가진 사람들로 생각했던 제관과 레위는 도리어 멀찍이 길 건너편으로 둘러서 지나가 버리는 것을 보고 우리는 실망을 느낀다. 그리고 원수로 여겨지던 사마리아 사람이 측은한 마음이 움직여 분파의 장벽을 허물고 곤경에 처한 그를 도와주는 것을 보고는 그와 함께 안도감과 기쁨을 느낀다.[15] 우리가 만일 이 비유가 주는 감동을 허심탄회하게 받아들인다면, 그래서 우리가 두려워하도록 교육받아 온 저 심층의 감정을 서슴없이 발로할 수 있다면, 우리는 누가 우리의 이웃이냐 혹은 사랑이란 무엇이냐를 더 물어볼 필요조차 없으리라. 우리도 어떤 장벽이든 무릅쓰고 나아가 마찬가지로 행동하게 되리라. 오로지 연민만이 인간의 연대성이란 무엇인가를 가르쳐 줄 수 있다.

이런 것이 하느님 나라다.

---

[15] Linnemann 54.

그 나라와 권력

하느님 나라와 사탄 나라의 차이는 끝으로 권력과 관련되어 있다. 사회와 권력은 불가분의 관계가 있다. 무릇 사회는 필연적으로 구조를 가지며, 그 구조는 또 권력과 어떤 관계를 가지게 마련이다. 이 권력과 권력 구조 문제(누가 누구에게 권력을 가지며 누가 누구를 위하여 무엇을 결정할 수 있느냐)는 오늘날 우리가 정치라고 부르는 그것이다.

예수 때 정치란 일차적으로 누가 왕이냐는 것이었다. 권력이란 우선 왕권이었다. 현대어로는 왕king에서 파생된 두 추상명사인 왕권kingship과 왕국kingdom을 구별할 수 있다. 그러나 이것은 그리스어와 히브리어와 아람어에서는 생각할 수 없는 일이다. 그리스어 '바실레이아'βασιλεία는 동시에 왕권도 왕국도 의미한다.[1] 그래서 통상, 왕국 또는 나라로 번역되지만, 문맥에 따라서는 왕위나 왕권으로 번역하는 것이 나을 경우도 더러 있다.[2]

---

[1] K.L. Schmidt 외, *Basileia* (London 1957) 32.

어떻든 이것도 만족스런 것은 못 되며 왕의 권력과 왕의 영토는 한 개념으로 생각되어야 한다.

지금까지 우리는 어떤 미래 나라 또는 사회로서의 바실레이아만을 분석해 왔다. 그러나 바실레이아의 도래란 또한 하느님 정치권력의 도래도 의미함을 인식할 필요가 있다. 예수는 하느님으로부터 오는 미래의 정치적 권력을 가난하고 보잘것없는 사람들이 장악하게 되리라고 예언했다.

> 행복하여라, 가난한 사람들!
> 하느님의 **바실레이아**가 너희 것이다(루카 6,20).

> 너희에게 **바실레이아**를 준다. … 너희는 … 옥좌에 앉아 … 심판할 것이다(루카 22,29.30).

> 너희들 작은 양 떼야, 두려워하지 마라. 너희 아버지께서는 그 **바실레이아**를 너희에게 기꺼이 주기로 하셨다(루카 12,32).

이것은 운명의 역전逆轉이 있으리라는 일반 관념에 속하는 것이었다. 곧, 부자와 권력자들은 끌어내려지고 가난한 사람들이 들어 높여지리라는 것이었다.

> 통치자들을 왕좌에서 끌어내리시고
> 비천한 이들을 들어 높이셨으며
> 굶주린 이들을 좋은 것으로 배불리시고

---

[42] 예: 루카 6,20; 12,32; 19,12.15; 22,29; 사도 1-6; 1코린 4,20; 6,9.10; 15,24; 히브 12,28; 묵시 1,9; 17,12.17; 다니 7,18.22.27.

> 부유한 자들을 빈손으로 내치셨습니다(루카 1,52-53).³
>
> 행복하여라, 가난한 사람들! …
> 불행하여라, 너희 부유한 사람들! …(루카 6,20.24).
>
> 누구든지 자신을 높이는 이는 낮아지고 자신을 낮추는 이는 높아
> 질 것이다(루카 14,11).

그러나 이것은 하느님 나라의 권력 구조에서 압제자와 피압제자가 자리나 바꾸어 앉고 따라서 압제는 계속된다는 그런 뜻이 아니다. 하느님 나라의 권력은 사탄의 나라에서 행사되는 권력과는 전적으로 다르다. 사탄의 권력은 지배와 압제의 권력이요, 하느님의 권력은 봉사와 자유의 권력이다.

현세의 모든 나라와 민족은 지배권과 강제력에 의하여 통치되고 있다. 하느님 나라의 구조는 사람들이 서로 자발적으로 사랑의 봉사를 하는 능력에 의하여 규정될 것이다. 이것을 예수는 이렇게 표현했다.

> 너희도 알다시피 다른 민족들의 통치자라는 자들은 백성 위에 군림하고, 고관들은 백성에게 세도를 부린다. 그러나 너희는 그래서는 안 된다. 너희 가운데에서 높은 사람이 되려는 이는 너희를 섬기는 사람이 되어야 한다. 또한 너희 가운데에서 첫째가 되려는 이는 모든 이의 종이 되어야 한다. 사실 사람의 아들은 섬김을 받으러 온 것이 아니라 섬기러 왔고,⁴ 또 많은 이들의 몸값으로 자기 목숨을 바치러 왔다(마르 10,42-45; 참조: 병행구들과 마르 9,35).

---

³ 참조: 1사무 2,4.5.8.
⁴ 이것은 다니 7,14에 대한 명백한 수정이다. 참조: Gaston 395.

두말할 나위도 없이 권력과 권위를 이해하고 행사하는 데는 전혀 다른 두 가지 방법이 있다. 그 차이인즉 바로 **지배**와 **봉사**라는 차이다. 새 사회의 권력은 섬김을 **받는** 권력이 아니다. 백성들이 그 앞에서 굽신거리고 움츠러들게 되는 그런 권력이 아니다. 오히려 사람들을 섬기는 존재가 되고 그럼으로써 그들의 삶에 막대한 영향력을 행사하는, 죽음도 마다하지 않고 봉사할 만큼 몰아적인 힘이다.

예수가 지배의 권력을 **이방인** 통치자들의 전형적 특징으로 표현했다는 것은 흥미로운 일이다. 틀림없이 로마 황제와 본시오 빌라도, 그리고 성경에서 유다인 박해자로 등장하는 이방인 왕들, 특히 다니엘이 짐승같이 무자비한 존재로 묘사하는(다니 7,2-7.17) 대제국 통치자들을 염두에 두고 있었으리라.

그러나 예수는 유다인 역시 압제자가 될 수 있음을(이론상으로는 유다교와 거리가 먼 일이라도) 잘 알고 있었다. 예수는 헤로데를 여우라고 불렀다. 아마 헤로데가 반#이방인 배경을 가진 에돔 사람이라는 점을 지적함으로써 전형적으로 이방인스런 그의 생활 방식과 권력 행사를 단죄하는 것이리라.

예수는 또 대부분의 유다인 지도자(제관장 · 원로 · 율법 학자 · 바리사이)들이 압제자들이라는 사실도 꿰뚫어보고 있었다. 그들도 왕공들처럼 전제 권력을 쥐고 있는 것은 아니었다. 그러나 **그들에게는 율법**이 사람들을 지배하고 압박할 수 있는 권력 수단이 되는 것이었다.

율법이란 성경에 기록된 말과 율법 학자들의 입으로 유다인 백성들에게 전해 내려온 원칙과 규정들이었다. 바리사이를 비롯하여 많은 사람은 구전口傳 율법도 서전書傳 율법과 마찬가지의 타당성과 효력이 있다고, 둘 다 하느님이 당신 백성에게 계시하신 교훈들인 '**토라**'라고 생각했다. 거기에는 세속 생활 · 종교 생활 할 것 없이[5] 상상할 수 있는 온갖 세부 생활에 대한 계율과 원칙들이 있었다.

예수는 율법 자체에 반대하지 않았다. 사람들이 율법을 이용하는 방식에, 율법에 대한 그들의 태도에 반대했다. 율법 학자와 바리사이들은 율법을 **무거운 짐**으로 만들었다. 그러면서도 그것을 **봉사**라고 여기고 있었다.

> 또 그들은 무겁고 힘겨운 짐을 묶어 다른 사람들 어깨에 올려놓고, 자기들은 그것을 나르는 일에 손가락 하나 까딱하려고 하지 않는다(마태 23,4).

> 안식일이 사람을 위하여 생긴 것이지, 사람이 안식일을 위하여 생긴 것은 아니다(마르 2,27).

율법 학자들은 안식일 법을 다른 수많은 율법과 마찬가지로 견딜 수 없는 짐으로 만들어 놓고 있었다. 인간을 위해서가 아니라 인간을 거슬러 안식일을 이용하고 있었다. 그들이 보는 율법이란 멍에요 '제재'이며 압제 수단이었다. 반면에 예수가 보는 율법이란 인간의 이익을 위하여, 인간의 필요와 진정한 관심사에 봉사하기 위하여 존재하는 것이었다. 여기서 우리는 법에 대한 서로 다른 두 태도에 접하게 된다. 이것은 법의 목적에 대한, 또 따라서 그 적용 방법에 대한 견해 차이다. 율법 학자들의 태도는 결의론決疑論과 합법주의와 위선과 고통을 낳는 경향이 있다. 예수의 태도는 율법 준수가 인간의 필요에 적응하지 못하는 경우라면 언제나 관대하고, 그것이 인간의 필요에 최선의 봉사를 할 만한 경우에는 언제나 엄격한 경향이 있었다. 율법은 인간을 위하여 만들어진 것이며, 인간이 율법 앞에서 시중들고 굽신거리도록 만들어진 것은 아닌 것이다.

---

[5] 요새 말로 이른바 세속 생활과 종교 생활. 유다인들에게는 그러나 그런 구별이 없었다. '정치와 종교' 참조.

안식일의 목적인즉 요컨대 인간을 일의 짐에서 풀어 놓아 잠시 쉴 수 있게 하자는 것이다. 병을 고치거나 생명을 건지는 것 같은 좋은 일을 못하게 하자는 것이 아니며(마르 3,4; 마태 12,11-12; 루카 13,15-16), 배고플 때 먹는 것마저 막자는 것이 아니다(마르 2,23-26병). 예수의 의도는 율법의 세칙들과 그 해석들에 대해서 애매한 궤변을 부려 얼버무려 버리려는 것이 아니다. 단순히 갈릴래아나 유다인들의 '흩어져 사는 곳'$\delta\iota\alpha\sigma\pi o\rho\acute{a}$에서 유행하던 것처럼 덜 엄격한 율법 해석을 지지하려는 것도 아니며, 구전 율법을 배척하고 서전 율법에만 의거하려는 것도 아니다. 어느 율법 또는 어느 해석이든 간에 그것이 인간을 거슬러 적용되는 것을 예수는 반대하는 것이다.

예수는 입법자로 자처하지 않았다. 모세 법(마태 5,17-18)을 폐기하여 어떤 새 법을 제정하거나 모든 법을 없애 버리려 하지 않았다. 또는 그것을 첨삭하거나 수정하려 하지도 않았다 — "한 자 한 획"이라도(마태 5,18).

정작 예수가 원한 것은 율법을 성취하는 일이었다 — 율법이 그 목적을, 거기에 내포된 하느님의 뜻을 달성하도록 도모하는 것이었다(마태 5,18). "계명들 가운데에서 가장 작은 것 하나라도"(마태 5,19) 그 목적을 성취할 때라야 하느님의 법을 준수하는 것이 된다. 그리고 율법의 목적은 봉사요 연민이며 사랑이다. 하느님이 원하시는 것은 자비로운 마음이지 희생 제사가 아니다(호세 6,6; 마태 9,13; 12,7; 참조: 마르 12,33).

결의론은 이기적 목적에 율법을 이용하고, 그래서 율법 자체의 목적을 파괴하는 것이었다. 사소한 것들에 대하여 궤변을 늘어놓으며 율법의 목적인 "의로움과 자비와 신의처럼 율법에서 더 중요한 것들은" 등한시했다(마태 23,23). 깨끗한 음식과 더러운 음식을 구별하고 손을 씻기를 주장하면서 이런 관습들을 다른 사람들에게 의무로 부과함으로써 모두가 소경이 되어 인간의 인간에 대한 악의는 보지 못하고 말았다(마르 7,1-7.14-23병). '코르반' 서약은 부모 부양 의무를 회피하는 데 이용되어, 그 계명의 목적 자체를 파괴하고 있었다(마르 7,8-13병). 율법 학자들은 대부분의 율법 뒤에 숨어 있는 본래 목적을 망각하거나 아니면 차라리 묵살해 버리고 싶어 했다. 이렇게 그들은 율법을 압제의 권력 수단으로 삼고 있었다.

예수 당시의 지도자와 학자들은 우선 자기 자신들을 율법의 노예로 만들고 있었다. 이것은 사회 안에서 그들이 누리는 위신을 높일 뿐 아니라 또한 안전감을 주는 것이었다. 사람은 자유에서 오는 책임을 두려워하기 쉽다. 흔히는 남들이 결정을 하도록 내버려 두거나 법조문에 의존하는 것이 더 편하다. 더러는 노예가 되기를 **원하는** 사람들마저 있다. 그런 사람들은 자기 자신들을 법조문의 노예로 만들어 놓은 다음, 필경 더 나아가 다른 사람들의 자유도 부인하게 마련이다. 다른 모든 사람에게도 똑같은 무거운 짐들을 지워 놓지 않고는 못 배기는 것이다(마태 23,4.15). 율법이 이런 식으로 이용될 때 가장 큰 괴로움을 당하는 것은 으레 가난하고 억눌린 사람들이다.

예수는 모든 사람을 (모든) 율법에서 해방시키고자 했다. 그러나 이것은 율법을 폐지하거나 개정하여 성취될 일이 아니었다. 율법을 **폐위**廢位시켜야 했다. 율법이 인간의 왕 노릇 아닌 종 노릇을 하도록 해야 했다(마르 2,27-28). 사람은 그러므로 자기 종인 율법에 대하여 책임을 져야 하며, 그것을 인류의 필요에 봉사하도록 이용해야 한다. 이것은 무슨 독단이나 무법이나 무책임한 자유 방임과는 전혀 다르다.[6] 예수는 율법이 그 목적을 성취할 수 있도록 율법을 상대화시켰다.

하느님 나라의 정치적 구조에서는 그러므로 권력과 권위와 율법이란 순수히 기능적인 것들이 될 것이며, 사람들이 자원해서 또 실효성 있게 서로

---

[6] 예수가 안식일에 밭갈이하는 사람에게 한 말이라는, 제2(D) 경전에서 루카 6,5 다음에 첨가한 흥미로운 예화를 보라. 원문은 *Jerusalem Bible*의 각주에서 찾아볼 수 있고, 해설은 Jeremias ② 49-54를 읽어 볼 만하다.

봉사하려 할 경우에 필요한 질서를 구현하는 구실을 하게 되리라.[7] 거기서는 온갖 종류의 지배와 모든 형태의 노예 제도가 이미 폐지되어 있으리라.

> 내가 너희에게 말한다. 너희의 의로움이 율법 학자들과 바리사이들의 의로움(율법 준수)을 능가하지 않으면, 결코 하늘나라에 들어가지 못할 것이다(마태 5,20).

---

[7] 185-6쪽을 보라.

새로운 때

예수와 그의 동시대인들이 **때**에 관해서 어떻게 생각하고 있었던가를 어느 정도 제대로 이해하지 않고서는 오늘의 우리가 예수의 생각과 가르침을 만족스럽게 이해하기란 불가능하다. 수많은 학자가 이 지극히 중요한 개념을 등한시하고 오해한 나머지 끝없는 논쟁과 미해결의 문제들을 야기시켜 왔다. 뚜렷한 한 예만 들더라도, 예수가 하느님 나라를 현재의 것으로 생각했더냐 아니면 미래의 것으로 혹은 둘 다로 생각했더냐, 또 만일 둘 다로 생각했다면 그 나라의 현재와 미래를 어떻게 연결시켰더냐라는 따위의 물음은 애당초 그 모두가 오늘날 우리네 서양식 시간 개념으로 예수의 말들을 이해하려는 데서 생겨난 전혀 인위적인 문제 제기들이다. 성경상으로 세말이 무엇을 의미하느냐라는 세말론에 관한 끝없는 토론은 성경상의 시간 개념에 대한 인식 부족으로 말미암아 장애를 받아 왔다.

  서양식 사고방식에 젖은 우리는 길이를 재는 시간을 중요시하는 경향이 있다. 어떤 특정한 때를 가리키고자 시계와 달력에 나타난 길이를 이용한다. 어느 시대나 역사상 인물을 두 날짜 사이에다가 배치시킨다. 여기서 시간이란 수치를 계량하고 대소의 사건들로 채워질 수 있는 한 공간으로 개념된다. 이를테면 **양**量적 시간이다.

구약성서학 대가의 한 분인 폰 라드에 따르면 "이 절대 시간 개념, 곧 사건과는 무관하게 마치 설문지의 빈 칸처럼 날짜를 채워 넣어야 비로소 내용이 이루어지는 그런 시간 개념이 이스라엘에는 알려진 바가 없다는 것은 오늘날 우리가 확신할 수 있는 몇 안 되는 사실들 가운데 하나다."[1]

히브리 사람들은 시간을 **질**質로서 말하고 생각했다. 이 점은 코헬렛의 유명한 구절에 명백하게 표현되어 있다.

> 하늘 아래
> 모든 것에는 시기가 있고 모든 일에는 때가 있다.
> 태어날 때가 있고 죽을 때가 있으며
> 심을 때가 있고 심긴 것을 뽑을 때가 있다.
> 죽일 때가 있고 고칠 때가 있으며
> 부술 때가 있고 지을 때가 있다.
> 울 때가 있고 웃을 때가 있으며
> 슬퍼할 때가 있고 기뻐 뛸 때가 있다. …
> 사랑할 때가 있고 미워할 때가 있으며
> 전쟁의 때가 있고 평화의 때가 있다(코헬 3,1-8).

히브리 사람들에게 때를 안다는 것이란 날짜를 아는 것이 아니라 어떤 종류의 때냐를 아는 일이었다. 울 때냐 웃을 때냐, 전쟁을 감행할 때냐 평화

---

[1] von Rad 77; 참조: T. Boman, *Hebrew Thought Compared with Greek* (London 1960) 139-43.

를 구가할 때냐라는 것이었다. 때를 잘못 판단했다가는 비참한 결과를 초래할 수도 있다는 것이요, 경축할 때 슬퍼하며 단식을 계속한다는 것은 수확할 때 파종하는 것과 마찬가지라는 것이었다(즈카 7,1-3 참조). 때란 사건의 질 또는 분위기였다.

이런 시간 개념은 우리에게도 생각만큼 그리 생소한 것은 아니다. 우리도 좋은 때니 나쁜 때니 어려운 때니 현대적이니 전시戰時니 때가 무르익었다느니 장래성이 있다느니 하는 말들을 쓰고 있다. 또는 어떤 관념의 성격을 19세기에 속하는 낡은 것이라고 규정짓는다. 여기서 시간은 이미 길이, 곧 양이 아니라 사건의 질, 곧 그 시간에 대한 인간 체험의 질이다.

그러나 역사만 생각하면 곧장 우리는 양적 시간 개념으로 되돌아가고만다. 그래서 시간이라는 상상의 선線 위에서 우리 앞뒤의 과거와 미래 사이에 우리 자신의 자리를 정한다. 고대 유다인은 어디서든 자기 자신의 자리를 정하는 일이 없었다. 사건이나 장소와 시간의 자리를 정하고 자기 자신은 이 정점定點들을 지나가면서 여행을 하고 있는 것으로 보았다. 세계 창조·이집트 탈출·모세의 계약과 같은 신성한 사건들, 예루살렘·시나이·베텔 등의 장소들, 축제 때·단식 때·파종 때 따위의 시간들 — 이런 정점들을 저마다가 통과하는 것이었다. 과거의 사람들이란 자기보다 먼저 거기에 있던, 자기에 **앞서서** 거기를 지나간 사람들이었다. 미래의 사람들이란 자기 **뒤에서** 따라올 사람들이었다.[2] 한 개인이 예컨대 과월절 축제 때나 기근 때와 같은 일정한 시점에 도달하면, 어떤 의미에서 그는 똑같은 질적 시간을 통과했던 조상들 그리고 통과할 후손들과 **동시에** 존재하는 사람이 된다. 그와 그의 조상들과 후손들 사이에 아무리 여러 해가 개재한다 하더라도 그들은 같은 종류의 시간을 함께하는 것이다.[3]

---

[2] Boman 149-50.   [3] Boman 147-9.

현재의 본질은 과거(예컨대 이집트 탈출)나 미래의 하느님의 구원 활동에 의해서 결정된다고 생각했다. 예언자들의 특별한 관심사는 후자였다. 이스라엘의 대예언자들은 사람들에게 **그들이 살고 있는 특정한 시대의 의미를 앞으로 일어날 새로운 하느님의 행동이라는 관점에서** 말해 줄 임무를 띠고 있었다.[4] 그들은 과거에 일어났던 일로는 현재의 상황을 이미 이해할 수 없게 되었음을 알았고 그래서 사람들에게 과거를 잊자고, 과거에 의지해서 의미와 안심과 구원을 찾으려 하지 말자고 호소해야 했다. 이렇게 예언자들은 "구원의 기초를 미래의 하느님 행동으로 옮겨 놓았다".[5]

이 다가오는 미래 사건이 현재를 규정짓는다. 이것이 사람의 현재 삶에 온전히 의미를 부여하며 사람이 무엇을 해야 하느냐 또는 해서는 안 되느냐를 정립한다. 미래 사건은 그러므로 결정적이요 확정적이며 최종적인 사건이다 — 현재와의 관계 속에서의 세말 사건, 곧 '에스카톤'$\check{\epsilon}\sigma\chi\alpha\tau o\nu$이다. 그들은 우리처럼 추상적 양量 개념으로서 서양식 시간 개념을 가지고 있었던 것이 아니므로 그들이 내다보던 사건 뒤로 어떤 공간이 뻗쳐 있는 것은 아니었다. 그들에게 미래 사건은 바로 그 당시의 오늘을 사는 삶에서 모든 것을 조건 짓는 것이기에 확정적이며 최종적이었다.

이 하느님의 미래 행위를 예언자들은 언제나 다시없이 전혀 새로운 사건으로 보았다.[6] 그것은 과거와의 단절을 의미했으며, 그 단절의 골은 "하도 깊어서 ⋯ 지나간 일의 연속으로 이해될 수 없는,"[7] 전에 일어났던 일과는 어떠한 질적 연속성도 없는 것이었다. 새로운 시간의 양(길이)이 아니라 질적으로 새로운 때가 될 것이었다. 에스카톤에 관하여 그것이 길이로서의 시간 저편에 있다는 의미에서 역사의 피안에 있다고 말한다는 것은 때

---

[4] von Rad 91.　　　　　　[5] von Rad 93.
[6] 다만 과거의 하느님 활동과 어떤 유사성이 있을 수는 있다. 참조: von Rad 93.
[7] von Rad 91.

에 대한 판이한 두 개념의 혼동이다. 더욱이 현재가 다시없이 새로운 하느님의 행동에 의하여 전적으로 규정지어져 있다면, 이 현재 자체가 전혀 새로운 때요 신기원인 것이다.

바로 이것이 예언자로 하여금 현재에서 미래를 내다볼 수 있게 한다. 최종적 의미를 띤 미래 사건인 에스카톤은 "세계사의 지평"을 바라보면서,[8] 좀 더 일반적인 표현으로 바꾸어 말하면 **시대의 징조**에 의하여 읽어 내야 하는 성질의 것이다. 예언자란 자기 시대의 징조에서 자기 시대의 하느님 말씀을 읽어 내도록 영감을 받은 사람이다. 자기 시대의 성격에 대한 비범한 통찰이야말로 한 인간을 예언자가 되게 하는 것이다.

예언자의 메시지는 그러므로 무슨 영구적 사상에 입각한 영구적 메시지가 아니다. 구체적 상황에 처한 특정인들에게 그들이 그때 거기서 무엇을 해야 하느냐 혹은 해서는 안 되느냐를 말해 주는 특수한 발언이다.[9] 물론 후대 사람들이 수세기 전 예언자의 말에 의하여 인도받을 수 있는 경우도 있으리라. 그러나 그것은 어디까지나 서로가 어느 정도 비슷한 때에 처해 있다는 점에서, 그래서 그만큼 그 예언자와 동시대인이 된다는 점에서 그렇다. 예언자의 메시지가 지닌 가치와 실효성의 대부분은 그것이 특정한 시대를 위한 메시지라는 점과 관련해서 나타난다. 어떤 메시지나 가르침이 시간과 관계없는 것일수록 더 큰 가치가 있다는 생각은 서양식 시간 개념에 입각한, 전적으로 서양적인 발상이다.

에스카톤은 그러므로 참으로 미래 사건으로서 어떤 과거 사건과도 질적으로 다르며, 현재 상황에 최종적으로 의미를 부여할 수 있는 유일한 사건이다. 에스카톤은 또 미래 사건이면서도 우리 삶을 규정짓고 있다는 점에서 **현재 사건**이다. 현재 **시대의 징조**에서 인식될 수 있는 사건이다.

---

[8] von Rad 101; 참조: 252.   [9] von Rad 100.

이것은 유다인들에게 역사의식이 전혀 없었다는 뜻이 아니다. 그들은 우리와 다른 역사의식을 가지고 있었다. 우리는 과거 · 현재 · 미래의 사건들을 우리의 양적 시간 개념에 의하여 시각과 날짜와 연도의 수치에 따라 길이로 배열한다. 유다인들에게는 그러나 사건들이 연속성을 띠는 근거란 오로지 하느님이었다.[10] 때를 안배하시는 분, 단식할 때냐 잔치할 때냐, 심판의 때냐 구원의 때냐를 결정하시는 분은 하느님이었다. 역사상 사건들이란 하느님의 행동이며 그 순서는 하느님의 자유의지에 의존하는 것이었다.[11] 한 사건에서 다른 사건으로의 이행이나 한 시기에서 다른 시기로의 변화란 오로지 하느님의 결정, 곧 섭리로만 생각될 수 있었다. 하느님은 당신 의도를 바꾸실 수도 있었다.[12] 이런 짜임새 속에서는 빈 공간이 생길 여지가 없다. 중요한 사건들 사이에 여러 해가 끼어들 여지가 없다. 사건들은 역사의 하느님으로부터 그 질과 연속성을 얻는 것이다.

역사의 주인이신 하느님이라는 이 개념이 없었던들 유다인들은 그야말로 역사의식이 없었을 것이며 위대하고 영광스런 운명을 짐작조차 못했으리라. 거꾸로 이런 역사 개념이 없었던들 유다인들의 하느님은 다른 민족의 신들과 조금도 다를 바 없었으리라.

서론이 비교적 길어진 것은 예수의 생각과 가르침에다가 서양식 시간 개념을 끌어들이는 함정을 피하자니 불가피했다.[13]

예수는 전혀 새로운 때가 왔으며 하느님의 마지막이자 결정적인 나라가 임박했음을 알렸다.

---

[10] von Rad 83.   [11] 다니 2,21.
[12] 창세 6,6; 예레 26,3.13.19; 요엘 2,13-19; 아모 5,15; 7,5-6; 요나 3,9.10; 4,2; 즈카 8,11.14-15.19.
[13] O. Cullmann은 시간에 해당하는 성경의 낱말을 분석하여 발견될 수 있는, 시간의 의미에 관한 성경의 특별한 가르침이나 계시가 있다고 생각했는데(*Christ and Time*), James Barr는 성공적으로 이를 반박한다(*Biblical Words for Time* 곳곳, 특히 155 이하). 어떻든 여기서 내가 역설하고자 하는 것인즉, 성경에서는 시간을 양이 아니라 질로서 생각한다는 것이다.

때가 차서
하느님의 나라가 가까이 왔다(마르 1,15).

예수가 알린 새로운 때는 불과 몇 년 전에 요한이 알린 때와 질적으로 달랐다. 연대사적으로, 곧 길이로서의 시간 개념에 의하여 말하자면 중복되는 시간이 있었다고 할 수 있다 — 몇 달 또는 몇 해 동안은 요한과 예수가 동시에 제각기 새 시대를 선포하고 있었다. 그러나 이에 못지않게 마르코와 루카는 요한의 때와 예수의 때를 혼동해서는 안 된다는 점에 특별히 주목한다. 마르코는 이 점을 확인하여, 예수는 "요한이 잡힌 뒤에"(마르 1,14) 갈릴래아로 가서 설교했다고 말한다. 루카는 예수의 세례를 그의 활동, 곧 예수 시대의 시작으로 보며, 그래서 요한의 설교 **그리고** 투옥에 관하여 이야기한 다음에 예수가 요한에게서 세례받은 이야기를 한다(루카 3,19-22).[14]

요한의 때와 예수의 때의 질적 차이는 다음과 같은 짤막한 비유에 매우 잘 표현되어 있다.

이 세대 사람들을 무엇에 비기랴? 그들은 무엇과 같은가? 장터에 앉아 서로 부르며 이렇게 말하는 아이들과 같다. "우리가 피리를 불어 주어도 너희는 춤추지 않고 우리가 곡을 하여도 너희는 울지

---

[14] 또 따라서 루카 16,16의 "요한까지"란 요한도 포함시켜서 말하는 것이다. 참조: Jeremias ⑧ 46-7.
마태오는 마르코의 구분을 따르기는 하나 마르코만큼 질적 차이를 의식하지 못하고 있다. 즉, 요한으로 하여금 "회개하여라. 하늘나라가 가까이 왔다"(3,2; 4,17)라는, 예수와 똑같은 메시지를 전하게 해 놓는 것이다. 비유 이야기들에서는 또 예수 때보다 요한 때와 더 본격적으로 관련지어서 심판과 벌이라는 요소를 강조하는 것이다. 그리고 마태 11,13(루카 16,16과 병행하는 구절)에서 "요한에 이르기까지"란 요한을 제외하고서 하는 말이다.
J. Jeremias는 마태오가 옳고 루카가 잘못이었다고 결론을 내리는데(47), 이 점에서 나는 Jeremias에게 찬동할 수 없다. 구원의 때는 예수와 더불어 시작된 것이지 요한과 함께 비롯한 것이 아니다.

않았다." 사실 세례자 요한이 와서 빵을 먹지도 않고 포도주를 마시지도 않자, "저자는 마귀가 들렸다" 하고 너희는 말한다. 그런데 사람의 아들이 와서 먹고 마시자, "보라, 저자는 먹보요 술꾼이며 세리와 죄인들의 친구다" 하고 너희는 말한다. 그러나 지혜가 옳다는 것을 지혜의 모든 자녀가 드러냈다(루카 7,31-35 = 마태 11,16-19).

요한의 분위기는 장례의 장송곡 같다면, 예수의 분위기는 혼례의 무도곡 같다. 요한의 행동은 단식이 특징이라면, 예수의 행동은 잔치가 특징이다. 그렇다고 양자가 모순되는 것은 아니다. 요한도 예수도 지혜의(곧, 하느님의) 활동을 대표한다. 그러나 두 사람은 서로 다른 시대와 다른 환경을 향하여 말한다. 요한의 때는 그야말로 통곡해야 할 때였고, 예수의 때는 그야말로 환호해야 할 때였다.

요한 때의 '메타노이아'(회개)는 단식과 고행을 의미했고, 예수 때의 메타노이아는 잔치에 초대받는 것이나(루카 14,15-17) 보물이나 값진 진주를 발견하고 그 밖의 모든 것을 기꺼이 희생시키는 것과 같았다(마태 13,44-46).[15] 요한 때의 용서는 세례에 의존한 미래의 가능성이었고, 예수 때의 용서는 현재의 현실이었으며 요르단 강의 세례가 더는 필요하지 않았다.

예수 때의 새로움은 아무리 강조해도 과장이라기 어려울 것이었다. 새 포도주를 낡은 가죽 부대에 넣을 수는(낡은 종교적 공식에 맞추어 넣을 수는) 없으며 새 천을 헌 옷에다가 기워 붙여서는 보람이 없을 것이었다(마르 2,21-22 병). 여자에게서 태어난 사람 가운데 가장 큰 인물까지도 이제는 낡은 존재가 되었다(루카 7,28병). 과거와의 단절이 최종적으로 완성되었다. 과거는 쇠진해 버렸다. 하느님은 새로운 때를 마련하셨다.

---

[15] Perrin ② 89.

요한의 때와 예수의 때는 근본적으로 다른 두 미래 사건에 의하여 결정되어 있기에 근본적으로 다른 것이었다. 요한은 하느님의 심판을, 예수는 하느님의 구원을 예언했다. 요한은 큰 파국을, 예수는 큰 왕국을 내다보며 살았다. 요한은 비운의 예언자였고, 예수는 복음의 전령사였다.

모든 예언자가 그랬듯이 예수도 시대의 징조를 읽었다. 당시의 사건들이 예수로 하여금 하느님 나라가 곧 올 수도 있음을 확신하게 했다. 그 사건들이란 무엇이던가?

예수에게 시대의 징조란 바로 가난하고 억눌린 사람들 가운데서 자기 자신의 활동(해방 사업)이 이루는 성공이었다.

> 내가 하느님의 손가락으로 마귀들을 쫓아내는 것이면, 하느님의 나라가 이미 너희에게 와 있는 것이다(루카 11,20).

하느님의 능력이 예수와 그의 제자들에게서 활동하면서 고통받는 사람들을 해방시키려는 그들의 노력을 성공시키고 있다는 사실은 예수가 볼 때 하느님 의도의 표징이었다. 믿음의 힘은 불가능한 일을 성취하기에 바빴다. 하느님의 군대는 사탄의 나라에 대적할 기반을 얻어 가고 있었다. 승리는 멀지 않았다. 하느님 나라는 그들의 배후에서 일어나고 있었고, 그들과 맞서고 있었으며, 그들을 압도하기 시작했다. 사실상 미래의 하느님 나라와 예수의 해방 활동은 동시적인 것이었다. 미래 왕국의 권능이 이미 현재의 상황에 영향을 주고 있었다.

바리사이들은 예수가 자기 언행에 진정한 권위를 부여할 만한 하늘에서 오는 표징을 이루어 보이라고 요청한다. 예수는 그것을 거부한다. 그 대신 지상의 표징들을 지적한다(마태 16,1-4; 루카 12,54-56). 세례자 요한의 질문에 답하면서 예수는 이렇게 말한다.

요한에게 가서 너희가 보고 듣는 것을 전하여라. 눈먼 이들이 보고 다리 저는 이들이 제대로 걸으며, 나병 환자들이 깨끗해지고 귀먹은 이들이 들으며 …(마태 11,4-5).

바야흐로 선이 악을 이기고 있다고. 하느님은 전에 의도하셨던 바에 대하여 마음이 누그러지셨다고. 더는 당신 백성을 벌할 뜻이 없으시며, 이제는 구원하고자 하신다고. 여기서 예수의 언행이 내포하는 의미는 **하느님 당신이 스스로 달라지셨다**는 것이었다. 그것을 시대의 징조에서 볼 수 있다는 것이었다.

흔히들 예수는 근본적으로 새로운 신상神像을 가지고 있었다고 말해 왔다. 예수의 하느님은 구약의 하느님이나 바리사이들의 하느님과 전적으로 달랐다고. 실로 대부분의 그리스도인들이 숭배하고 있는 하느님과도 썩 같지는 않다고. 전혀 새로운 신상이 아니었던들 예수의 실생활과 그의 하느님 나라 개념이 있을 수 없었으리라고.

짜장 옳은 말이기도 하다. 그러나 예수 자신도 이런 식으로 표현한 것은 아니다. 예수는 자신이 신상을 변화시키고 있다고 의식하지 않았다. 애초에 신상이라는 것조차 의식하지 않았다. 예수가 생각하던 대로는 하느님 당신이 달라지신 것이었다.[16] 아브라함과 이사악과 야곱의 하느님 그분이 다시없이 전혀 새로운 일을 하고 계신 것이었다.[17] 하느님 당신이 이스라엘 집안의 잃은 양들에게 연민의 정이 일게 되신 것이었다. 이것을 예수는 되찾은 양의 비유와 되찾은 은전의 비유, 그리고 무엇보다도 되찾은 아들

---

[16] H. Zahrnt, *What Kind of God?* (London) 55-61.
[17] 히브리인들이 말하는 창조자 하느님에게 특히 전형적으로 나타나는 것은 더없이 새로운 일들을 행한다는 것이었다. 창조한다는 것은 결국 어떤 더없이 새로운 일을 한다는 뜻이다. 참조: 탈출 34,10; 민수 16,30; 시편 50,12; 103,30; 이사 4,5; 43,19; 48,7; 65,17; 66,22; 예레 31,22; 하바 1,5.

의 비유로 생생하게 묘사했다(루카 15,1-32). 이 비유들은 예수가 자기 적대자들에게 시대의 징조, 곧 하느님이 연민의 정이 일어나 생각을 바꾸고 새로운 일을 하시게 되었다는 표징을 열어 보이려는 것이었다.

요점을 가장 뚜렷이 보여 주는 것은 되찾은 아들의 비유다. 비유의 첫 부분(루카 15,11-20)은 아들이 얼마나 큰 죄인이었으며 아버지에게 얼마나 많은 잘못을 저질렀던가를 인상 깊게 말해 준다. 아들의 귀향은 자못 놀라운 전환을 이룬다. 무엇보다도 아버지가 하지 **않는** 바 때문에 그렇다. 아버지는 아들을 배척하지 않는 것이다 — 아들 자신도 그렇게 예상했던 바고(19절), 아버지라면 또 당연히 그렇게 할 법도 한 일이건만. 이 아버지는 아들이 죄를 기워 갚으라고 요구하지도 않는 것이다 — 예수의 청중이 기대한 대로라면 그를 머슴으로 삼아 일을 시켜서라도 재산 손실을 보상하라고 하겠건만. 아버지는 전혀 어떤 방식으로든 아들에게 벌을 주지도 않는 것이다 — 당시의 정의 관념상으로는 그래야 마땅한 일이겠건만. 아버지는 심지어 아들을 나무라거나 용서를 빌라고 요구하지도 않는다. 못마땅하지만 잘 봐주노라는 식의 말 한마디조차 입술에 올리지 않는다. 아버지가 하는 것은 그저 기뻐하면서 잔치를, 축하연을 명하는 것이 전부다.

왜? 연민의 정으로 깊이 마음이 움직였기 때문이다(20절). 아들에 대한 염려가 하도 지극했기에 그 아들을 무사히 되찾았다는 사실만이 더없이 중요한 일이었고 축하할 이유가 되고도 남는 일이었다.

큰아들의 태도는 예수의 청중인 율법 학자와 바리사이들의 감정을 반영한다(29절). 하느님이 그런 식으로 행동하실 리가 없고 또 사실 그런 식으로 행동하신 일도 없다는 것이다.

예수는 그러나, 하느님이 전에는 어떻게 행동하셨든 간에 이제는 죄인들에게 사랑과 관심을 쏟고 계시다고 확신하고 있었다. 당신을 미워하는 사람들에게 잘해 주시며 당신을 저주하는 사람들을 축복해 주신다고. 그리고 그렇게 하시는 까닭인즉 "그분께서는 은혜를 모르는 자들과 악한 자들에게도 인자하시기 때문"이라고(루카 6,27.28.35).

그러기에 병자들이 낫고 죄인들이 용서를 받는 것이었다. 바야흐로 누구든지 서슴없이 조건 없이 용서하고자 하시는 하느님의 손가락이 움직이고 있는 것이었다.

하느님은 인간과 인간의 곤경을 향하여 온 주의를 돌리셨다. 왕좌에서, 세상에서 가장 지체 높은 자리인 왕의 자리에서 내려오시어 사람들에게, 남녀노소 할 것 없이 이제 자기를 '압바'$abba$라고 부르는 모든 사람에게 친밀해지셨다.

예레미아스의 연구 결과로,[18] 예수가 하느님을 압바라고 불렀다는 것, 다른 사람들도 그렇게 부르라고 가르쳤다는 것(루카 11,2), 그리고 예수 이전에 이런 일을 한 사람은 아무도 없었다는 것이 확증되었다. 압바란 아버지라는 뜻에만 그치는 말이 아니다. 매우 친밀한 가정적 형태의 낱말로서 가족 생활 테두리 안에서만 사용되는 말이다. 사람들로 하여금 하느님 앞에서 두려워 떨게 하는 태도, 하느님의 지존함과 거룩함 때문에 외경스런 거리를 지키게 하는 태도와는 매우 대조적이다.

병자의 치유 등 자기가 하는 모든 해방 활동이 성공을 거두고 있음을 보고 예수는 하느님이 고통받는 사람들과 함께 느끼시고, 사람들과 더불어 인자하신 아버지로서 연대성을 가지고 살고자 하며, 또 당신 권능을 사용하여 그들을 돕고자 하신다는 것을 확신했다.

바리사이들이 이것을 믿기를 거부하고 하늘에서 오는 표징을 요구하자 예수는 다만 **요나의 표징**을 지적할 수밖에 없었다. 예수가 사실로 요나의 표징에 대하여 언급했다는 것은 반론의 여지도 없다. 그러나 마태오도 루

---

[18] Joachim Jeremias의 유명한 논문 "*Abba*"는 ⑥ 제1장에 영어로 번역되어 있다. 이 문제에 대한 그의 견해를 종합한 곳: ④ 9-30; ⑧ 61-7.

카도 그것이 무엇을 뜻하는지는 몰랐다. 둘 다 어떤 짐작을 해 볼 뿐이다. 요나가 사흘 낮과 사흘 밤을 고래의 창자 속에 있었다는 것을 이유로 마태오는 예수가 자기 부활을 미래의 하늘에서 오는 표징으로 지적한다고 생각했다(12,40; 그러나 16,1-4도 참조). 루카는 "요나가 니네베 사람들에게 표징이 된 것처럼, 사람의 아들도 이 세대 사람들에게 그러할 것"이라고 생각했다(루카 11,30). 그러나 요나의 이야기에서 특별히 주목해야 할 것은 아무래도, "하느님이 마음을 돌리시어 그들에게 내리겠다고 말씀하신 그 재앙을 거두시게"(요나 3,10) 되자 요나가 (바리사이들처럼) 화가 잔뜩 났더라는 (요나 4,1) 그 점이다. "당신께서 자비하시고 너그러우신 하느님이시며, 분노에 더디시고 자애가 크시며, 벌하시다가도 쉬이 마음을 돌리시는 분이시라는 것을 알고 있었습니다"(요나 4,2) 하고 요나는 말한다. 그러나 요나도 바리사이들과 마찬가지로 하느님이 죄인들에게 자비를 베풀기를 바라지 않는다(요나 4,1-3). "네가 화를 내는 것이 옳으냐"(요나 4,4)고 하느님은 말씀하신 다음, 그렇다면 "오른쪽과 왼쪽을 가릴 줄도 모르는 사람이 십이만 명이나 있고 … 니네베를 내가 어찌 **동정**하지 않을 수 있겠느냐"(요나 4,11)고 타이르신다.

바로 이 점이 바리사이들에게 표징 구실을 해야 할 점이었다. 하느님은 다시 한번 생각을 바꾸어 보잘것없는 평민들에게 연민의 정을 느끼고 계시다고. 하느님은 달라지셨고, 따라서 때도 달라졌다고. 때는 바야흐로 새로운 때, 과거와 결별하는 때라고. 새로운 '에스카톤', 곧 새로운 결정적 미래 사건(가난하고 억눌린 사람들의 나라)에 의해서만 이해될 수 있는 때라고.

오늘 우리가 살고 있는 시대의 징조를 읽으려는 사람이라면 누구나 여기에 어떤 닮은 점이 있음을 인정하지 않을 수 없으리라. 바야흐로 우리는 새로운 때에 살고 있다. 그리고 이때는 질적으로 예수의 때와 별로 다르다 할 것이 없다. 우리가 만일 요한의 때를 통과하면서 무엇을 해야 하느냐 또는 해서는 안 되느냐를 결정하는 에스카톤으로서의 임박한 파국을 직시한다면, 그다음에는 아마도 더 나아가 예수의 도움을 받으면서 최근에 일어나는 사건들에서 우리의 해방을 가리키는 징조들을 읽을 수 있으리라. 그리하여 새로운 에스카톤, 곧 하느님 나라의 도래라는 결정적 미래 사건을 인식하기에 이를 수 있으리라.

그러나 아직도 우리는 예수가 하느님 나라의 도래를 파국의 도래와 관련시켜서 어떻게 이해했던가를 좀 더 분명히 밝힐 필요가 있다.

하느님 나라의 도래

지금까지 말해 온 바에도 불구하고, 혹은 어쩌면 지금까지 말해 온 바로 말미암아, 어떤 이는 예수와 그의 이상적 왕국을 세속적 의미에서만 이해하고 싶은 유혹을 받을지도 모른다. 거기에다가 하느님은 왜 끌어들이느냐고. 예수는 가난하고 억눌린 사람들에게 깊이 연민의 정이 움직였던 것이고, 그래서 그들에게서 거둔 성공으로 말미암아 완전한 해방(하느님 나라)이 임박했다고 믿게 된 것이 아니냐고. 하느님 이야기가 나오는 것은 그러므로 그 당시의 한 사람으로서 예수가 바야흐로 일어나는 일을 표현하기 위하여 종교적 표현 방편으로서 사용할 수밖에 없었던 것에 지나지 않으리라고.

다행인지 불행인지 이러한 주장을 뒷받침할 만한 증거가 있는 것은 아니다. 어떻든 그 왕국이 도래하리라는, 인간이 완전히 해방될 수 있고 또 해방되리라는 예수의 확신은 하느님을 믿지 않고서는 불가능한 일이었으리라.

이 왕국에서 최고의 지배력을 행사할 드높은 가치들을 감안할 때, 이 왕국의 도래가 **기적**이리라는 것은 인정하기 어려운 일이 아니다. 그것은 '유토피아'다. 불가능한 미래 세계다. 그러나 인간에게는 불가능한 일이 하느님에게는 가능하다. 예수는 기적을 믿고 바랐다.

예수는 이 왕국을 일종의 집이나 도성으로 생각하고 있었지만, 자기나 다른 어느 누구나가 그것을 **세우게** 되리라고 말하지는 않았다.[1] 이런 종류의 나라는 올 수 있을 뿐, 세워질 수 있는 것이 아니다. 또 기존의 국가나 사회들이 장차 아무리 진보·발전한다 하더라도 거기서 진화되어 나올 수 있는 것도 아니다. 아무리 세력이 막강하고 아무리 영향력이 크며 아무리 훌륭하고 운 좋은 영도자라도 이런 사회를 건설할 수는 없다. 자신의 의사를 남들에게 강요하는 힘인 세속 권력은 그것을 아무리 온건하게 행사한다 하더라도 예수가 염두에 두고 있던 완전한 해방과 자유하고는 다른 결과를 낳을 수밖에 없다. 이러저러한 지배 형태에서 사람들이 해방될 수는 있을지언정 인간을 강제로 자유롭게 만들 수는 없는 법이다. 우리가 이룩할 수 있는 것은 오직 사람으로 하여금 그가 자유를 선택한다면 자유롭게 될 수 있는 조건들을 이루어 주는 것이다. 하느님 나라 자체는 달성될 수 있는 것이 아니다. 그것은 받아들여져야 하는 것이다 — 거저 선물로서.

그러나 기적을 행할 수 있는 힘이 존재한다. 그것은 나의 힘도 너의 힘도 아니지만 나만이 나 자신 안에서, 너만이 너 자신 안에서 방출시킬 수 있는 힘이다. 그것은 개인으로서의 너와 나를 초월하지만, 전적으로 우리 바깥에만 있는 것이 아니다. 그것은 인간과 자연 안에 작용하는 모든 힘의 배후에 있는 최고의 힘이다. 대부분의 사람들이 이 힘을 신이라고 부른다.

---

[1] 예수가 "새 성전을 **세우겠다**"고 말한 것은 사실인 듯하다(마르 14,58병; 요한 2,19). 참조: Gaston 242-3. 그러나 마르코가 "인간의 손으로 만들어진" 성전은 아니리라는 말을 덧붙일 필요가 있다고 생각한 것은 흥미로운 일이다. 비단 새 성전이란 한 사회라는 말일 뿐 아니라, 또한 예수 안에서 예수를 통하여 그 성전을 세우시는 이는 하느님이라는 것을 뜻한다.

무엇이라고 부르든 그것이 중요한 것은 아니다. 때로는 예수도 그것을 하느님이라고 불렀으나 다른 방식으로 지칭한 예도 더러 있다. 예언자들은 언필칭 하느님이었다. 하느님의 말씀이요 하느님의 약속이며 하느님의 위협이었다. 예수의 어록과 비유들은 그러나 삶에 관한 것들이다. 또 생명과 자연 속에 작용하는 힘에 관한 것들이다. 예수가 하느님의 이름을 꼭 들먹일 필요가 있다고 생각한 경우는 매우 드물다. 보통으로 신 또는 하느님이라는 말로 대표되는 전능한 힘을 예수가 이해하는 방식에는 매우 심오하고 매우 시사적인 데가 있다.

이미 지적했거니와, 예수가 볼 때 불가능한 일을 성취하는 전능한 힘은 믿음이라고 부를 수 있다. 병자들이 나을 수 있게 하고 죄인들이 죄에서 풀려날 수 있게 하는 것은 그들의 믿음이었다. 이와 마찬가지로 그 나라가 올 수 있게 하는 것도 인간의 믿음이다.[2]

예수는 그 나라에 대한 믿음을 일깨우려고 온갖 노력을 다했다(마르 1,15). 이 고을 저 마을을 두루 다니며 복음을 설교하여 마지않았고(마르 1,38; 루카 4,43), 제자들도 파견했다(마르 3,14; 6,7; 마태 10,7; 루카 9,2; 10,9.11). 초대 그리스도인들은 복음이 온 세계에 선포되면 곧 그 나라가 임하리라고 확신하고 있었다(마르 13,10병). 설교 없이 믿음 없다(로마 10,17)고. 믿음이 세상에서 충분히 강한 힘을 발휘할 때야 그 나라의 기적이 일어나리라고.

여기서 믿음이 자칫 무슨 비결秘訣로 전락할 위험도 있다. 믿음은 무슨 마력이 아니다. 하느님 나라를 위하여 맺고 자르는 결단이다. 예수가 호소한 '메타노이아' $\mu\epsilon\tau\alpha\nu o\iota\alpha$, 곧 회개는 정신과 마음의 변화, 충성의 전환이다. 곧, 먼저 하느님 나라를 추구하라, 거기에 마음을 두라(마태 6,33병). 하느님

---

[2] 루카 18,8의 "사람의 아들이 올 때에 이 세상에서 믿음을 찾아볼 수 있겠느냐?"라는 구절은 이와 모순되는 것으로 보일지도 모르나, 여기서 지적하는 것은 하느님 나라의 도래가 아니라 파국 곧 심판의 도래다(153쪽을 보라). 그뿐 아니라 이 구절은 이차적인 것이다. 참조: Gaston 353.

나라에 의지하여 위로와 보답을 구하라(마태 6,4.6.18; 루카 6,20-25). 보물이 있는 곳에 마음이 있는 법이니 하느님과 더불어 하느님 나라에 보물을 쌓으라(마태 6,19-21병). 기존의 왕국에서 하느님 왕국으로 충성을 옮겨 바치라. 하느님 나라를 삶의 으뜸가는 의미로 삼고 거기에 온 희망을 두라. 그것은 감추어진 보물이요 값진 진주이니, 거기에 모든 것을 걸도록 하라.

믿음은 자기 삶의 방향을 근본적으로 재정립하는 것이다. 거기에는 타협이 있을 수 없으며 반쯤이라는 것이 있을 수 없다. 한 사람이 두 주인을 섬길 수 없다. 그 나라와 그 나라의 가치들을 삶의 기본 방향으로 삼느냐 삼지 않느냐, 그 나라를 '에스카톤'이며 인류의 목적지라고 인정하느냐 인정하지 않느냐, 둘 가운데 하나다. 신앙은 결단이다. 양다리를 걸치거나 어떤 타협을 한다면 그것은 바로 신앙의 모자람(작은 믿음)이며, 그런 신앙은 아무 효험도 없다.

그러나 이미 지적했듯이 믿음의 힘은 그것이 굳은 결단 또는 확신이라는 사실에서 나오는 것이 아니다. 믿고 바라는 바가 **진리**라는 데서 그 힘이 나온다. 하느님 나라가 만일 환상이라면 신앙은 아무것도 성취하지 못할 무력한 것이리라. 세상에는 강력하나 환상적인, 우리를 재앙의 낭떠러지로 끌고 가는 구실이나 해 왔을 따름인 그런 믿음들도 많이 있다. 예수가 설교한 나라가 만일 삶을 위하여 참된 것이라면, 그것이 만일 인간과 인간의 필요에 관한 진리라면, 그것이 만일 인류를 성취와 만족에로 이끌어 갈 수 있는 유일한 것이라면, 그렇다면 이런 종류의 나라를 믿는 신앙은 세상을 변화시킬 수 있으며 불가능한 일을 성취할 수 있으리라. 신앙의 힘은 진리의 힘이다.

참믿음은 연민 없이 있을 수 없다. 예수가 당대인들에게 믿게 하려던 나라는 사랑과 봉사의 나라다. 누구나 사람이기에 사랑받고 존중되는 그런 사람다운 우애의 나라. 같은 인간인 다른 사람들에게 연민의 정이 움직이는 일에 익어 있는 그런 사람이 아니면 그런 나라를 믿고 바랄 수 없다. 하느님은 바야흐로 당신 자신을 연민의 하느님으로 계시하셨다. 하느님의 힘은 연민의 힘이다. 인간에 대한 인간의 연민은 하느님 나라의 기적이 일어나게 할 수 있는 유일한 힘인 하느님의 힘을 이 세상에 방출시킨다.

하느님 나라를 도래하게 하는 것은 그러므로 충심의 연민이며 희망찬 신앙이다. 오늘의 믿음과 소망과 사랑(연민)은 내일의 나라를 싹 틔울 씨앗이다. 믿음은 작은 겨자씨 한 알처럼 보잘것없어 보이지만(마태 17,20병), 그런 믿음의 씨앗이 없다면 커다란 겨자나무도 없으리라(마르 4,30-32병). 지극히 무력해 보이는 누룩이 밀가루 반죽을 온통 부풀게 할 수 있다(마태 13,33병). 현세적 가치와 타협하지 않는 믿음은 틀림없이 풍성한 결실을 거두리라(마르 4,3-9병). 하느님 나라는 자연의 기적과 같은 기적으로 도래하리라(마르 4,30-32병; 마태 17,20병 참조).

그러나 그 나라의 도래가 인간의 믿음(희망과 연민을 내포하는 신앙)에 의존하는 것이라면, 그 나라가 언젠가 오기는 올까? 언젠가는 이 세상에 그 나라가 도래하게 할 만큼 넉넉한 믿음이 있게 되리라고 장담할 수 있을까? 혹은 미처 온 세상에 두루 신앙을 일깨울 만큼 넉넉한 시간을 얻기도 전에 파국이 오고 마는 것은 아닐까? 또 설사 그 파국이 오랜 동안 지연된다 하더라도, 혹은 많은 사람이 그 파국을 겪고도 살아남는다 하더라도, 대다수의 사람들이 **언젠가는** 예수가 설교한 그런 종류의 나라를 믿는 날이 오고야 말리라는 보장이라도 있을까? 그런 나라를 믿는 신앙이 널리 퍼진다는 것은 그 나라의 도래 자체와 마찬가지로 기적이리라.

어떻든 예수는 그 나라가 오리라는 것을 추호도 의심하지 않았다. 인간의 미련한 불신 때문에 그 도래가 미루어질 수도 있겠지만(루카 13,6-9), 그러나 필경은 오고야 말리라. 파국이 먼저 올 수도 있겠지만, 여러 번 먼저 올지도 모르지만, 그렇더라도 최후의 발언을 하는 것은 하느님 나라이리라(마르 13,7-8병). 빠르게든 늦게든 인간은 믿게 되리니, 끝내 그 나라는 오고야 말리라. 왜? 하느님이 계시기 때문이다.

하느님을 믿음이란 선이 악보다 강하며 참이 거짓보다 힘차다는 것을 믿음이다. 결국은 선과 참이 악과 거짓을 이기리라는,[3] 하느님이 사탄을 정복하시리라는 것을 믿음이다. 악이 최후의 발언권을 가지리라거나 선과 악이 반반의 기회를 얻으리라고 생각하는 사람은 무신론자다. 세상에는 선을 지지하는 힘이 엄존한다. 인간 안에서 그리고 자연 안에서 깊디깊은 욕구로 나타나서 활동하는 힘, 결국에 가서는 도저히 거역할 수 없는 힘, 그런 힘이 엄연히 존재한다. 예수가 만일 그것을 믿지 않았더라면, 그는 아예 아무 말도 하지 않았으리라.

하느님 나라를 믿음이란 그러므로 단순히 그 나라의 가치들을 지지하고 언젠가는 이 지상에 그 나라가 도래할 날이 있을지도 모른다고 막연한 희망이나마 한번 걸어 보는 그런 것이 아니다. 어떤 일이 있더라도 그 나라는 오고야 말리라는 확신이다. 그리고 이 확신은 참이기에 바로 이 확신의 힘으로 그 나라는 올 것이다.

> 진리가 너희를 자유롭게 할 것이다(요한 8,32).

그러나 그 나라가 곧 오리라는 보장은 없다. 온 세상에 믿음이 매우 빨리 전파될 수도, 또는 갑자기 우리 가운데서 그 나라가 발견될 수도 있겠지만, 또 한편 지금까지 우리가 말해 온 바로 보아 그 나라의 도래가 매우 오래 늦어질 수도 있다. 그런데도 예수 자신은 그 나라가 곧 오기를 대망하고 있었다.

---

[3] 사회학자 A.M. Greeley 신부는 신약학계에서 나무들이 웃자라고 있음에도 숲을 바라볼 수 있도록 종합적 연구로써 이 점을 강조했다: The Jesus Myth 48-9.

하느님의 나라가 가까이 왔다(마르 1,15; 마태 4,17; 루카 10,9.11).

사실 예수는 자기 동시대인들의 생시에 그 나라가 오리라고 예상했던 모양이다.

이 세대가 지나기 전에 이 모든 일이 일어날 것이다(마르 13,30병; 참조: 9,1병).

심지어는 제자들이 미처 이스라엘의 고을들을 다 돌아다니기도 전에 사람의 아들이 오리라고 말했던 것으로 전해진다(마태 10,23).
  비유와 설교의 절박한 어조를 포함한 모든 증거를 감안할 때, 예수가 매우 가까운 장래에 무엇인가 일어나기를 기대했다는 사실에는 의심할 여지도 없다.
  그렇다고 하느님 나라가 도래할 날짜와 시각을 알고 있노라고 예수가 주장했다는 말은 아니다. 마르코에 따르면 예수는 그날과 그 시각을 자기가 남몰래 알고 있다는 주장까지도 부인했다(마르 13,32). 마치 밤중의 도둑처럼 또는 마치 번갯불처럼 느닷없이 하느님이 개입하시리라고 명시하는 대목을 우리는 곳곳에서 찾아볼 수 있다(마르 13,33-37; 마태 24,42-44; 25,13; 루카 12,35-40; 17,24). 그것이 언제일지 아무도 모르므로 사람들은 불의의 기습을 당하리라는 것이요, 그래서 깨어 있으라, 경계하라는 훈계가 거듭되는 것이다. 어쩌면 초대 그리스도인들이 예수가 의도했던 것 이상으로 이 점을 의식하고 있었던 것인지도 모른다. 그러나 어떻든 어떤 표징이나 전조에 의하여 날짜를 계산하는 것은 그것이 어떤 종류의 것이든 간에 예수가 반대하는 바이었던 것만은 분명한 사실이다(루카 17,20-24).
  그렇다면 어째서 예수는 그 나라가 다가왔음을 주장했던가?

일반적으로 미처 깨닫지 못하거나 오해하는 수가 많지만, 사실인즉 하느님의 어떤 개입이 다가왔다는 말은 본디 예수가 먼저 말한 것도 아니다. 당시에 이미 극히 일반화되어 있던 믿음이었다. 바로 이 믿음이 엣세네들을 사막으로 몰아내어 스스로 대비하게 했고, 바로 이 믿음에서 묵시문학 저자들은 환시幻視와 계산計算의 영감을 얻었으며, 바로 이 믿음에 의하여 젤로데는 하느님이 오셔서 그들로 하여금 로마를 쳐 이기고 이스라엘에 하느님 나라를 건설할 수 있게 하시기를 기다렸다. 세례자 요한이 참회의 세례를 받으라고 호소한 것도 하느님의 개입(이스라엘 자체에 대한 벌)이 임박했다고 예상했기 때문이다. 요컨대 희망과 기대가 전례 없이 치열한 상태에 이르러 있었다. 상황은 유동적이었고 로마와 한바탕 겨룰 전쟁 분위기가 무르익고 있었다. 곧장 무슨 변화가 일어날 참이었다. 이스라엘이 로마를 거꾸러뜨리게 될까? 메시아가 오실까? 세상은 끝장이 나려는가? 세례자 요한과 더불어 예수는 이스라엘에게 가까운 장래의 멸망이 박두했다고 믿고 있었다. **다가오는 사건은 파국일 것이었다.**

   그 파국에 대한 요한의 반응은 소극적이었다. 요한은 피하려고 했다. 적어도 몇 사람이나마 건지고자 했다. 예수의 반응은 적극적이었다. 때는 진리의 순간이었다. 임박한 재앙의 위협 그것이야말로 다가오는 그 나라를 위한 둘도 없는 기회였다. 전멸이라는 위기 앞에서 예수는 즉각적이며 근본적인 회개를 호소할 절호의 기회를 보았다.

     너희도 회개하지 않으면 모두 그처럼 멸망할 것이다(루카 13,3.5).

회개하면, 진정으로 믿으면 **파국 대신에 그 나라가 오리라**는 것이었다.
   이처럼 더없이 절박한 위기가 사람들에게 하느님 나라냐 파국이냐를 선택할 기회를 제공하고 있다는 것, 이것이 예수의 여러 비유 또는 어록에 나타나는 주제다. 약은 집사의 비유가 말해 주는 요점인즉 쫄딱 망할 지경에 이른 그가 즉각 단호한 행동을 취하여 장래의 행복을 확보해 놓는다는 것이다(루카 16,1-8). 한편 어리석은 부자는 큼직한 곳간들을 지어 놓지만 그러고는 모든 것을 잃고 만다(루카 12,16-20).

> 사람이 온 세상을 얻고도 제 목숨을 잃으면 무슨 소용이 있느냐?(마르 8,36병)

사람들, 특히 지도자들이 파국을 내다보고 대처하지 못한다면, 그들은 마치 강도가 들어올 때 잠들어 있는 집주인처럼(마태 24,43), 또는 어리석게도 모래 위에다가 집을 지었기 때문에 폭풍이 닥치자 집이 무너지는 참변을 당하는 사람처럼(마태 7,24-27) 불의의 습격을 당하리라. 바야흐로 지금이 결단하고 행동해야 할 때다. 모든 것을 깡그리 잃어버리는 액운을 모면하자는 것만이 아니다. 더 나아가 바야흐로 한 대안(보물, 값진 진주, 큰 잔치)이 주어져 있다는 것이다(마태 13,44-46; 루카 14,15-24병). 이런 때 머뭇거린다는 것은 둘도 없는 기회를 놓칠 위험을 무릅쓰는 셈이다.[4] 내일이면 늦으리라.

    하느님 나라의 박두는 확증된 기정 사실이 아니라 기회였다. 파국이냐 하느님 나라냐, 이것이 가까운 장래에 올 확실한 일이었다.[5] 예수에게 '에스카톤'(임박한 하느님의 행동)이란 이것이냐 저것이냐의 사건이었다. 바로 이 점이 예수의 때를 결단과 행동의 때로, 유일한 기회로 특징짓고 결정짓는 점이었다.

    하느님 개입의 박두를 말해 주는 모든 것이 직접·간접으로 이 결론을 긍정해 준다. 예수는 하느님 나라가 다가왔다는 생각으로 가난한 사람들

---

[4] Linnemann 101-4.   [5] Gaston 426-8.

을 위로한 것이 아니다. 그보다는 그 나라가 오면 으레 그들의 것이 되리라는 예언을 했다. 그 나라가 곧 오리라는 보장이 있는 것은 아니었다. "이 세대가 지나기" 전에 올 모든 것이 만일 이 세대가 회개하지 않는다면 파국이 될 것이었다(마르 13,2-4.30; 루카 13,3.5). 일반적으로 인정된 임박한 사건이란 하느님 나라 자체의 도래가 아니라 '사람의 아들'의 오심이었다(마르 13,26병; 14,62병; 마태 10,23; 19,28; 24,37-39.44병; 루카 17,24; 21,36). 예수 자신이 몸소 이 말을 사용했는지는 어떻든 간에,[6] 사람의 아들의 도래란 심판의 도래를 가리키는 것인 것만은 틀림없다(마르 8,38병; 마태 10,32-33병; 19,28; 24,37-39병). "오시는 사람의 아들"이란 세례자 요한이 말한 바로 그 "오시는 분"인 심판자라고 해도 무방하리라. 어떻든 이것은 심판 사건을 가리킨다(마태 24,37-39병).

하느님 나라 자체가 다가왔다는 말을 하는 몇 군데 안 되는 대목을 보면(마르 1,15; 9,1병; 마태 4,17; 루카 10,11), 문맥상 이것이냐 저것이냐를 선택해야 할 심판의 박두에 대한 경고와 관련되어 있음이 뚜렷이 드러난다. 여기서 예수의 말로 전해지는 것은 "하느님의 나라가 다가왔으니 **기뻐하라**"가 아니라 "하느님 나라가 다가왔으니 회개하라"는 것이다(마태 4,17; 참조: 마르 1,15; 마태 3,2). 사건의 박두를 가리키는 말은 모두가 **경고**다.

복음서들에 나타나는 '긴급한 요청'이라는 테마에서도 같은 결론이 나올 수 있다. 포교가 극도로 긴급하게 요청되는 현실이므로 설교자는 쟁기를 짊어지고 뒤돌아볼 여유가 없다(루카 9,62). 아버지의 장례를 치르러 집으로 돌아갈, 또는 아버지가 돌아가시기까지 기다리고 있을 겨를이 없다(루카 9,59-60병). 친지나 친척들에게 예의를 갖출 틈이 없다(루카 9,61; 10,4). 모름지기 서둘러 훌쩍 길을 나서야 할 따름이다(루카 9,3; 10,4병). 급선무가 있으므

---

[6] 209쪽을 보라.

로 곧장 모든 것을 다 팽개치고, 그물도 일터도 집도 가족도 부모도 다 버리고 예수의 발걸음을 좇아 하느님 나라를 전파할 필요가 있다(마르 1,20병; 10,28병). 왜?

이스라엘에 파멸이 박두했기 때문이다. 가까운 장래에 위대하고 영광스런 나라가 보장되어 있는 것이라면 그처럼 긴급한 포교 활동을 벌일 필요는 없었으리라. 그러나 당시 정황에서는 근본적 회개를, 파멸 대신에 하느님 나라를 오게 할 수 있을 만큼 철저한 마음의 변화를 일으키는 것만이 이스라엘이 파멸로 곤두박질치는 것을 막을 수 있는 하나밖에 없는 길이었으므로 잠시라도 버릴 시간이 없었다.

또 만일 파국 대신에 하느님 나라가 왔다 하더라도 그 나라에 속하지 않은 사람들은 각자가 개인적으로 인격적 파국을 경험하게 되었으리라. 일생에 가장 소중히들 여기던 모든 것을 앗긴 채 바깥 어둠 속에 쫓겨나고 말았으리라(마태 8,12; 22,13; 25,30). 돈과 위신과 파벌과 권력에 의지하여 행복과 안전을 추구하던 사람들은 이런 것들이 하느님 나라의 새 세상에서는 사라지고 없음을 발견하게 될 것이었다. 완전한 좌절을, 자기네 삶에 의미를 부여해 온 모든 것의 상실을, 바로 자아의 파멸을 겪게 될 것이었다. 그것은 그들이 그 나라에서 쫓겨난 것이라기보다 그들 자신이 스스로를 쫓아낸 셈이 될 것이었다.

이 인격 파탄은 종종 바깥 어둠 속에 쫓겨나는 것으로, 또는 '게헨나'의 불 속에 던져지는 것으로 묘사된다. 게헨나는 예루살렘 성 밖 골짜기 이름이다. 수세기 전 극악무도한 행위가 자행된 바 있어 유명한 곳이다. 거기서 이교도의 신들에게 봉헌되는 인간 제물로서 어린이들이 산 채로 태워졌던 것이다(2역대 28,3; 33,6; 예레 7,31). 더럽고 고약하기 짝이 없는 그곳은 결국 예루살렘의 쓰레기를 처리하는 곳으로 쓰이게 되었다. 쓰레기터란 으레 그렇듯이 악취가 나고 비위생적이었다. 모든 것이 썩어 가면서 벌레에게 파먹히고, 끊임없이 그을음을 내며 타는 불이 부식작용을 완성시키고 있었다. 어느 누구라도 그 시커먼 그을음을 내며 타는 게헨나의 쓰레기 더미 위에 던져져 삭아 없어지는 것보다 더 큰 액운을 상상할 수는 없었으리라. 바로 이곳에서 유다인과 그리스도인의 지옥상(像)이 생겨난 것이다.

불과 벌레라는 표상은 게헨나의 쓰레기 더미에서 유래한다. 이 표상적 비유에 따르면 불멸하는 것은 벌레이며 영속하는 것은 불이라는 점에 주목해야겠다. 그 밖의 어떤 것, 어느 누구도 게헨나에서는 죽고 썩는다. 게헨나는 완전한 파멸의 표상이다. 생명과 정반대다. 예수가 이 표상을 과연 사용했다면, 바로 이 점을 염두에 두고 있었으리라.

> 육신은 죽여도 영혼은 죽이지 못하는 자들을 두려워하지 마라. 오히려 영혼도 육신도 지옥(게헨나)에서 멸망시키실 수 있는 분을 두려워하여라(마태 10,28).

지옥은 영혼의 멸망이다. 곧, 한 인간의 인격 전체가 멸망하는 것이다. 묵시록에서 둘째 죽음이라고 부르는 그것이다(묵시 2,11; 20,6.14; 21,8). 이런 의미에서 어떤 사람들은 이미 죽은 자들이다.

> 죽은 이들의 장사는 죽은 이들이 지내도록 내버려 두어라(마태 8,22병).

그런 사람들 가운데 참생명의 길을 발견하는 사람은 매우 드물다.

> 너희는 좁은 문으로 들어가라. 멸망으로 이끄는 문은 넓고 길도 널찍하여 그리로 들어가는 자들이 많다. 생명으로 이끄는 문은 얼마

나 좁고 또 그 길은 얼마나 비좁은지, 그리로 찾아드는 이들이 적다(마태 7,13-14).

그리스도인들이 게헨나 또는 지옥이란 육신을 떠났으나 사멸할 수는 없는 영혼이 영원한 고통을 받는 장소라고 이해하기에 이른 것은 영혼이란 본성적으로 불멸이라는 그리스 관념의 영향이다.

그러나 예수의 사명이 그처럼 긴급한 까닭은 비단 많은 사람에게 그런 인격적 파탄이 닥쳐올 위험이 있기 때문만은 아니었다. 이스라엘에 다가오는 사회적·정치적 파국은 누구나 (유죄·무죄를 가리지도 않고) 집어삼킬 참이었다. 결백한 자라고 해서 대량 학살에서 살아남을 수는 없는 것이었다(마르 13,14-20). 살자면 "산으로 도망가라"고 충고를 하고(마르 13,14-16), 잠시라도 머뭇거리지 말라고 재촉을 한 까닭은 바로 이 비극[7]을 막자는 것이었다. 모든 사람에게 용기를 북돋아 주어 그들로 하여금 하느님 나라를 향하여 삶의 방향을 잡을 기회를 포착하게 하자는 것이었다.

알다시피 결국 도래한 것은 파국이었고 그 나라가 아니었다. 70년 로마인들은 예루살렘과 그 성전을 파괴했다. 135년 또 이스라엘 민족을 멸망시키고 유다인들을 팔레스티나에서 추방함으로써 그 비극은 대단원의 막을 내렸다. 실로 이루 말할 수 없는 고통과 인명 손실을 낳은 대참사였다.

예수는 정황을 오판한 것이 아니라 실패했다. 아니, 사람들이 예수로 하여금 실패하게 했다. 절호의 기회를 놓치고 만 것이다. 그러나 그것이 결코 마지막은 아니었다. 하느님 나라는 오고야 말 것(최후의 발언자는 하느님일 것)이기에 기회는 또 있을 것이다. 초대 그리스도인들은 다만 그들이 처한 새로운 환경 조건에다가 예수의 예언을 소박하게 적응시킬 따름이었다.

---

[7] Gaston 422-6.

무릇 어느 예언자의 메시지나 다 그렇듯이[8] 예수의 메시지도 시대와 상관없이 영원한 것은 아니었다. 그러나 또 이에 못지않게 그것은 하느님에 관하여 하도 근본적이고 결정적인 진리를 말해 주는 것이었기에 여느 시대와 다른 장소에 관련시켜서 재해석될 수도 있는 바를 말해 주는 것이었다. 일단 메시지가 팔레스티나의 특수한 정치적 위기와 더불어 팔레스티나 바깥으로 쫓겨나자, 더구나 로마가 유다 민족을 멸망시켜 버리자, 그 메시지는 다른 상황에 적용되어야 한다고, 아니 실은 언제 어떠한 상황에라도 적용되어야 한다고 생각되기에 이르렀다. 이렇게 해서 그 메시지가 '묵시화'apocalyptising하는 과정이 이루어졌다. 이 책에서 우리의 목적은 이 과정의 장단점을 따지자는 것이 아니다. 다만 복음서 저자들이 예수의 메시지를 이런 식으로 다루고 있었음을 명심하자는 것이다.

마르코복음서에서 우리는 유다 민족의 멸망 이전에 이미 이 묵시화 과정의 발단이 있었음을 볼 수 있다.[9]

> 내가 너희에게 하는 이 말은 모든 사람에게 하는 말이다(마르 13,37).

여기서 '에스카톤'(세말 사건)은 곧 일어날 역사적·정치적 파국과 구별되는 초역사적 사건으로 변모한다(마르 13,7.10.29). 그래서 초역사적인 마지막 날의 심판이 전형적 묵시문학 양식을 취하여 윤리적 목적을 가지고 사회보다는 각 개인을 향한 경고로서 사용된다.[10] 마태오는 이 과정을 더 멀리 밀고 가서 심판의 날과 상벌의 분배를 크게 강조하게 된다.[11]

---

[8] 135쪽을 보라. [9] Gaston 41-60.
[10] Gaston 53-60. [11] Rohde 48-9, 55, 107-9.

예수가 마지막 날에 관하여 말하고자 한 것은 묵시적인 것이 아니라 예언적인 것이었다. 따라서 우리는 복음서들을 '탈묵시화'de-apocalyptising함으로써만, 그리스도교 이전에 예수가 자기 시대의 사람들에게 말하려 한 것이 무엇인가를 되찾아 낼 수 있다.

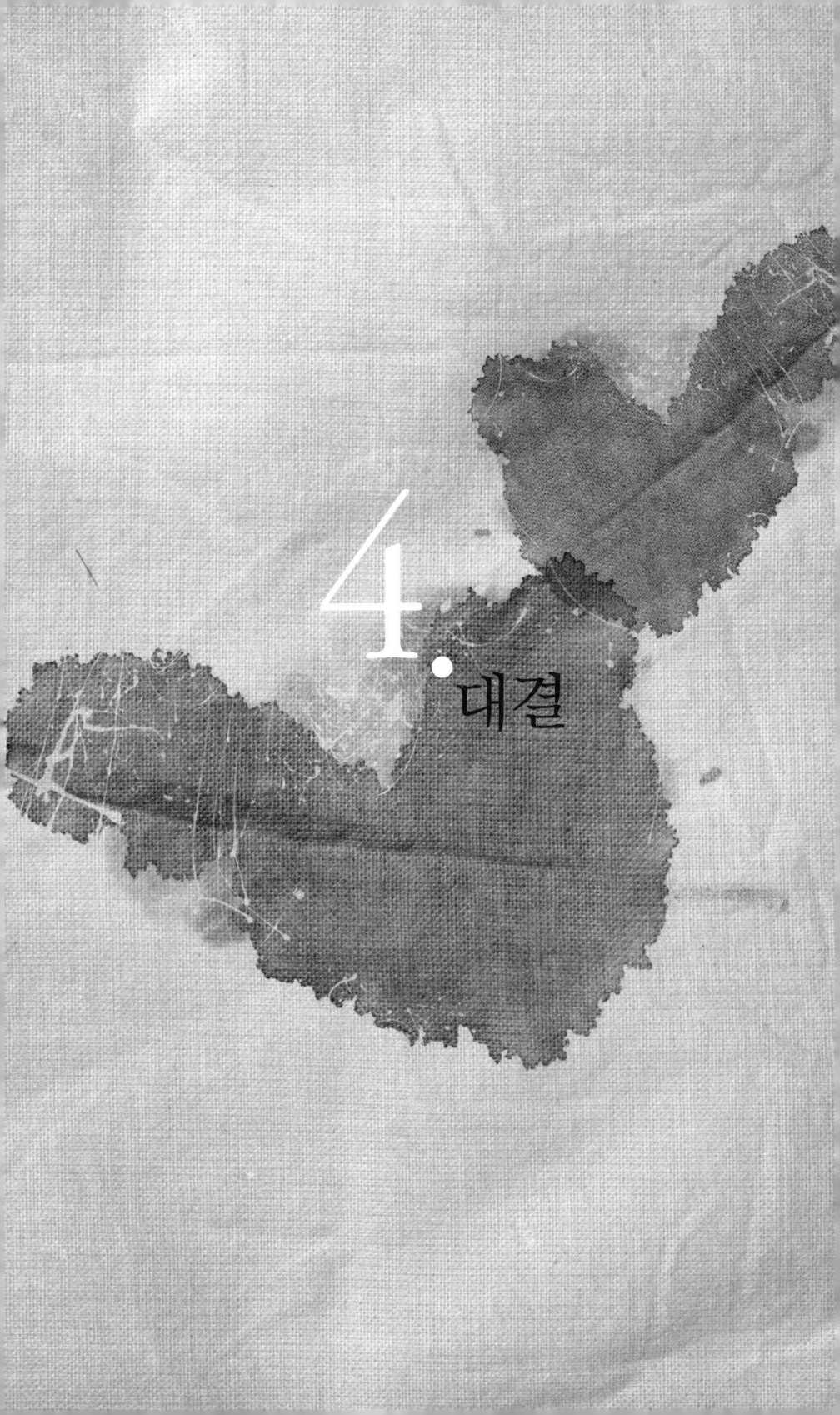

4. 대결

정치와 종교

나자렛 예수에 관하여 가장 확실히 증명되어 있는 사실은 그가 대역죄로 고발되어 로마 총독 본시오 빌라도에 의하여 재판을 받고 처형되었다는 것이다. 이 사실로 예수가 유독 남다른 존재가 되는 것은 아니다. 수많은 유다인 반란자·혁명가가 당시 팔레스티나의 로마인 통치자들에 의하여 십자가형을 받았다. 일반적으로 유다인들은 로마의 지배를 반대하고 있었고, 이미 본 대로 그 가운데 일부는 로마 정권을 타도하고 이스라엘 왕국을 재건하려고 획책하고 있었다. 예수의 유죄 이유가 된 것은 그가 그런 모반의 혐의가 있는 데다가 스스로 유다인의 왕으로, 정당한 왕위 계승자로, 유다인들 식으로 말하자면 메시아로 자처한다는 것이었다.

그리고 예수님을 고소하기 시작하였다. "우리는 이자가 우리 민족을 선동한다는 사실을 알아냈습니다. 황제에게 세금을 내지 못하게 막고 자신을 메시아 곧 임금이라고 말합니다"(루카 23,2).

예수의 죄목에 관해서는 그의 십자가 위에 유다인의 왕이라고 새겨졌던 글자로 보아 의문의 여지도 없다.

그런데 과연 유죄였던가? 백성들에게 반란을 선동했던가? 로마에 세금 바치는 것을 반대했던가? 헤로데나 빌라도나 황제 대신에 유다인들을 통치할 왕이나 메시아로 자처했던가? 정권 타도를 모사하고 있었던가?

한쪽의 극단적 주장에 따르면, 예수는 과연 메시아로 자처했고 로마 제국주의자들을 타도하고자 폭력 혁명을 꾀했으므로 (적어도 로마 당국의 입장에서 보는 한) 유죄였다고 한다. 예수는 당시의 정치에 깊이 연루되어 있었으며 젤로데와 다름없이 종교·정치 운동을 도모했다는 것이다.[1] 여기서는 예수와 젤로데의 닮은 점들이 강조된다. 열두 제자 가운데 하나인 시몬이 젤로데파의 일원으로 알려져 있고(루카 6,15; 사도 1,13), 때로는 베드로와 유다도, 심지어는 제베대오의 아들들까지도 젤로데였다고 주장된다. 더욱이 예수가 죽고 나서 몇 해 뒤에 예수파 운동에다가 기회를 한 번 주어 보자고 하던 어느 바리사이파 지도자도 한편으로는 그것이 갈릴래아 사람 유다의 젤로데파 운동과 비슷한 운동이리라는 생각을 전제로 했다(사도 5,34-39). 또 한때 바오로는 이집트 출신의 유명한 유다인 혁명 지도자로 오해받은 일도 있다(사도 21,37-38).

다른 쪽으로 치우친 주장에 따르면, 예수는 정치적 고발에 대하여 완전히 무죄였다고 한다. 예수는 반란을 선동하지 않았고, 세금을 바치라고 했으며, 평화주의자였고, '정신적' 메시아, 곧 '정신적' 유다인의 왕으로 자처했다는 것이다. 당시의 정치와는 아무 상관도 없었고 순수히 정신적·종교적 메시지를 설교했으며, 정치적 고발은 그를 제거하려는 유다인 지도자들의 조작이라는 것이다.

---

[1] Eisler; Brandon ②; Carmichael.

진상은 그런데 이 양극을 이루는 두 주장의 중간쯤 어딘가에 있는 것이 아니다. 사실은 두 견해가 다 그 시대와는 동떨어진 후대의 발상을 과거의 상황과 사건에다가 소급시켜서 읽고 있는 것일 뿐이다.

유다인들은 애당초 정치와 종교를 구별하는 일이 없었다. 오늘의 우리라면 정치·사회·경제·종교 등으로 분류해서 생각할 것도 그들은 모두 하느님과 하느님의 법에 의해서 생각했다. 순전히 세속적인 문제란 있을 수 없었다. 이 점은 구약성경을 대충 훑어보기만 해도 뚜렷이 드러난다.

그러나 물론 당시의 유다인들에게는 그네들의 종교에 의해서 개념이 파악되고 있던 문제라는 점을 전제하고 들어간다고 하더라도, **우리로서는** 정치적 문제라고 부를 만한 것들이 그 당시에도 더러는 있었다고 할 수 있다. 이런 의미에서 이스라엘과 로마제국의 권력관계는 정치 문제라고, 또는 굳이 원한다면 종교적 정치 문제라고 할 수 있다. 예수가 젤로데와 달랐던 것은 단순히 그가 정치 문제를 멀리하고자 했기 때문이었다고만 말할 수는 없다. 유다인들에게는 정치 문제도 종교 문제였다. 종교인이라면 당연히 안식일이나 단식 문제와 마찬가지로 정치 문제에 관해서도 어떤 견해를 가지고 있을 것으로 예상되는 것이었다(마르 12,13-17병 참조).

젤로데나 바리사이나 엣세네나 그 밖의 어느 누구에 못지않게 예수도 이스라엘이 로마 제국주의에서 해방되기를 바라고 있었다. 복음서 저자들은 그러나 이 문제에 관한 예수의 의견에 별로 흥미가 없었다. 실상 그런 문제란 팔레스티나 바깥에 살던 사람들에게는, 더구나 70년 예루살렘이 멸망한 다음에는 이미 별 볼일 없는 문제였기 때문이다. 그러나 루카는 본래 자료를 찾아 올라가고 싶었으므로(루카 1,1-4) 예루살렘이 몰락하기 전에 팔레스티나에서 기록되었음에 틀림없는 한 문헌을 이용했다. 이 문헌을 학자들은 「원原루카복음서」라고 부르는데, 루카복음서와 사도행전의 구절들 가운데는 이 자료에서 취한 것이 매우 많다고 한다.[2] 여기서 우리의 흥미를 끄는 것은 「원루카복음서」에는 대개의 다른 자료와는 달리 **이스라엘의 정치적 해방**에 관한 말이 거듭 나온다는 점이다.

「원루카복음서」에서 예수의 탄생과 어린 시절 이야기에 등장하는 사람들은 "예루살렘의 **속량**을 기다리는 모든 이"(루카 2,38) 또는 "이스라엘이 위로받을 때를"(루카 2,25) 기다리던 사람들로 지칭된다. 즈카르야의 예언(찬가)은 하느님이 "당신 백성을 찾아와 속량하시고"(루카 1,68) "우리 원수들에게서, 우리를 미워하는 모든 자의 손에서 우리를 **구원**"하시며(루카 1,71) "원수들 손에서 **구원된** 우리가 두려움 없이 당신을 섬기도록" 하신다는(루카 1,74) 그런 내용이다. 이스라엘의 원수들이란 의심 없이 로마인들이다(루카 19,43 참조). 여기서 표현되는 소망과 기대는 예수가 "이스라엘을 속량하실 분", 곧 이스라엘 민족의 **해방자**라는 것이다(루카 24,21).

예수는 이 종교적·정치적 기대를 충족시키고자 했다. 다만 그 방식이 사람들이 기대하던 바와는, 더구나 젤로데의 그것과는 확실히 달랐다. 예수는 **이스라엘**이 회개하도록 설득시킴으로써 이스라엘을 로마에서 해방시키는 일에 나섰다. 이스라엘 자체 내에서 마음의 변화가 없다면 어떤 종류의 제국주의에서도 해방될 수 없으리라는 것이었다. 그것은 세례자 요한도 포함한 모든 예언자의 메시지였다. 예수도 예언자였다. 옛 예언자들이 그랬던 것처럼 예수도 정치에 연루되어 있었다.

그러면 어떤 종류의 변화라면 이스라엘을 해방할 것이었던가? 특히 「원루카복음서」에 따르면 예수는 팔레스티나의 유다인들로 하여금 지금 앙심과 원한을 품는 것이야말로 자살 행위임을 깨닫게 하려고 무척 애를 썼다. 시대의 징조를 읽으라고(루카 12,54-56), 그래서 젤로데 같은 사람들의 말에

---

[42] P. Feine, *Eine vorkanonische Überlieferung des Lukas* (Gotha 1891); B.H. Sheeter, *The Four Gospels* (London 1924) 201-22; V. Taylor, *Behind the Third Gospel* (Oxford 1926); H. Sahlin, *Der Messias und das Gottesvolk* (Uppsala 1945); Gaston 243-56.

기대지 말고 스스로 판단을 하라고(루카 12,57). 문맥상 이 징조란 임박한 파국의 전조다. "서쪽에서 구름이 이는 것을"(루카 12,54) 보라고. 「원루카복음서」에서는 이 파국을 이스라엘의 군사적 패배로서 극히 분명하게 또 거듭 되풀이해서 묘사한다 — "원수들"(루카 19,43)이, "적군"(루카 21,20)이 예루살렘을 에워싸리라고. 로마의 "독수리들"(루카 17,37)[3]이 이스라엘의 주검들 둘레에 모여들리라고. 젤로데의 기대와는 상황 판단이 얼마나 판이한가!

너희도 회개하지 않으면 모두 그렇게 멸망할 것이다(루카 13,3.5).

전쟁으로 로마를 꺼꾸러뜨릴 수는 없겠기에, 법정에서 승소할 처지는 못 되기에, 화해만이 유일한 지각 있는 행동이었다(루카 12,58). 예수로서는 원수를 사랑하는 것, 자기를 미워하는 사람에게 잘해 주는 것, 자기를 학대하는 사람을 위하여 기도하는 것, 그것만이 원수에게서 해방되는 유일한 길이었다(루카 6,27-28).

체념하고 로마의 압제에 굴종하자는 것이 아니다. 또는 굽신거리고 아양을 떨며 로마인들을 녹여 보자는 것도 아니다. 문제는 인간성의 결여라는, 모든 압박과 지배의 근본 원인에까지 미친다. 이스라엘 자신이 무자비한 상태에 머물러 있을 양이면 로마 정권을 전복한 다음인들 더 자유로울 것이 무엇이랴. 유다인들이 계속해서 돈과 위신과 파벌과 권력이라는 현세 가치에나 연연하며 살아간다면, 로마인들의 압제가 물러간 뒤에라도 마찬가지로 무자비한 유다인들의 압제가 대신 들어설 것이 아닌가.

---

[3] 그리스어 원문에서 '독수리'는 '아에토스'$\alpha\epsilon\tau\acute{o}s$(썩은 고기는 먹지 않는 독수리)로 되어 있다. '귀프스'$\gamma\upsilon\pi s$(썩은 고기를 먹는 독수리)가 아니다. 아람어로도 그런 구별이 있었는지는 의문이나, 어떻든 로마 군대의 상징인 독수리는 썩은 고기를 먹는 독수리와 구별되고 있었다. 참조: Gaston 353.

예수는 실상 젤로데(열성파)보다 훨씬 더 열성적으로 해방에 심혈을 기울였다. 젤로데가 바라던 것은 단순히 정권의 변화일 뿐이었다 — 로마 정권에서 유다 정권으로의 정권 교체일 따름이었다. 예수가 원한 것은 그러나 삶의 구석구석에까지, 또 유다인에게나 로마인에게나 가장 깊은 근본에까지 영향을 미칠 변화였다. 질적으로 다른 세계(하느님 나라)를 예수는 소망했다. 현세적인 한 나라 대신에 또 다른 현세적인 한 나라가 들어서는 그런 것이라면, 애당초 그것이 진정한 해방은 아니겠기에 예수로서는 만족할 수 없었다.

예수는 다른 사람이 못 보던 것을 보고 있었다. 유다교의 외부보다 내부에 더 큰 압제와 착취의 요인이 있음을 본 것이다. 로마에 반기를 들던 중류 계급 유다인들 자신이 가난하고 무식한 사람들의 압제자였다. 백성들은 로마인들보다 오히려 율법 학자 · 바리사이 · 사두가이 · 젤로데 때문에 더 큰 고통을 겪어야 했다. 로마의 압제에 대한 반항은 차라리 위선이었다. 바로 여기에 황제에게 세금을 바칠 것이냐라는 질문에 예수가 응수한 저 유명한 대답의 요점이 있다.

로마의 통치란 사실상 로마의 과세를 의미했다. 대부분의 유다인들은 로마 황제에게 세금을 바친다는 것이란 하느님께 속하는 것인 이스라엘의 돈과 재산을 외람되이 빼돌려 황제에게 주는 것이라고 생각했다. 그러나 예수가 볼 때 이것은 탐욕을 합리화하는 교활한 구실일 뿐, 정작으로 중요한 문제와는 아무 상관도 없는 일이었다.

> 그들이 와서 예수님께 말하였다. "… 그런데 황제에게 세금을 내는 것이 합당합니까, 합당하지 않습니까? 바쳐야 합니까, 바치지 말아야 합니까?" 예수님께서는 그들의 위선을 아시고 그들에게 말씀하셨다. "너희는 어찌하여 나를 시험하느냐? 데나리온 한 닢을 가져

다 보여 다오." 그들이 그것을 가져오자 예수님께서, "이 초상과 글
자가 누구의 것이냐?" 하고 물으셨다. 그들이 "황제의 것입니다"
하고 대답하였다. 이에 예수님께서 그들에게 이르셨다. "황제의 것
은 황제에게 돌려주고, 하느님의 것은 하느님께 돌려 드려라." 그
들은 예수님께 매우 감탄하였다(마르 12,14-17).

예수의 대답은 물음에 담긴 교활한 속셈만이 아니라 그 뒤에 숨은 진짜 동기인 탐욕을 폭로한다. 묻던 사람들 자신이 로마의 엽전을 가진 사람들이다. 당시에 엽전은 그것을 발행한 통치자의 개인 재산으로 생각되었다.[4] 그런데 이 엽전에는 황제의 이름과 초상이 새겨져 있었다. 그렇다면 그것은 하느님의 돈이 아니라 황제의 돈이다! 황제의 것을 황제에게 돌려주기를 거부한다면, 자신이 돈을 좋아하기 때문이라고 할 수밖에 없다. 하느님께 속하는 것을 하느님께 바치기로 진정 원한다면, 가진 것을 죄다 팔아서 가난한 사람들에게 주면 될 것이요, 권력과 위신과 재물에 대한 욕심을 버리면 되리라.

참으로 문제가 되는 것은 압제 그것이지, 이교도인 로마인들이 감히 하느님의 선민을 압제하다니라는 그 점이 아니었다. 압제의 근본 원인은 인간의 무자비에 있는 것이었다. 로마의 압제에 원한을 품고 있다는 자기네 자신이 가난한 사람을 억누르고 있었다. 이 사실을 무시하는 사람들은 로마인보다 더하지는 않을망정 못지않게 무자비한 사람들이었다. 자비심(연민)이란 관점에서 생각할 때, 유다인 정부 아닌 로마인 정부에 세금을 바치고 이교도인 침략자들에게서 자기네 종교적 자존심에 종종 상처를 받아야

---

[4] Richardson 47. 66년 젤로데가 로마 정권을 몰아내고 나서 맨 처음 한 일의 하나가 새 엽전의 발행이었다 ― "시온의 해방을 위하여"와 "시온의 자유"라는 말이 새겨진 주화였다. 참조: Brandon ② 353.

한다는 어려움이란 가난한 사람들과 죄인들이 동족인 부자와 '점잖은 분들'의 손아귀에서 당하는 괴로움에 비하면 차라리 작은 것이었다. 물론 두 가지가 다 없어져야 할 것이지만, 예수는 가난한 사람들과 죄인들의 어려움에 더 민감했다. 예수는 로마인들의 압제에서 바리사이와 사두가이(필경은 사실상 젤로데와 엣세네도 포함해서)의 압제로 역점을 옮겨 놓은 것이다.

이로써 예수가 정치 문제를 회피한 것은 아니다. 세군도가 지적했듯이 "로마제국이 근대의 정치적 제국과 닮은 데가 있다는 이유로 예수가 살던 시기의 '정치적 요소'를 로마제국의 구조 내에서 바라본다는 것은 … 시대착오다". 세군도는 계속해서 이렇게 설명한다.

> 유다인 대중의 정치 생활인 시민적 조직 생활과 그들이 지고 있던 부담과 입고 있던 억압은 … 로마제국보다 율법 학자와 바리사이 동아리 안에서 힘을 떨치던 신학과 더 크게 관련되어 있었다. 제국이 아니라 그들이 약자들에게 견디기 어려운 짐을 지우고 있었으며 … 그럼으로써 이스라엘 특유의 사회·정치 구조를 수립해 놓고 있었다. 사정이 그러한 만큼 예수의 반동신학反動神學은 로마제국에 대항하는 발언이나 행동보다 오히려 더 정치적인 것이었다.[5]

그뿐 아니라 젤로데가 벌이던 투쟁은 진정한 해방하고는 아무 상관도 없는 것이었다. 그들이 쟁취하려던 것은 유다인 민족주의요 유다인 인종주의였다. 유다인의 우월감이요 유다인의 특권이었다. 참해방이란 그러나 근본적으로 사람을 사람으로 받아들임이다. 원수를 사랑함은 인간을 인간으로 받아들이면서 만인과 연대하여 사는 삶이다.

---

[5] Segundo, "Capitalism – Socialism: A Theological Crux", *Concilium*, January 1974, 118.

예수가 성취하려던 혁명은 젤로데나 그 밖의 어느 누가 생각하던 것보다도 훨씬 철저한 것이었다. 정치·경제·사회·종교 할 것 없이 삶의 모든 분야에 대해서 예수는 근본적으로 문제를 제기하고 그 모두를 뒤집어 엎는 것이었다. 일반적으로 옳고 바른 일로 통하던 생각을 무자비한 일로, 따라서 하느님의 뜻에 어긋나는 것으로 지탄하는 것이었다.

이에 관한 예화를 우리는 포도밭 일꾼들의 비유(마태 20,1-15)와 되찾은 아들의 비유(루카 15,11-32)에서 볼 수 있다. "하루 종일 노고와 무더위를 견딘" 일꾼들이 단 한 시간 일을 한 다른 일꾼들도 똑같은 품삯을 받게 되는 것을 보고는 투덜거린다. 그것은 그런데 매우 불공정한 일로, 사실상 매우 부도덕한 일로까지 보일지 모르나 그런 것이 아니다. 한 '데나리온'은 일당 노임으로 적정한 금액이었고, 또 그들이 그렇게 받고 일을 하기로 약조했던 것이다. 고용주는 하느님처럼, 일거리를 얻지 못한 채 장터에서 얼쩡거리던 많은 사람을 보고 연민의 정이 움직였다. 진정으로 그들과 그들의 가족을 염려하는 마음이 우러나서[6] 그들을 고용하여 그날의 나머지 시간 동안 일을 시킨 것이고, 그들이 한 일에 따라서가 아니라 그들과 그들 가족의 필요에 따라서 품삯을 치러 준 것이다. 종일 일을 한 사람들은 농장 주인의 자비심에 공감하지 못하고 그래서 불평을 한다. 그들의 '정의'는 젤로데나 바리사이의 '정의'[7]처럼 무자비하다. 그들은 남들의 행운을 시샘하며, 요나처럼 하느님의 자비와 관대하심을 못마땅히 여긴다.

이와 비슷하게 되찾은 아들의 비유에서도, "여러 해 동안 종처럼 아버지를 섬기며 아버지의 명을 한 번도 어긴 적"(루카 15,29) 없이 충실히 일해 온

---

[6] Jeremias ③ 139.
[7] 예루살렘 탈무드(325년경)에도 매우 비슷한 비유가 있다. 그러나 이 랍비들의 비유에서는 단 두 시간 일한 일꾼이 종일 일한 다른 일꾼보다 더 많은 일을 했다는 말이 들어 있음으로써 '정의'가 보장되어 있다는 점이 색다르다. 참조: Jeremias ③ 138-9.

큰아들은 아버지가 동생을 위하여 잔치를 벌인다는 말에 (젤로데나 바리사이처럼) 화를 낸다. 큰아들은 되찾은 아들에 대한 아버지의 애틋한 연민에 공감하지 못하고, 아버지가 경우 바르지 못하다고 느끼는 것이다.

굳이 정치와 종교라는 범주를 사용하자면, 그것도 오늘의 일반적 의미로 이 말들을 쓰자면, 예수는 젤로데를 너무 정치적이라고가 아니라 오히려 바리사이나 엣세네와 더불어 **너무 종교적**이라고 비판했다고 해야 하리라. 젤로데는 종교적 광신자들이었다. 바로 하느님의 법에 대한 열성 때문에 그들은 종교를(따라서 민족을) 배반하는 유다인들을 살해했고, 이교도 침입자들에 대항하여 무기를 들었다. 일찍이 이교도 여자와 잠자리를 같이 한 유다인을 죽인 종교적 열성으로 해서 칭송을 받았던 피느하스의 선례를(민수 25,6-13) 그들은 따르고자 했다.[8] 바리사이들이 가난한 사람들과 죄인들을 억누르는 것도, 엣세네들이 부정不淨한 유다인들을 미워하는 것도 종교심에서 나오는 것이었다.

세리와 바리사이의 예화(루카 18,9-14)가 사람들에게 얼마나 큰 충격을 줄 수밖에 없었던가로 말하면 우리로서는 상상하기도 힘든 일이다. 바리사이는 모범적 종교인으로 묘사된다. 율법이 요구하는 것 이상으로 매주 두 차례씩 단식을 실천하기까지 하는 사람이다. 암시적으로나마 위선자라는 말은 전혀 없다. 그는 자신의 덕행을 팔아 명예를 사는 것이 아니라 하느님께 감사를 드리는 것이다. 세리는 반면에 그저 하느님의 자비를 간구할 뿐이다. 자기의 길을 고치고 자기가 도적질한 돈을 모두 보상하겠다는 엄두조차도 못 낸다.

두 사람에 대한 예수의 판단은 부당하기 짝이 없는 소리로 들렸을 것에 틀림없다. 죄인이 하느님을 기쁘게 해 드리는 사람이고 의인은 그렇지 못

---

[8] 참조: Brandon ② 43-4.

하다는 것이다. 왜? 죄인은 자신을 높이지 않는데 의인은 자신을 높이기 때문이라는 것이다. 바리사이는 세리 따위의 인간들보다는 자기가 우월하다고 생각하고 있었다.

> 제가 다른 사람들, 강도짓을 하는 자나 불의를 저지르는 자나 간음을 하는 자와 같지 않고 저 세리와도 같지 않으니 … (루카 18,11).

여기서 문제가 되는 것은 자존심이라기보다 인간들에 대한 하느님의 사랑(자비심)에 참여하지 못하는 그 점이다. 자비심 없이는 온갖 종교적 행업과 믿음이 죄다 헛되다(1코린 13,1-3). 자비심 없이는 모든 정치가 압제가 된다 — 비록 혁명의 정치라도.

당시 사회에서 압제와 차별과 고통의 원인이 되던 것들 가운데 하나는 종교였다 — 바리사이·사두가이·엣세네·젤로데의 사랑 없는 종교였다. 종교적 열성만큼 완고하기 쉬운 것도 없다. 독실한 종교인은 자신의 신심과 선업에 의하여 하느님이 자기편에 계시다고 느낀다. 자기에게는 하느님의 자비와 용서가 아쉽지 않다고. 그런 것은 다른 사람들에게나 필요하다고. 죄인은 반면에 자기에게 자비와 용서가 필요하다는 것과(루카 18,13) 자기 삶을 고칠 필요가 있다는 것을 절감한다. 무릇 크게 빚진 자임을 의식하는 사람은 용서가 베풀어지면 더없이 감지덕지하게 마련이다(루카 7,41-43.47). 온전한 해방의 나라가 도래함에 장애가 되는 사람은 죄인이나 이교도 로마인이라기보다 오히려 독실한 종교인이라는 것을 예수는 진작부터 간파하고 있었다.

특히 세례자 요한의 예언에 대한 사람들의 반응에서 예수는 이 점을 확실히 보았다. 종교인들은 이스라엘에 파멸이 박두했다는 사실을 인정할 마음이 없었다(마태 21,25-26.32). 어째서 하느님이 이방인과 죄인들을 놓아 두고 하필 자기들을 벌하려 하시랴 싶었다. 죄인들은 반면에 파국이 임박했음을 의심할 여지가 없었으므로 요한에게 세례를 받으러 몰려갔다. 결국 그들은 스스로 죄인임을 의식하고 있었다.

예수가 볼 때 사랑 없는 종교인들은 하느님께 긍정肯定의 응답과 복종의 약속은 했으면서도(마태 21,28-31) 자비와 우애의 나라가 제시되는 절실한 순간에 와서는 그 잔치에 참여하기를 [마치 비유 이야기의 큰아들처럼(루카 15,28)] 거부하고 [혼인 잔치에 초대받은 사람들처럼(루카 14,16-24병)] 갖은 핑계들을 대는 것이었다. 창녀와 그 밖의 죄인들은 반면에 본디는 하느님께 부정否定의 응답을 했으나 예수가 하느님의 자비와 용서를 제시하는 결정적 순간에는 그 나라를 받아들이고자 했다.

복음서에서 무엇보다 놀라운 일로 유난히 뚜렷하게 드러나는 점인즉, 예수는 종교인들(젤로데·바리사이·엣세네·사두가이)이 제외될, 아니 오히려 그들 스스로가 어울려 들어가기를 마다할 그런 종교적 나라를 설교했다는 사실이다. 마태오에 따르면 예수는 그들을 맞대어 놓고 분명히 말한다.

> 내가 진실로 너희에게 말한다. 세리와 창녀들이 **너희보다 먼저**[9] 하느님의 나라에 들어간다(마태 21,31).

> 하느님 나라의 상속자들은 바깥 어둠 속으로 쫓겨나, 거기에서 울며 이를 갈 것이다(마태 8,12병).

그들은 쫓겨나고 오히려 하느님의 '원수'인 죄인과 이방인들이 앞을 다투어 몰려들 것이라는 것이다. 이런 일이란 그들에게는 실로 천부당만부당

---

[9] Jeremias ③ 125(48)에 따르면 '프로아구신' προάγουσιν이라는 말은 배타적("여러분이 아니고"라는) 의미가 있고, 시간적("여러분보다 먼저"라는) 의미는 없다.

한, 마치 '폭력'과 같은 것으로 생각되었으리라. 다음에 인용하는 예수의 역설적 선언도 본디 같은 의미로 한 말이리라.

> 율법과 예언자들의 시대는 요한까지다. 그 뒤로는 하느님 나라의 복음이 전해지고 있는데, 모두 이 나라에 들어가려고 힘을 쓴다(루카 16,16).[10]

> 세례자 요한 때부터 지금까지 하늘나라는 폭행을 당하고 있다. 폭력을 쓰는 자들이 하늘나라를 빼앗으려고 한다. 모든 예언서와 율법은 요한에 이르기까지 예언하였다(마태 11,12-13).

여기서 '힘' 또는 '폭력'이란 유혈과 무력 사용을 뜻하는 것이 아니다. 정상적인(율법과 예언서라는) 경로를 이용하지 않는다는 뜻이다. 의로운 시민(바리사이)들이 보기에는 불의하게도 사람들의 무리(누구나)가 도성 안으로 마구 몰려들고 있다는 것이 여기서 사용되는 표상이다.

예수가 하느님 이름으로 죄인들과 어울려 사귀면서 그들은 하느님의 인정을 받는 반면에 의인들은 그렇지 못하다고 확신했다는 것은 일찍이 하느님과 종교와 덕행과 정의가 뜻해 온 바를 모조리 때려 부수는 '폭행'이었다. 더구나 이때 예수의 관심사는 종교적 부흥이 아니라 혁명이었다 — 종교·정치를 막론한 모든 분야에서의 혁명이었다.

당시 사람들에게 예수는 정치와 혁명의 뚜렷한 방향을 잡아 주는 탁월한 종교인으로 보이기는커녕, 오히려 종교를 빙자하여 종교·정치·경제·사회의 기본 가치들을 모조리 뒤집어엎는 불경 무쌍한 반종교인으로

---

[10] Derrett ② 187-91. 참조: Jeremias ⑧ 111-2.

보였으리라. 예수는 위험 인물이었다. 미묘하게 위험한 요소를 안고 있는 혁명가였다.

그러면 로마인들은 이 모든 것을 어떻게 보았던가? 이 특수한 식민지의 '원주민들' 가운데서 나타난 막연한 견해 차이라고 생각했을까? 도대체 이 문제가 그들에게도 사실상 어떤 관심사가 되기나 했을까? 예수도 어느 유다인 못지않게 로마의 압제를 반대했다. 다만 그 이유가 달랐다. 백성 위에 "군림하고" 권력으로 "세도를 부리는"(마르 10,42) 그들의 방식을 인정하지 않았다. 그리고 이 이스라엘이 로마인들에게 하느님 나라의 가치와 이상의 산 모범이 될 수 있도록 이스라엘을 회개시킴으로써 이 사정을 변화시키는 것이 당면 과제라고 보았다. 로마인들에게 즉시 또 직접 하느님 나라를 제시하더라도 그 나라를 위하여 필요 불가결한 자비심과 믿음을 그들에게 일깨워 주기에 성공하리라고 생각지는 않았던 것이다.

그러나 또 때로는 로마와 협력하는 사두가이파 유다인 지도자들인 제관장이나 원로들과도 대결할 필요가 있음을 느끼고 있었다. 지금까지는 특히 율법 학자와 바리사이라는 **종교인**들을 비판해 온 예수가 이제는 예루살렘의 유다인 권력자라는 **실무인**들과 맞서지 않을 수 없게 된다. 그리고 그 이유는 그들이 로마와 협력하기 때문이 아니라 가난한 사람들을 착취하기 때문이다. 이제 우리는 이 대결의 이야기를 살펴보아야겠다 — 이 대결의 결과로 예수는 난폭한 죽임을 당하기에 이르렀다.

성전에서 일어난 일

예수의 생애에는 결정적인, 그러면서도 어느 정도 가려진 **전환점**이 있었음을 모든 증언에서 알아차릴 수 있다. 복음서와 그 배후의 모든 전승이 역사적 인과관계에는 별로 관심이 없으면서도 서술 과정의 어느 지점에서 어떤 사태 변화를 전제하고 있는 것이다. 이 변화에 대한 이들의 관심은 역사적이라기보다 신학적이다. 제각기 그 나름으로 다음과 같은 점을 이해시키려고 하는 것이다. 곧, 유다교 지도자들 편에서는 예수를 반대하는 태도가 절정에 이르렀다는 것이요, 이와 동시에 일반 사람들 가운데서는 많은 이가 메시아에 대한 기대를 결정적으로 예수에게다가 집약시켜서 바라보게 되었다는 것이며, 그런가 하면 예수 자신은 이 시점에서 제자들과 함께 외딴 곳으로 물러나 그들을 가르치는 일에 더 애를 쓰게 되었고, 예루살렘으로 죽으러 갈 채비를 하고 있었다는 것이다.[1]

역사적 관점에서 문제는 예수가 어떻게 해서 갑자기 그처럼 유명해졌던가, 아니 실은 악명이 높아졌던가를 설명해 줄 연결 부분이 없다는 점이다. 예수의 활동과 가르침이 그 자체만으로도 넉넉히 폭발할 위험을 안고 있는 것이었다고는 하지만, 그러나 어떻게 해서 그와 그의 의도가 그처럼 전국적 관심사가 되었기에 당국자들은 그를 체포하려 하고 사람들은 그를 메시아 왕으로 삼으려 할 만큼에까지 이르게 되었던가? 무슨 이유로 그는 물러나 도망자가 되어야 했으며, 무엇 때문에 자기와 자기를 따르는 사람들이 난폭한 죽임을 당하게 되리라는 것을 그처럼 확신하게 되었던가?

이에 대한 해답은 신약성경 연구사상 드물게 혁혁한 공로를 세운 발견에 의해서 마련되었다. 성전 사건은 예수의 생애 마지막 주간週間이 아니라 그 이전에 예루살렘에 갔던 동안에 일어난 일임을 트로크메가 (먼저 논문으로, 다음에 책으로²) 논증한 것이다. 갈릴래아에서 일어난 일은 모조리 앞에다가 두고 예루살렘에서 생긴 사건은 무엇이나 뒤에다가 배치한

---

¹ 마르코는 먼저 율법 학자와 바리사이와 헤로데 파들이 예수를 대적한 이야기들을 모아 놓고(2,6.16.24; 3,2.6.22; 7,1-2; 8,11.15), 그러고는 예수가 군중과 갈릴래아의 마을에서 물러난 일을 지적한 다음(7,24.31; 8,22.27), 예수를 메시아라고 선언하는 이른바 베드로의 '고백' (8,27-30)으로 복음서의 첫 부분을 절정에 이르게 한다. 그리고 곧이어 예수가 임박한 죽음에 대하여 제자들에게 가르쳤다는 것과(8,31-32; 9,30-32; 10,33-34) 예루살렘 상경을 시작했다는 것을(10,1.32.46) 말한다.

마태오는 마르코를 따른다. 다만, 마태오는 적대 행위를 바리사이와 헤로데 파보다 바리사이와 사두가이의 그것으로 본다(16,1.6.11.12). 그러면서도 한편 예수가 물러난 이유를 세례자 요한에 대한 헤로데의 박해 때문이라고 주장한다(14,13).

루카도 마르코를 따르는데, 그러나 루카가 말하는 적대자란 주로 율법 학자와 바리사이뿐인 것으로 되어 있다(예컨대 5,17.21.30; 6,2). 그런가 하면 루카에서는 헤로데가 예수를 죽이고 싶어 한다고 경고하고 그러니 물러나 피신하라고 충고하는 사람들은 바로 바리사이들이다(13,31). 그런데 또 루카에 따르면 예수는 자기가 예루살렘에서 죽어야 한다는 것을 알고 있었으므로 헤로데의 위협에는 아랑곳하지 않고(13,32-33) 예루살렘을 향하여 긴 여행을 하게 된다(9,51; 10,38; 13,22; 17,11; 18,35; 19,1.11.28).

요한은 마르코에 의존하지 않는다. 예수의 적대자란 그저 유다인들(예컨대 2,18; 5,10.16.18; 6,41.52) 또는 바리사이들(예컨대 7,32; 8,13; 9,14.15.40)이다. 요한에서 전환점이 되고 예수가 물러난 이유가 되어 있는 것은 예수를 죽이기로 한 산헤드린의 결정이다(11,45-54).

² Etienne Trocmé, "L'Expulsion des Marchands du Temple": *New Testament Studies* 15(1968~9) 1-22; *Jesus and His Contemporaries* 110-5.

마르코의 서술 체계는 비단 루카와 마태오만이 아니라 그 후의 모든 복음서 연구자를 오도誤導해 왔다. 독자적 체계로 서술한 요한은 유다와 예루살렘에 관심을 집중시키는데, 성전 사건을 예수의 전도 활동 시작과 상당히 가까운 곳에다가 배치했다(요한 2,13-22). 마르코보다도 더 연대사에는 무관심한 편인 요한이지만, 그런 요한이 이 사건을 이런 식으로 배치했다는 사실이 이 사건을 반드시 예수의 마지막 예루살렘 방문과 연결시킬 필요는 없다는 것을 말해 준다. 곧, 본디부터 그것이 '수난 사화'受難史話의 일부였던 것은 아니라는 말이다.

언제나 인정되어 왔거니와, 예수는 갈릴래아와 예루살렘을 거듭 오르내렸고 갈릴래아만이 아니라 예루살렘과 유다에도 제자들이 있었다.[3] 트로크메의 공헌으로 입증된 바에 따르면 성전 사건은 초기의 예루살렘 방문 동안에 일어난 일이며, 이 사건이 공관복음서의 중간에 빠진 데를 메우는 연결 부분을 마련해 준다. 이 사건으로 예수는 공인公人으로서 온 나라에 두루 알려지고 화젯거리가 되었다.

성전에서 무슨 일이 일어났던가?

이른바 성전 '정화'淨化는 일부 저자들이 주장했듯이[4] 예루살렘을 정복하는 첫 단계로서의 성전 습격coup이었던 것은 아니다. 또는 성전의 제사 의식과 관련되어 있었던 것도, 세말에 메시아가 성전 경신례를 정화하리라는 유다인들의 막연한 기대와 연결되어 있었던 것도 아니다.[5] 예수의 거사 장소는 제사 드리는 성소가 아닌 널따란 '이방인들의 뜰'이며, 예수가 행동을 취한 이유는 장사꾼과 환전상換錢商들 때문이었다. 지금까지 보아 온 바로도 능히 짐작할 수 있다시피, 요컨대 예수의 관심사는 권력 쟁취나 예식

---

[3] 요한복음서 외에 다음 구절들도 참조: 마르 10,47; 11,1-6; 14,3.13-15; 15,43.

[4] Carmichael 111-3; Brandon ② 331-6, 350-1.

[5] 참조: Gaston 85.

정화가 아니었다. 표적이 된 것은 **돈과 돈벌이의 악용**이었다. 제물로 쓸 짐승들을 성전의 넓은 뜰에서 고함을 질러 가며 팔던 사실이 있었음은 복음서 밖에도 수많은 증언이 있다.[6] 또 정성껏 제사를 바칠 생각으로 깨끗한 짐승을 구하는 사람들의 심리를 이용하여 값을 (때로는 터무니없이 높이) 올림으로써 폭리를 취했다는 증거도 있다.[7] 환전상들도 물론 재미를 톡톡히 보고 있었다. 유다인이라면 누구나 소득의 한 몫을 예루살렘에서 쓰게 마련이었는데,[8] 대부분의 유다인 순례자들이 외국 통화를 가지고 예루살렘으로 왔기 때문이다.

이것이 예수가 성전에서 본 것이었다. 이것이 예수의 분노에 불을 지른 것이었다. 예수는 웅장한 성전 건물과 주랑들을 보고 감명을 받지도 않았고(마르 13,1-2병), 고상하고 세련된 성전 예식도 대수롭게 바라보지 않았다.[9] 예수의 눈길을 끈 것은 오히려 마지막 한 푼마저 내어 놓는 과부였으며(마르 12,41-44병), 사람들의 경건한 마음을 이용한 경제적 착취였다. 이런 곳에서 장사꾼들과 환전상들이 하느님 대신 '맘몬'을 떠들썩하게 섬기고 있었던 것이다 — 하느님의 집을 관리하는 제관장들의 묵인을 또는 어쩌면 조장을 받으면서.

예수는 어떤 조처를 취하기로 작심했다. 가난하고 억눌린 사람들에 대한 연민의 정이 다시 한번, 이번에는 분노의 형태로 넘쳐흘렀던 것이다.

마르코에 따르면 이런 일들을 예수가 본 것은 어느 날 하오였는데, 그날은 이미 너무 저물어서 어쩔 수 없었고(마르 11,11), 그래서 이튿날 다시 왔다. 짐작건대 도와줄 지원자들을 모아서 왔을 것이다. 장사꾼들과 환전상들은 틀림없이 쫓겨나지 않으려고 애를 썼을 것인데, 예수가 혼자서 쫓아

---

[6] Jeremias ⑦ 48-9. [7] Jeremias ⑦ 33-4.
[8] Jeremias ⑦ 134. [9] Gaston 102.

낼 수 있었을 리 없는 것이다. 이것은 예수의 행동이 즉흥적으로 취해진 것이 아니었음을 말해 준다. 순간적 충동에서 나온, 그래서 나중에는 후회하게 되는 그런 종류의 행동이 아니었던 것이다.

예수와 그의 지원자들은 장사꾼과 환전상들을 상품이며 돈이며와 함께 모조리 성전 뜰 밖으로 강제로 몰아내었다. 요한에 따르면 예수는 채찍을 휘둘렀다(요한 2,15). 예수의 추종자들도 채찍을 가지고 있었을까? 아니면 그들은 칼을? 우리는 모른다.

예수는 또 성전 뜰로 들어가는 문에다가 파수꾼도 세웠음에 틀림없다 — 장사꾼들이 되돌아오지 못하게 할뿐더러, 성전 뜰을 가로질러 물건을 나르지 말라고 명한 바의 실효를 거두기 위해서(마르 11,16). 짐작건대 성전 뜰은 예루살렘의 한쪽에서 다른 쪽으로 상품들을 나르는 지름길로 이용되었던 모양이다.

이리하여 곧장 큰 소동이 일어났을 것은 물론이다. 그런데 여기서 자주 의문이 제기되어 왔다. 없는 데가 없다시피 곳곳에서 출몰하던 성전 경비대나 성 안에서 성전 뜰을 감시하던 로마인 수비대가 어째서 이 일을 보고도 끼어들지 않았을까? 섣불리 무장 군인들이 간섭하려 들었다가는 자칫 폭동의 불티가 될까 봐 두려워한 것일까? 아니면 **사실은** 개입을 했던 것일까? 일부 저자들은 예수와 그의 제자들이 성전 경비대와, 또 아마 로마인 수비대와도 교전을 했을 것이며 얼마 동안은 예수가 그들을 성전에 들어오지 못하도록 대항해 내면서 성전에 대한 통제권을 장악하고 있었으리라는 기발한 착상을 한 예도 있다.[10] 이것은 그러나 역사적으로 불가능하다. 그때까지의 예수의 언행과도 그 후의 사건들과도 부합하지 않을뿐더러, 또 만일 그런 일이 있었더라면 유다인 사학자 요세푸스가 그처럼 정치적

---

[10] 179쪽의 각주 4를 보라.

으로나 군사적으로나 주목할 만한 중대 사건을 연대기에다가 기록하지 않았을 리 만무하기 때문이다.

나의 생각으로는 성전 경비대가 아마 실지로 개입했으리라고 본다. 그리고 다만 제관장들과 율법 학자들이 와서 조정 역할을 하면서 문제를 평화적으로 해결할 수 있게 되기까지 명령권을 보존할 목적으로만 개입했을 것이다. 바꾸어 말해서 예수가 경비대에게 반항한 것도 아니요, 또 그들이 예수에게 장사꾼과 환전상들더러 되돌아와도 좋다고 허용하라고 요구한 것도 아닐 것이다. 예수가 그들을 몰아낼 권한이 있느냐 하는 문제는 성전 관리들과의 사이에서 타결되어야 할 문제였다. 바로 이 때문에 공관복음서에서는 예수의 권위에 관한 구절이, 요한복음서에서는 표징의 요구에 관한 구절이 나오는 것이다.

> 당신은 무슨 권한으로 이런 일을 하는 것이오? 또 누가 당신에게 이런 일을 할 수 있는 권한을 주었소?(마르 11,28병)

> 당신이 이런 일을 해도 된다는 무슨 표징을 보여 줄 수 있소?(요한 2,18)

이 질문에 대한 예수의 대답에 모든 것이 달려 있었다. 예수는 당시의 체제 내에서 어떤 공식적 권한이 있었던 것이 아니며, 예언자들처럼 직접 하느님의 권위에 호소하지도 않았다. 제관장과 율법 학자와 원로들이 요한의 세례 문제에 대하여 그랬듯이, 예수도 자기 권위 문제에는 아예 관계하고 싶지 않았다. 예수 행동의 잘잘못은 어떤 권위에 호소해서 해결될 문제가 아니었다. 미래의 사건(새로운 성전인 하느님 나라 또는 사람의 아들의 도래)이 예수가 옳았음을 입증해 주리라는 것이었다.

예수가 예루살렘과 성전의 파괴로서 다가올 파국을 말하고 또 새로운 성전으로서 그 나라를 말한 것이 이 기회에서였거나 다른 기회에 예루살렘에 갔던 때였거나 간에 예수가 성전에서 설교하던 동안이었던 것만은 의심할 나위도 없다. 바꿔 말해서 예루살렘에서도 예수의 설교는 상례적 모형에 따라, 회개(메타노이아)하라는 절박한 호소, 회개하지 않으면 파멸의 결과가 오리라는 경고, 그리고 회개가 이루어지기만 한다면 곧장 성전, 곧 새 사회가 이루어지리라는 약속, 이렇게 되어 있었다. 그러나 사람들은 예수가 옛 예언자들처럼 성전과 도성과 민족을 거슬러 예언을 하면서 앞으로 곧장 새 성전을 짓겠다는 우스꽝스런 약속을 하고 있는 줄로 생각했다.

당국자들에게 두려운 마음이 자라나게 한 것은 물론 예수가 사람들에게 영향력이 있어 보인다는 점이었다. 성전 장사꾼들 속에서 그런 소란을 피우지만 않았던들 소문 한번 들어 보지도 못했을 그 뻔뻔스런 갈릴래아 시골내기를 뜻밖에도 많은 사람이 믿고 있는 모양이 아닌가. 갑자기 예수는 국가적으로 중요한 인물이 되었다. 더는 무시해 버릴 수 없는 사람이 되었다. 백성의 지도자들은 예수에 대하여 어떤 결정을 내려야 할 판이었다.

예수의 처형에 이르기까지의 여러 사건 이야기는 짜장 매우 복잡하게 얽혀서 전해 오고 있다. 그러나 얻을 수 있는 확실한 증거에 의존하자면 성전 사건과 예수 체포 사이의 언젠가 적어도 일부 예루살렘 당국자가 예수를 죽이려는 모의와 결정을 했다는 것만은 분명하다고 말할 수 있다.

요한복음서에 그 유명한 모의 장면이 있다(요한 11,47-52). 대제관 카야파가 제관장들과 바리사이들의 모임에서 "온 민족이 멸망하는 것보다 한 사람이 백성을 위하여 죽는 것이 여러분에게 더 낫다"(요한 11,50)고 주장하는 대목이다. 이 장면에 나오는 세부 사항들이 그 모임에서 일어난 일을 역사적으로 정확히 묘사하는 것은 아니리라. 또 그럴 의도도 없었으리라. 그러나 어떤 모의가 있었다는 것만은 다른 세 복음서에도 제각기 그것에 관한 이야기가 있다는 사실과(마르 14,1-2; 마태 26,3-5; 루카 22,2) 또 어떤 단계에 가서는 예수가 도망자가 되어 있었다는 사실이 입증한다.

예수는 그들이 자기를 체포하려 한다는 것을 알고 있었음에 틀림없다. 성전 사건 후에 얼마 되지 않아 예수는 물러나 은신했다(요한 8,59; 10,39; 12,36). 더는 공공연히 나다닐 수 없었고(요한 11,54) 예루살렘과 유다를 떠날 수밖에 없었다(요한 7,1).

갈릴래아에서도 안전하지는 못했다. 이번에는 헤로데가 그의 피를 찾고 있었다(루카 13,31; 마르 6,14-16병). 예수는 이제 갈릴래아 마을에서도 마음대로 다닐 수 없었다(마르 9,30). 그래서 제자들과 함께 갈릴래아 바깥을 이리 저리 돌아다녔다 — 호수 건너편, 티로와 시돈 지역, 데카폴리스, 그리고 카이사리아 필리피 지방 등(마르 7,24.31; 8,22.27). 한때는 요르단 강 건너편으로 되돌아온 일도 있었다(마르 10,1; 마태 19,1; 요한 10,40). 여기서 나오는 지리적 이야기들이 모두 정확한 것은 아닐지 모르나, 예수가 망명자 또는 추방자로서 타국 땅을 떠돌았던 것만은 분명하다.

마지막으로 예루살렘에 돌아왔을 때, 예수는 비밀리에 일들을 처리해야 했다. 제자들에게 일러서 물통을 나르는 사람을 만나 집으로 따라가면 집주인이 방을 하나 보여 줄 것이니 거기다가 '파스카' 잔치 준비를 하라고 했다(마르 14,12-16병). 예루살렘에 있는 동안 밤이면 성 밖의 베타니아나(마르 11,11; 14,3) 에프라임이나(요한 11,54) 겟세마니에서(마르 14,32병) 지냈다. 낮에는 성전 뜰의 군중 속에서 안전을 찾았다(루카 21,37-38). 축제에 모여든 군중 속에서도 감히 자기를 체포하지는 못하리라는 것을 알았기 때문이다.

> 백성이 소동을 일으킬지 모르니 축제 기간에는 안 된다(마르 14,2병; 루카 20,19).

성전 사건으로 말미암아 예수와 그의 제자들은 어쩔 수 없이 생활 방식을 전혀 달리해야 했다. 이 점을 가장 잘 보여 주는 것의 하나가 칼을 지니는 일에 대한 태도의 변화다.

> 예수님께서 사도들에게 "내가 너희를 돈주머니도 여행 보따리도 신발도 없이 보냈을 때, 너희에게 부족한 것이 있었느냐?" 하고 물으셨다. 그들이 "아무것도 없었습니다" 하고 대답하자, 예수님께서 그들에게 이르셨다. "그러나 이제는 돈주머니가 있는 사람은 그것을 챙기고 여행 보따리도 그렇게 하여라. 그리고 칼이 없는 이는 겉옷을 팔아서 칼을 사라"(루카 22,35-36).

본디는 사람들의 친절과 호의에 의탁할 수 있던 그들이었다. 그러나 바야흐로 그들은 끊임없는 위험에 처하게 되었고 누구를 믿을 수 있을지조차 알기 어려운 노릇이었다. 그들은 수배당한 사람들이었다. 어느 순간 발각·체포될지 모르는 것이었다. 그러니 칼을 지녀 방어 태세를 갖출 수밖에 없었으리라.[11]

  예수와 그의 제자들이 얼마 동안이나 '쫓겨 다니고' 있었는지 우리는 모른다. 우리가 아는 것은 예수가 그 시간을 이용하여 제자들에게 하느님 나라의 신비를 더욱 철저히 가르쳤다는 것이다(마르 4,11병; 9,31). 이 가르침 속에는 **능히** 다가오는 나라의 구조를 위한 설계도 포함되었으리라: 왕 노릇은 하느님이 하신다. 예수는 하느님 아래에서 어떤 영도자 역할을 한다. 예수의 추종자 열두 사람은 본디 열두 지파에 해당하는 이스라엘 민족 공동체의 각 부분을 하나씩 맡는다.

---

[11] 참조: Cullmann 31-4.

나를 따른 너희도 열두 옥좌에 앉아 이스라엘의 열두 지파를 심판
할 것이다(마태 19,28 = 루카 22,30).

마태오는 이 말이 최후 심판을 가리키는 것이라고 이해하고 있으나, 루카는 다르다. 성경에서 심판한다 함은 통치한다는 것을 뜻한다. 따라서 여기서 말하는 것은 열두 사람이 그 나라에서 통치자들이 될 것이며 예수와 더불어 '바실레이아'(하느님의 통치권)에 참여하리라는 뜻으로 나타난다(루카 22,29-30).

바로 이런 맥락 속에서 아마도 열두 사람은 누가 제일 큰 사람이며 또 누가 그의 오른편 또는 왼편에 앉게 될 것이냐를 따지기 시작했으리라(마르 9,33-37병; 10,35-40병). 우리는 예수의 대답을 알고 있다. 그 나라에서는 어떤 종류의 권력이든 다른 사람들에게 봉사하는 데 사용되어야 하며(마르 9,35; 10,41-45), 누구든지 신분이나 지위로는 어린아이처럼 보잘것없는 자로 자처해야 한다는 것이다(마태 18,1-4).

이런 '가르침들'이 '열두 사람'에게 주어진 일들을 마르코는 예수가 갈릴래아 밖에서 돌아다니거나 갈릴래아 안에서 숨어 있을 동안에다가 배치해 놓았다(마르 7,24.31; 8,27; 9,30.31.33-34.35; 10,35-45). 그러나 그렇다고 해서 그 나라의 구조에 관한 이런 설계가 반드시 예수가 도망자일 때 이루어진 것이라고 단언할 수 있다는 것은 물론 아니다. 다만, 바로 이 시기야말로 예수가 스스로 권력을 장악하여 메시아 또는 유다인의 왕으로 선포되기를 수락하라는 유혹을 받던 시기였던 것만은 확실하다.

폭력의 유혹

팔레스티나의 유다인들은 메시아를 대망하며 기도하고 있었다. 어떤 인물을 기대했는가는 회당에서 암송하던 기도문에서 발견되는데, 「솔로몬의 시편」과 「십팔 축도」十八祝禱가 그것이다. 그들은 메시아가 다윗의 후손이며 하느님이 몸소 기름 부어 세우신 왕이시요 강력한 통치자로서, "불의한 통치자들을 쳐부수실 것이요", "쇠 막대기를 가지고 … 그들을 박살 내실 것이며", "당신 입에서 나오는 말씀으로 무도한 민족들을 멸하시리라"[1]고 기도했다. 또한 쇠 막대기를 휘둘러 사람에게마다 "주님을 두려워하는 마음"이 들게 할 것이며, 모든 이에게 "올바른 행업"[2]을 지시하시리라고 기도했다.

여기서 우리가 이 메시아 개념의 오랜 역사나 일부 소수파 비밀 교단의 특수한 기대들을 파고들어 갈 필요는 없으리라. 팔레스티나의 유다인들이

---

[1] 솔로몬 시편 17.   [2] 솔로몬 시편 18.

일반적으로 대망하던 것은 정권과 무력을 장악하여 이스라엘 왕국을 부흥시킬 한 인간인 왕이었다.[3]

이 점을 염두에 두고 예수가 설교한 나라의 성격을 상기할 때, 예수가 어떤 경우 어떤 환경에서나 직접으로든 간접으로든 메시아로 자처한 일이 없었다는 것은 짜장 당연한 일이라 할 수 있다. 이 점은 오늘날 진지한 신약성서학자라면 보수적 경향이 있는 이들까지도 모두 인정하는 바다.

복음서에 예수가 메시아를 자처하는 듯한 대목도 간혹 있기는 하나,[4] 이는 예수를 메시아라고 확신하던 복음서 저자들의 말임에 틀림없다. 예수가 메시아를 자처했다고 단언하고 싶은 유혹에 복음서 저자들이 저항하고 있었다는 것, 그리고 예수가 사람들에게 자기를 메시아라고 선언하는 것은 금했다는 기억을 그들이 충실히 전하고 있다는 것, 이런 것들이야말로 복음서들의 역사적으로 정확한 면을 가장 확실히 말해 주는 것에 속한다.[5]

이리하여 이른바 '메시아 비밀'이라는 것이 생겨났다. 예수는 자기의 메시아 지위에 대하여 그저 쉬쉬하면서 언질을 주지 않으려고만 했을 뿐 아니라, 더 철저히 사탄의 유혹으로서 배격해야겠다고 생각했던 모양이다.

예수의 은신 시기에 본디는 이스라엘 왕권을 수락하라는 유혹이었다고 보아야 할 두 사건이 있었는데, 첫째는 수천 명의 군중에게서 받은 유혹이고 둘째는 베드로에게서 받은 유혹이다.

4천 내지 5천 명의 (여자와 어린이를 제외한) 남자들이 갈릴래아에서부터 벳사이다 근처의 한적하고 황량한 산기슭까지 예수와 그의 제자들을 보러 왔던 모양이다. 왜 그렇게들 몰려왔던가? 어째서 남자들만 모였던

---

[3] Hahn 136-8; Vermes ② 130-4.

[4] 마르 9,41; 14,62(다만, 마태 26,64; 루카 22,70 그리고 마르 15,7; 마태 27,11; 루카 23,3; 요한 18,37 참조); 마태 11,2; 요한 4,25-26(다만, 요한 7,26-27.31.40-44; 10,24-26.38 참조).

[5] 마르 1,24-25.34; 3,12; 8,30; 루카 4,41; 참조: 마르 1,44; 5,43; 7,36; 8,26; 9,9; 마태 9,30.

가? 누가 그 모임을 계획했던가? 어떻게 그처럼 많은 사람을 한꺼번에 모이게 할 수 있었던가?

이런 모임이 실제로 있었던 것은 의심할 여지도 없다. 모든 복음서와 모든 자료와 모든 전승이 이 사건을 기록한 것이다. 이들이 이 사건에 관심을 가지게 된 이유는 그러나 나중에 빵과 물고기의 기적이 중요성을 띠게 되었기 때문이다.

그 본래 목적과 의미를 알아낼 실마리는 우연한 몇 마디 말에 있다. 마르코는 예수가 이들 수천 군중을 보고 "목자 없는 양들"처럼 측은히 여겨 "많은 것을 가르쳐 주기 시작하셨다"고 말한다(마르 6,34). 짐작건대 하느님이 사람들을 위하여 어떤 나라를 원하시는지를 자상하게 가르쳤으리라. 음식을 어떻게 갈라 먹으라고 가르쳤던가는 이미 본 바다. 요한에 따르면 이 일은 사람들이 "이분이야말로 세상에 오시기로 된 예언자시다"라는 말을 하는 것으로 끝나는데, 여기서 요한은 또 이렇게 덧붙인다.

> 예수님께서는 그들이 와서 당신을 억지로 모셔다가 임금으로 삼으려 한다는 것을 아시고, 혼자서 다시 산으로 물러가셨다(요한 6,15).

마르코(또 따라서 마태오)에 따르면 예수는 제자들을 "재촉"해서 배를 타고 먼저 떠나게 하는 한편 "군중을 돌려보낸" 다음 자신은 기도하러 산으로 올라갔다(마르 6,45-46; 마태 14,22-23).

누가 이 모임을 계획했는지 우리는 모른다. 젤로데였다고 보기는 어렵다. 사실 이 무렵 젤로데의 활동은 사양길에 있었고 한동안 유력한 지휘자가 없는(목자 없는 양 떼와 같은) 처지에 있었다. 그러나 우선 젤로데의 지휘권은 옛 시대 마카베오의 그것처럼 세습적인 것이었다.[6] 또 이미 본 대로 젤로데는 예수의 태도와 믿음에 찬동할 리가 없는 사람들이었다.

당시에 로마 정권을 타도하고 유다인 왕조를 부흥시키기를 원하고 있던 유다인 민족주의자들은 비단 젤로데만이 아니었다.[7] 폭력 혁명으로 로마 제국에서 조국을 해방시키고자 하던 유다인들은 모두가 젤로데였다는 인상을 주는 저자들이 오늘날 너무나 많다. 물론 결국은 젤로데가 혁명을 지휘하게 되었고 다른 사람들은 모두 젤로데의 휘하에 가담하게 되었던 것이 사실이다. 그러나 유다인 민족주의자 사오천 명이 예수를 설득하여 지휘자로 삼으려고 광야로 몰려나왔을 적에는 아직 그런 일이 일어나기 전이었다. 예수는 갈릴래아 사람 예언자요 기적가로서 타고난 영도자 자격을 갖춘 사람인 셈이었다. 게다가 최근에는 예루살렘에서 공공연히 당국자들을 면박하고 성전을 '정화'하여 명성을 떨친 바도 있었다. 또 더러는 다윗의 후손이라는 소문도 나돌고 있었던 모양이다.

유다인 민족주의자들의 열망에, 해방을 바라는 그들의 기원과 목자를 바라는 그들의 요구에 예수가 공감하지 않은 바는 아니었다. 그러나 하느님의 길은 인간의 길이 아님을, 또 하느님 나라는 예사스런 인간 나라들과 다름을 알아듣게 하려고 애를 썼다. 그리고 언제나 그랬듯이 이 기회에도 역시 마음의 변화를, 각자의 회개와 새로운 나라에 대한 믿음을 호소했음에 틀림없다.

그러나 예수의 가르침이 놀랍고 음식을 나누어 먹이는 기적이 놀라운 그만큼 더욱 그들은 예수를 메시아라고, 하느님이 뽑으신 왕이라고 확신하게 될 따름이었다. 걷잡을 수 없는 사태에 이르기 전에 예수는 서둘러

---

[46] 젤로데 파의 창시자인 갈릴래아 사람 유다는 살해되고 그의 추종자들은 흩어졌다(사도 5,37). 그때 유다의 아들들은 운동을 재조직하고 통솔하기에는 너무 어렸던 모양이다. 그 가운데 두 사람, 야곱과 시몬이 46-48년경에 다시 등장하는데, 체포되어 십자가형을 받았다. 또 한 아들인 메나헨은 66년의 폭동을 지휘했다. 그리고 마지막으로는 엘레아자르라는 이름의 후손이 73년 마사다에서 젤로데 파의 지도자로 있었다. 참조: Brandon ② 52, 103, 131-3.

[7] Hengel ② 55, 61, 64-5; Filson, *A New Testament History* (London 1965) 27.

제자들을 배에다 태워 떠나도록 몰아붙였고 군중을 해산시켰다. 그러고는 혼자서 명상과 기도를 할 필요가 있음을 느꼈다.

두 번째 유혹은 베드로에게서 받은 유혹이다 — 카이사리아 필리피 부근 어디선가의 일이다.

일반적으로 사람들은 예수를 예언자로 보아 왔다 — 세례자 요한이나 엘리야나 예레미야나 또는 그 밖의 예언자 가운데 하나와 같다고(마르 8,28병). 그런데 느닷없이 베드로가 다른 제자들을 대표하여 나서서는 예수를 메시아로 보노라고 선언을 한다(마르 8,29병). 예수의 반응은 어느 누구에게라도 그런 말일랑은 하지 말라는 엄한 함구령이다(마르 8,30병). 그러고는 사람들에게 배척받으며 고난을 겪는 것이 자기 운명이 되리라는 것을 제자들에게 일러 주기 시작한다(마르 8,31병). 그러자 베드로가 예수를 옆으로 끌어내어 책망을 한다. 그러나 예수는 도리어 베드로를 꾸짖어 일갈을 한다(마르 8,32-33병).

> 사탄아, 내게서 물러가라. 너는 하느님의 일은 생각하지 않고 사람
> 의 일만 생각하는구나.

몹시 심한 다툼이었음에 틀림없다. 베드로는 예수가 권력을 쥐고 메시아로 나타나기에 마침 좋은 기회가 되었는데 하필 배척당하고 실패하리라는 말을 하다니 싫어서, 예수는 또 베드로가 보통 사람들처럼 권세 장악이나 생각하면서 유혹자인 사탄의 구실을 하고 나서다니 싫어서 화가 잔뜩 났던 것이다.

이것이 역사상 실제 사건이라는 것은 의심할 나위도 없다. 예수와 베드로 사이에 그처럼 격렬한 다툼이 있었다는 이야기를 창안해 낸다는 것은 마르코로서나 그 밖의 어떤 초대 그리스도인으로서도 감히 엄두조차 못

내었을 일이다. 예수가 메시아임을 믿고 있던 복음서 저자들이 그 사건에 관심을 기울인 첫째 이유는 예수를 메시아라고 한 베드로의 '고백'에 있다. 다툼은 장차 예수가 당할 배신과 고난에 관해서만 있었던 것으로 이해되고 있는 것이다. 본디는 '유혹'이었던 것이 초대 그리스도인들에게 와서 '신앙고백'이 된 것이다. 어떻게 그렇게 될 수 있었는가는 나중에 보기로 하자.

우리는 이 유혹이 예수에게 절실한 것이었다는 점을 과소평가해서는 안 된다. 이것은 또한 편집상의 이유로 사막에서 40일 동안 받은 다른 유혹들과 함께 배치되어 있는, 양식화된 사탄과의 대화 형태로도 전해져 있다(루카 4,5-8; 마태 4,8-10). 여기서 우리에게 말해 주고자 하는 것은 예수가 이 유혹과 **싸워야** 했다는 점이다. 그것은 권력을 붙들고 왕권을 수락하여 새로운 제국(세계의 모든 나라)을 지배했으면 하는 유혹이었다. 그것이 가난하고 억눌린 사람들을 해방하는 최선의 방법이 아닐까? 일단 실력으로 권력을 장악한 **다음에** 만인에 대한 봉사로서 권위를 행사하면 되지 않을까? 이런 식으로 우선 믿음을 일깨워서 세상을 변화시켜 놓고 보는 것이 좀 더 효과적인 것이 아닐까?

예수는 **원칙상** 평화주의자는 아니었다. 예수가 어떤 이유로나 어떤 상황에서나 결코 강권이나 폭력을 행사해서는 안 된다고 생각했다는 증거는 없다. 성전에서는 장사꾼들을 몰아내기 위하여 실력을 행사했다(유혈은 없었던 듯하다). 광야의 모임에서는 제자들을 닦달하여 그 자리를 떠나게 했다. 호신용으로 칼도 지니고 다니라고 했다. 이런 정황에서는 한 뺨을 때리거든 다른 뺨도 돌려 대어 주라고 하지 않았다. 다른 뺨도 돌려 대어 주라 하고 악에 저항하지 말라 하는 훈계들이 자주 그 문맥에서 벗어난 채로 인용되곤 하는데, 실상 그 문맥 속에서 보면 이들은 오히려 "눈은 눈으로, 이는 이로"라는 원칙에 대항하는 방법들이다(마태 5,38-39). 이들은 폭력 자체의 배격이 아니라 복수를 목적으로 삼는 폭력의 배격이다. 하느님 나라 자체가 강제로 실력 행사에 의해서 세워질 수 없는 것임은 물론이다. 그러나 신앙과 회개와 해방을 위하여 필요한 조건들이 때로는, 여건에 따라서는 실력과 폭력의 사용을 요청한다고 할 수 있는 경우도 있는 것이 아닐까?

단 한 가지, 예수가 당시의 상황에서는 자기 자신이(또는 어떤 다른 사람이) 권력을 쥐려고 실력을 행사한다는 것이 인간에게 해로운 일이며 따라서 하느님의 뜻에 반대되는 일이라고 판단했다는 것만은 확실히 단언할 수 있다. 마태오가 어디선가 발견하여 겟세마니에서 예수가 붙잡힐 때의 이야기에다가 끼워 넣은, "칼을 잡는 자는 모두 칼로 망한다"(마태 26,52)라는 말은 무슨 만고의 진리가 아니다. 또 마태오가 그런 의도로 갖다 넣은 것도 아니다. 경우에 따라서는 칼을 쓰고서 칼로 망하지 않을 수도 있으리라. 다만 예수와 그의 제자들이 숫자로만 보아도 아주 열세에 있던 예수 체포 당시의 여건에서는 칼을 뽑는다는 것이 뻔히 자살 행위가 될 수밖에 없었던 것이다.

예수는 실제적이며 현실적인 인간이었다. 대부분의 바리사이와 사두가이처럼 예수도 로마로부터 권력을 탈환하려는 것은 사실상 자살 행위임을 볼 줄 알았다. 기적적 승리를 바란다는 것은 하느님을 시험하는 짓이었다(루카 4,12병 참조). 로마와 일전을 불사한다는 것은 대량 학살을 감수하겠다는 것일 수밖에 없었다. 실로 이것이야말로 예수가 염려하여 마지않던, 또 모름지기 널리 마음의 변화가 전파됨으로써만 모면할 수 있다고 절감하고 있던, 그 파국이었던 것이다(루카 13,1-5).

그러나 이것이 예수가 **쿠데타**를 거부한 유일한 **실제적** 이유는 아니었다. 하느님 나라에 대한 충성을 실천에 옮기지도 않는 사람들에 대한 왕권을 수락하여 그런 사람들을 전장으로 이끌고 간다는 것은 사탄의 손안에 들어가는 셈이다(마태 4,8-10병). 그렇게 된다면 이 자체가 하느님 나라에 대해서는 아무런 충성도 없이 사람들로 하여금 다른 나라(비록 그것이 하느님을 거스르는 나라라고 하더라도)에 대항하여 폭력을 사용하도록 조장하는 그런 또 하나의 나라에 대한 왕권을 사탄으로부터 수락하는 셈이었다. 이런 식으로는 하느님 나라를 위하여 아무것도 성취될 수 없는 일이었다. 우선 이스라엘 자체가 회개하고 나서야 이런 성질의 일에 대하여 무슨 생각을 해 볼 여지라도 있을 것이었다. 만일 이스라엘이 회개하여 하느님 나라가 도래했더라면, 예수는 아마 메시아 왕이 되기로 마음먹었으리라. 그랬더라면 메시아란 영예와 위신과 권력의 존칭이 아니라 봉사의 한 형태가 되었을 것이며, 이방인들은 칼의 힘이 아니라 신앙과 연민의 정에 의하여 그 나라로 인도되어 들어오게 되었으리라.

예수는 **원칙상** 평화주의자가 아니라 **실천상** 평화주의자였다. 곧, 당시의 구체적 환경에서 평화주의자였다. 혹시 다른 환경에 처했더라면 예수가 어떻게 행동했을지 우리는 모른다. 다만 추측건대 가난하고 억눌린 사람들을 옹호할 다른 방도가 없었**더라면**, 그리고 폭력의 악순환이 일어날 위험이 없었**더라면**, 예수의 가없는 연민의 정이 한동안 치열한 의분으로 폭발하면서 넘쳐흐를 수도 있었으리라. 예수는 **과연** 제자들에게 자기 방어를 위하여 칼을 가지고 다니라고 했고, **과연** 어느 정도 폭력으로 성전의 뜰을 '**정화**'시켰다. 다만 그런 경우에도 폭력은 잠정적 수단으로서 더 심각한 폭력을 방지하는 것만을 유일한 목적으로 삼았으리라. 만인을 위한 완전한 해방의 나라는 폭력에 의하여 이룩될 수 없다. 오로지 믿음만이 그 나라를 이루어지게 할 수 있다.

고통과 죽음의 구실

유다인들은 오랜 박해와 고난의 역사를 이어받고 있었다. 의인이 의로움 때문에 고통받는 것은 당연한 이치로 알았고, 경건한 유다인이라면 누구나 율법을 거스르기보다는 차라리 죽기를 바랐다. 기원전 2세기 마카베오 시대에는 수많은 유다인 젊은이가 율법을 위하여 고통을 감내하고 순교자로서 죽었다. 기원전 63년 로마인들이 처음으로 성전을 덮쳤을 때, 제관들은 달아나 목숨을 건지기보다는 차라리 제사를 계속하다가 그 자리에서 죽었다.[1] 예수 당시에 젤로데들은 황제를 주님이라고 부르기보다는 차라리 아무리 심한 고문이라도 견디어 내고자 했고, 수천 명이 로마인들에 의하여 십자가형을 받았다.[2] 기원후 73년 마사다에서는 이방인 상전에게 굴복하기보다는 차라리 자살을 택하는 그들이었다.

---

[1] Josephus 『유다 고사』 14,67.
[2] 『고사』 7,416-9; 참조: Brandon ② 57, 1.

예언자들은 이스라엘을 비판했기 때문에 예루살렘의 유다인 지도자들에게 박해를 받았다. 예수 시대에 이를 무렵에는 예언자 모습이 특히 순교자 모습으로 도드라져 거의 모든 예언자의 고난과 순교에 관한 영웅담이 생겨나 있었다(마태 23,29-37병; 사도 7,52).[3]

그런 죽음은 죄(자기와 남의 죄)에 대한 보속이 되는 것으로 널리 간주되고 있었다. 초대 그리스도인들이 순교를 보속하는 죽음이라고 본 것은 그들이 창안해 낸 관념이 아니다. 그것은 유다인으로서 그들이 물려받은 유산에 속했다.[4]

그러면 예수는 고통과 죽음을 어떤 태도로 대했던가?

예수와 그의 제자들도 의인들처럼 박해를 예상해야 했으리라. 젤로데처럼 십자가를 지고 가서 못 박혀 죽을 채비가 되어 있어야 했으리라(마르 8,34병). 예언자들처럼 순교를 각오해야 했으리라. 그러나 더 중요한 것이 또 있었다. 예수는 새로운 가르침을 가지고 있었다. 고통과 죽음은 하느님 나라의 도래와 밀접한 관계가 있는 것이었다.

> 행복하여라, … 가난한 사람들!
> … 박해를 받는 사람들!
> 하늘나라가 그들의 것이다.
> 사람들이 나 때문에 너희를 모욕하고 박해하며,
> 너희를 거슬러 거짓으로 온갖 사악한 말을 하면,
> 너희는 행복하다!
> … 사실 너희에 앞서 예언자들도
> 그렇게 박해를 받았다(마태 5,3.10-12).

---

[3] Frend 57-8.   [4] Frend 45, 57, 59; Jeremias ⑧ 287-8.

이 행복 선언은 본디 가난하고 억눌린 사람들을 위한 것이었지만, 예수와 그의 제자들은 짓밟힌 사람들에 대한 연민의 정과 연대 의식으로 말미암 아 그들 자신도 박해받고 배척당하기에 이를 수밖에 없었다. 가난하고 억 눌린 사람들과 함께 그 나라에 들어가기 위해서는 가진 것을 모두 포기해 야 하고 집도 가족도 버리고 떠날 각오가 있어야 하며 위신과 지위와 입신 양명의 온갖 희망을 희생할 채비가 되어 있어야 했다. 요컨대 자기 자신을 부정하고(마르 8,34병) 고통을 겪을 태세를 갖추어야 했다.

여기에는 한 역설, 연민의 역설이 있다. 정작 예수가 쳐부수기로 결심한 한 가지야말로 바로 고통이었다. 가난하고 억눌린 사람들의 고통, 병자들 의 고통, 파국이 온다면 당해야 할 고통, 바로 그것이었다. 그런데 고통을 쳐부수자면 온갖 현세적 가치를 포기하고 그로 말미암은 고통을 견디어 내는 길밖에 없다. 고통을 감수할 각오만이 세상에서 고통을 정복할 수 있 다.[5] 연민의 정은 고생하는 사람들과 **더불어** 또 그들을 **위하여** 고통을 받 음으로써 고통을 쳐부수고 이긴다. 가난한 이들의 고통에 참여할 생각은 없이 그들을 동정한다는 것은 헛된 감상이다. 가난한 사람들의 고통에 참 여할 자세가 되어 있지 않는 한, 그들의 축복에 참여할 수 없다.

예수는 더 깊이 들어갔다. 죽음도 고통과 마찬가지로 역설이다. 예수 자 신의 말에 근거한 것임에 분명한 삶과 죽음에 관한 역설이 모든 복음서 도 처에서 여러 형태로 나타나는데(마르 8,35병; 마태 10,39; 루카 14,26; 요한 12,25), 각 구절을 세심히 비교해 보면 본래의 역설이란 요컨대 **자기 생명을 구하 는 사람은 잃을 것이요, 자기 생명을 잃는 사람은 구하리라**는 것이었다는 결론이 나온다. 이것은 역설적 표현이었음을 잊어서는 안 된다.[6] 따라서

---

[5] J. Moltmann, "Die Gekruisigde God": *N.G. Teologiese Tydskrif* (March 1973) 110.
[6] 예수의 특징적 표현 형식인 역설에 관한 참조: Jeremias ⑧ 30-1.

내세에서 생명을 구하기 위하여 현세에서 생명을 잃는 것을 가리킨다는 식으로 의미를 한정시켜서는 안 된다.[7] 그렇다면 그것은 무엇을 뜻하는가?
　자기 생명을 구한다 함은 그것에 연연하고 따라서 죽음을 두려워함을 뜻한다. 자기 생명을 잃는다 함은 그것에서 초연하며 따라서 죽을 각오도 되어 있음을 의미한다. 죽음을 두려워하는 사람은 이미 죽은 사람인 반면에,[8] 죽음을 두려워하지 않는 사람은 그렇게 되는 순간부터 살기 시작한다는 것이 역설이다. 참되고 가치 있는 삶은 일단 죽을 각오가 되어 있을 때만 가능하다는 것이다.
　여기서 문제로 남는 것은 그러면 무엇을 위하여 죽을 각오가 되어 있어야 하느냐는 것이다. 마카베오 시대의 순교자는 율법을 위하여 죽었고, 젤로데는 이스라엘 하느님의 최고 주권을 수호하고자 죽었으며, 또 다른 사람들은 또 다른 대의명분으로 죽을 각오가 되어 있었다. 예수는 어떤 명분에도 목숨을 걸지 않았다. 예수가 이해한 바에 따르면 사람이 목숨을 버릴 각오를 하는 것은 재산과 위신과 가족과 권력을 단념하는 것과 똑같은 이유에서라야, 곧 남을 위해서라야 한다. 연민과 사랑이 있는 사람은 남을 위해 무슨 일이나 하지 않을 수 없다. 말로는 남을 위하여 산다면서도 남을 위하여 고통을 겪고 남을 위하여 죽을 각오가 되어 있지 않은 사람은 죽은 사람이다. 예수는 어떤 대의 명분을 위해서가 아니라 사람들을 위하여 죽기로 각오하고 있었기에 생명이 넘치는 사람이었다.
　이 남을 위하여 죽을 각오란 그 의미가 좀 더 완전히 규정될 필요가 있다. 그것은 어떤 한 사람 또는 몇 사람이 아니라 만인을 위하여 죽을 각오를 말한다. 일부 사람들을 위하여 죽을 각오라면 결국 파벌 연대성의 발로이며 인류를 위하여 죽을 각오라야 보편 연대성의 표현이 되리라.

---

[7] 바로 요한이 그렇게 한 바 있다(12,25).
[8] 죽은 이들의 장례는 죽은 이들에게 맡겨 두라고 하는 경우와 마찬가지로(마태 8,22병).

만인을 위하여 죽고자 하는 예수의 각오는 그러므로 **섬김**이다. 예수의 삶에서 모든 것이 섬김이듯이 죽음의 각오도 만인을 섬기는 봉사다.[9]

사실 사람의 아들은 섬김을 받으러 온 것이 아니라 섬기러 왔고,
또 많은 이들의 몸값으로 자기 목숨을 바치러 왔다(마르 10,45).

속전이란 다른 사람을 석방시키기 위하여 바치는 대속물이다. 자기 목숨을 속전으로 치름이란 남을 살리기 위하여 자기는 죽을 각오임을 뜻한다. "많은 사람"이란 히브리어와 아람어의 일반적 표현으로 "모든 사람"을 의미한다.[10] 최후 만찬 때도 예수는 같은 의미에서 "많은 사람을 위하여" 자기 피를 바칠 것을 예표豫表했다(마르 14,24; 마태 26,28).

위에서 우리는 예수의 죽을 각오에 대해서만 논의해 왔고, 실제의 죽음에 대해서는 아직 보지 않았다. 인류를 위하여 죽을 각오가 무슨 뜻이냐를 이해하기란 쉽고도 남을 일이지만, 실제로 인류를 위한 죽음이 이루어지는 환경이란 어떤 것일까? 더 살기보다는 죽는 것이 세상을 위하여 더 잘 **섬기는** 일이 될 수 있는 그런 상황이라는 것이 있을까?

예수는 자기 언행의 위험한 결과를 의식하고 있었음에 틀림없다. 세례자 요한의 입을 막아 버린 헤로데가 바야흐로 예수의 입도 막으려 한다는 소문이 나돌고 있었다(루카 13,31). 성전 사건 후로 예수의 생명은 은신이 불가피할 만큼 위험한 처지에 있었다. 그런데 바로 이 시기에 예수는 예루살

---

[9] J. Roloff는 예수 죽음의 본래 의미가 봉사였다는 것과 예수 자신도 자기 죽음을 그런 뜻으로 이해했을 개연성이 매우 크다는 것을 설득력 있게 상론했다: "Anfänge der soteriologischen Deutung des Todes Jesu (Mk 10,45 und Lk 22,27)": *New Testament Studies* 38-64. E. Schillebeeckx는 더 나아가 예수 자신이 자기 죽음을 인류에 대한 섬김으로 이해했음에 틀림없다고 주장한다: ② 251-6.

[10] Jeremias ⑧ 130, 291, 293.

렘으로 죽으러 가기로 작심했다(마르 8,31병; 루카 9,51; 13,33). 왜?

예수는 은신처에 머물러 죽음을 피할 것이냐, 은신처에서 나와 죽음과 대결할 것이냐 하는 양자택일에 직면하고 있었던 모양이다. 베드로와 제자들을 포함한 남자들 사오천 명이 예수가 은신을 떨치고 나와서 메시아로서 무력이나 그 밖의 방법으로 세력을 과시하며 예루살렘의 적대자들을 정복하기를 바라고 있었다. 그러나 예수의 무기는 믿음이지 실력 행사가 아니었다. 변함없이 예수의 의도는 하느님 나라에 대한 믿음을 일깨우자는 것이었다. 그런데 은신한 채로는 이 일을 효과적으로 실행할 수가 없다. 또 그렇다고 나서서 설교를 하다가는 어느새 붙들려 입이 막히고 말 것이었다 — 다만 죽음 자체가 그 나라에 대한 믿음을 일깨우는 길이 될 수 있다는 점을 제외하고서는.

예수가 평생을 두고 병자와 가난한 사람들과 죄인과 자기 제자들에게 바쳐 온 봉사, 또 율법 학자와 바리사이와 그 밖의 누구에게나 바치려고 애써 온 섬김, 그것은 하느님 나라에 대한 믿음을 일깨우는 그 일이었다. 달리 사람들을 죄와 고통과 다가오는 파국에서 건질 길이란 없었다. 그런데도 이 일을 할 길이 이제는 막혀 있었다. 설교를 할 길이, 말과 행동으로 믿음을 일깨울 길이 막혀 있었다. 그러니 어떻게 하면 좋단 말인가?

예수는 메시아라는 존칭을 받아들여 폭력에 의존하는 타협을 하고 싶지도 않았고, 당분간 권력자들의 비위에 맞는 말로 미봉책을 쓸 생각도(이미 그렇게 하기조차 너무 늦어 버린 것이 아니라 하더라도) 아예 없었다. 죽는 길밖에 달리 선택의 여지가 없었다. 이런 정황에서는 죽음이 인류에 대한 봉사를 계속하는 유일한 길이었다. 죽음만이 세계를 향하여 말할 수 있는 것이었고 (요한 7,1-4) 그 나라에 대하여 증언을 할 수 있는 것이었다. 행동이 말보다 힘찬 웅변이라면, 죽음은 또 행동보다도 힘찬 웅변인 것이었다. 예수는 그 나라가 오게 하고자 죽었다.[11]

모든 복음서가 한결같이 계속해서 예수를 의식적으로 또 자발적으로 죽음을 향하여 나아간 한 인간으로 그린다. 물론 이들이 사용하는 낱말과 표현들은 (특히 이른바 '수난 예고'들에서[12]) 실상 예수가 죽은 다음에 깊이 숙고한 나머지 나온 것들이라고 할 수 있다. 그러나 어떻든 예수가 의식적으로 또 자발적으로 죽음을 향하여 나아갔다는 기본 사실은 의심할 나위도 없다.[13]

또한 이 '예고'들이 예수의 은신 시기에 일어났다는 것, 그 첫 '예고'는 예수를 메시아라고 선언한 베드로의 말에 대한 반응이라는 것(마르 8,29-33병), 그리고 주요한 세 차례의 '예고'에서 그때마다 자기를 부정하고 죽을 각오를 하며 종이 되고 끝자리를 택하라는 훈시가 따른다는 것(마르 8,34-37; 9,31-37; 10,33-45병 참조), 이런 것들도 중요한 점들이다.

예수가 자기 죽음의 세세한 상황을 얼마만큼 내다보고 있었던지를 판단할 만한 증거는 없다. 제자들도 함께 체포되리라고 보았을까, 아니면 자기 혼자? 몇몇 학자의 주장에 따르면 예수는 자기와 제자들이 함께 체포·처형당하리라고 예상했던 것 같다고(적어도 그런 가능성을 배제하지는 않은 것 같다고) 한다.[14] 돌에 맞아 죽으리라고, 아니면 십자가에 달려서? 다시 말해서 산헤드린(유다교 최고 의회)에 의하여 처형을 당하리라고, 아니면 빌라도에

---

[11] 신앙을 일깨우면 또한 하느님의 용서가 인간 안에서 효과를 낳는다는 점을 주목해야 했다. 예수는 죄인이던 여자에게 "네 믿음이 너를 (네 죄에서) 구원하였다"라고 말한다(루카 7,50). 따라서 죄의 용서도 예수의 죽음이 낳은 결과의 하나가 된다. 이런 의미에서 예수의 죽음을 속죄라고도 부를 수 있다. 용서할 뜻이 없는 하느님의 화난 마음을 예수가 달래 드려야 했던 것은 아니다. 하느님은 언제나 용서할, 그것도 무조건 용서할 채비가 되어 계시다. 예수의 죽음은 이것을 계시하고 이에 대한 믿음을 일깨우며, 그럼으로써 하느님의 용서에 의하여 우리의 삶이 변형될 수 있게 한다.

[12] 마르 8,31병; 9,31병; 10,33-34병; 10,45; 마태 26,2; 루카 17,25; 24,7.

[13] Jeremias는 이들 '예고'가 모두 "그 사람이 사람들에게 넘겨지리라"라는 본래의 기본 역설에 귀착된다고 논증했다: ⑧ 281-3, 295-6.

[14] Jeremias ⑧ 108-10; Gaston 420; Frend 88; Manson ② 231.

의하여? 축제 기간 중에 체포되리라고, 아니면 그 후에? 그리고 붙들리기 전에 성전에서 설교할 기회를 많이 얻게 되리라고 보았을까?

이런 세세한 점들의 적어도 일부는 내다보고 있었으리라. 유다가 고자질을 하리라는 의혹을 품고 있었던 것은 확실한 듯하다. 어떻든 이런 경우를 설명하기 위하여 무슨 신적神的 예견, 곧 미래 사건에 대한 특별한 계시에 의존할 필요는 없다. 예수가 인간 내심의 동기들을 얼마나 뚜렷이 꿰뚫어 보았으며 사람들이 무슨 말을 하고 무슨 행동을 할지를 얼마나 잘 예견할 수 있었던가는 비유 이야기들만 보아도 넉넉히 입증되는 것이다.

끝으로, 예수는 자기 부활을 예견했을까? 몇 군데 '수난 예고'에서는 '부활 예고'가, "그리고 사흘 후에 다시 살아날" 것이라는 말이 결론을 이룬다(마르 8,31병; 9,31병; 10,34병; 참조: 마르 9,9). 예수가 이런 말을 했다는 것이 있을 수 없는 일은 아니다. '사흘 후에'란 '곧' 또는 '얼마 안 가서'라는 뜻으로 말하는 히브리어와 아람어의 표현 방식이다.[15] 당시에 대부분의 유다인들은 마지막 날에 죽은 이들이 부활할 것을 믿고 있었다. 그리고 모든 유다인 가운데서도 특히 순교자들이 그날 가장 틀림없이 살아나리라고 믿고 있었다. 예수가 그 마지막 날이 오기 전에 살아나리라고 예고했다고 할 수는 없으리라. 그렇지 않다면 예수가 정말 살아났을 때 일어난 갖은 혼란과 의심과 경악들은 죄다 터무니없는 엉터리 이야기가 되지 않는가. 요컨대 예수는 예언자이자 순교자로서 마지막 날에 다시 살아나리라고 예상하고 있었다는 것, **그리고** 그 마지막 날은 곧 오리라는 것이 이 '예고'가 의미한다고 할 수도 있는 내용의 전부다.

그런데 이런 해석은 예수의 믿음이나 관심사와 양립할 수 없는 것은 아니라 하더라도 당시에 예수의 언행에서 나타나는 것과는 아무래도 어울리

---

[15] Jeremias ⑧ 285; Gaston 415; Schillebeeckx ② 526-32; E.L. Bode, "On the Third Day according to the Scriptures": *The Bible Today* 48 (1970) 3297-303.

지 않는 해석이라고 해야겠다. 복음서들이 말해 주다시피 예수는 아닌게 아니라 부활에 관하여 바리사이들의 의견에는 동의하고 사두가이들의 의견에는 반대했으리라(마르 12,18-27). 그러나 이들 '부활 예고' 말고는 예수가 부활에 관하여 한 마디라도 말하는 경우가 사두가이들의 질문에 답변하는 단 한 번밖에 없다는 것은 확실히 주목할 만한 사실이다.[16] 예수 스스로 이 문제를 제기한 일은 한 번도 없다. 그것은 당시의 환경에서 예수가 이스라엘에게 말하고자 하던 내용 가운데 필수적인 부분이 아니었다. 사람들이 고통을 겪고 있으며 파멸이 다가오고 있는 판에, 몇 해 안에 지상에 하느님 나라가 도래할지도 모르는 터에 부활 이야기는 무엇 하러 꺼내겠는가. 그러므로 사실은 예수가 '부활 예고' 같은 것은 입 밖에 낸 일조차 없다고 생각할 수도 있는 것이다.

그렇다고 해서 예수가 부활을 믿지 않았다는 말은 아니다. 당시에 유다인들이 믿고 있던 다른 여러 가지를 예수도 물론 믿고 있었듯이 부활도 믿고 있었으리라 — 마치 예언자들이 동시대인들에게 전하던 메시지에 직접 해당되지 않는 여러 가지 일은 동시대인들과 함께 당연한 일로 믿고 있었듯이. 예수가 볼 때 당시로서는 부활 문제란 황제에게 세금 바치는 문제나 성전에서 제사 드리는 문제와 마찬가지로 하찮은 문제일 따름이었다.

예수가 죽은 다음에는 그러나 전혀 사정이 달랐다. 나중에 보려니와, 그때부터는 부활이야말로 중심 화제가 되었다.

---

[16] Evans 30-3.

빼어난 인간

사람들은 예수를 과소평가하고 있다 — 비단 예수를 종교적 진리의 교사로밖에 생각지 않는 사람들만 그런 것이 아니라, 정반대 입장에서 예수의 신성神性을 극단적으로 강조하는 나머지 예수를 온전한 인간이라고 할 수 없을 지경으로까지 만들어 버리는 사람들도 그렇다. 예수 자신의 말을 선입관 없이 당시의 맥락 속에서 이해하려 할 때 우리 앞에 두드러지게 나타나기 시작하는 것은 비범한 독자성과 엄청난 용감성과[1] 빼어난 진실성을 가진 한 인간, 이루 형언할 길 없는 형안을 지닌 한 인간이다. 이 인간에게서 인간성을 제거한다는 것은 곧 그의 위대함을 제거하는 것이다.

집단적 부합성이 진리와 덕행의 유일한 척도가 되고 있던 당시에 고금의 어느 누구와도 근본적으로 다른 인간으로 처신한다는 것, 그것이 과연 무엇을 의미했을까를 우리로서는 상상하기 쉬운 일이 아니다. 율법 학자

---

[1] Derrett ② 13.

들의 대단한 학식도 예수에게는 깊은 인상을 주지 못했다. 세밀한 율법과 그 전통적 해석에 관하여 그들이 훨씬 더 아는 것이 많은데도 예수는 서슴없이 그들과 달리 행동했다. 예수에게는 어떠한 전통도 문제 삼을 수 없을 만큼 큰 것이란 없었으며, 어떠한 교설도 변경될 수 없을 만큼 근본적인 것이란 없었다.

복음서를 읽어 보면 예수가 세상에 대하여 한을 품고서 반항을 위한 반항 정신으로 누구에게나 반대를 일삼았다고 생각하게 할 만한 내용은 전혀 없다. 곳곳에서 예수가 주는 인상은 자기의 확신에 대하여 용기를 지닌 인간, 적극적 통찰력을 지니고 있기에 어떤 권위에도 다른 누구에게도 의존하는 일이 없는 독자적 인간이라는 점이다.

예수에게는 두려움이란 자취조차 없다. 악평도 추문도 심지어 죽음마저도 예수는 두려워하지 않았다. 예수가 죄인들과 어울려 사귀는 것을 보고, 그들과 함께 지내기를 좋아하는 것을 보고, 율법에 대하여 관대한 입장을 취하는 것을 보고, 또 마음대로 하느님 문제를 다루는 것을 보고 모든 종교인이 '스캔들'로 여겼다. 세례자 요한까지도 그렇게 생각했다. 얼마 안 가서 예수는 "먹보요 술꾼"이라는 악평을 듣게 되었다. 예수 자신이 이 이야기를 약간 익살스런 표현으로 들려 준다(마태 11,16-19). 파벌 연대성이라는 면에서 보면 예수가 죄인들과 친구가 된다는 것은 곧 예수 역시 죄인임을 의미하는 것이었다(마태 11,19; 요한 9,24). 가족 아닌 어떤 여자에게든지 친절을 보였다가는 큰일 나기 십상인 시대에 예수가 여자들하고, 그것도 창녀들하고 사귀고 있었고 보면, 조금이라도 체통이 남아 있었다 한들 그나마 깡그리 손상될 수밖에 없었으리라(루카 7,39; 요한 4,27). 예수는 털끝만큼이라도 남들 앞에서 위신을 세우려고 어떤 행동을 하거나 무슨 타협을 한 일이 없다. 어느 누구의 승인도 구하지 않았다 — "여자에게서 태어난 이들 가운데" 가장 큰 인물이 인정해 주는 것조차(마태 11,11 = 루카 7,28).

마르코에 (또 그를 따르는 마태오와 루카에) 따르면 예수의 적대자들도 예수가 정직하고 두려움이 없는 사람이라는 사실은 인정하고 있었다.

> 스승님, 저희는 스승님께서 진실하시고 아무도 꺼리지 않으시는 분이라는 것을 압니다. 과연 스승님은 사람을 그 신분에 따라 판단하지 않으시고, 하느님의 길을 참되게 가르치십니다(마르 12,14).

물론 이것은 황제에게 바치는 세금에 대하여 어떤 책잡을 말을 시킬 속셈으로 짐짓 부추기는 말을 한 것에 지나지 않지만, 어떻든 여기서도 우리는 예수가 사람들에게 어떤 인상을 주고 있었던가를 어느 정도 짐작할 수 있다. 예수의 가족들은 예수가 정신이 나갔다고 생각했다(마르 3,21). 바리사이들은 예수가 악령에 사로잡혀 있다고 여겼다(마르 3,22). 예수는 먹보요 술꾼이며 죄인이요 불경자라는 욕을 얻어먹고 있었다. 그러나 어느 누구도 예수를 불성실한 위선자라거나 평판이나 봉변을 두려워한다고 욕할 수는 없었다.

예수의 두려움 없고 독자적인 용감한 태도를 보고 당시 사람들은 거듭거듭 "이 사람이 누구인가?" 하고 묻게 되었다.[2] 이 물음에 예수가 대답을 한 일이 없다는 것은 중요한 사실이다. 나중에 교회가 예수에게 귀착시킨 존칭들 가운데 어느 하나에 대해서도 일찍이 예수 스스로 그것을 자처했다는 증거는 없다.

예수가 자처한 존칭이 하나는 있었으니 '사람의 아들'이 그것이라고 주장한 학자가 많은데, 옳지 않다. 예수가 자칭 사람의 아들이라고 하지 않

---

[2] 마르 4,41병; 6,2병; 6,14-16병; 8,27-30병; 14,61병; 15,2병; 15,39병; 루카 7,16-17; 요한 7,12.15.40-41; 8,54; 10,19-21.24. 이 질문들의 형식과 어휘는 초대교회에서 유래했다고 할 수 있으나, 그 실질적 내용은 예수 당시 사람들의 호기심을 말해 준다.

앉기 때문이 아니라, 사람의 아들이라는 것이 무슨 존칭은 아닌 까닭이다.

　복음서에 나오는 '사람의 아들'이라는 이른바 존칭 문제에 대해서는 정신을 못 차릴 만큼 많은 연구와 정보와 저술이 투입되었다. 저명한 학자들이 내린 결론은 더욱 천차만별이다. '사람의 아들' 문제라면 그것이 매우 중요한 존칭이라는 관점 이외에는 완전히 의견이 일치하는 학자를 단 두 사람도 찾아보기가 어려울 지경인 실정이다. 이 사실만으로도 어딘가 문제 제기의 방법 자체에 잘못이 있지 않은가 하는 의문이 생길 만하다. 본디 '사람의 아들'이라는 말이 무슨 존칭이기나 했던가?

　이 말은 신앙고백에서 사용된 일이 없다. 예수나 어떤 다른 사람의 속성을 말해 주는 것이 아니다. 복음서를 보면 이 말이 예수 자신 말고는 누구의 입에도 오르는 일이 없다. 어느 누구도 예수가 이 말을 사용함에 반대한 사람도 없다 — 이 말을 문제 삼거나 애당초 이 말에 무슨 반응을 보인 사람조차 없다. 그뿐인가, 마침내 결정적으로 밝혀진 바에 따르면, 이 아람어는 존칭이 아니라 사실은 갈릴래아의 아람어에서 자기 자신을 에둘러 표현하는 말로 쓰이고 있었다. 다시 말해서 갈릴래아 아람어에서는 말하는 사람이 조심성이나 겸양이나 예모의 표현으로 자기 자신을 가리켜 '나' 대신에 '사람의 아들'이라고 부를 수도 있었다.[3] 그뿐 아니라 '사람의 아들'이라는 말은 '사람'과 동의어로 쓰이기도 했다.[4] 즉, 인간 이하의 날짐승과 견주어 사람임을 강조하는 데 쓰일 수도 있었다(비교: 다니 7,3-7.17-26; 7,13).

　사람의 아들이라는 낱말이 나오는 복음서의 몇 대목은 다니엘서의 "내가 이렇게 밤의 환시 속에서 앞을 보고 있는데 사람의 아들 같은 이가 하늘의 구름을 타고 나타나"(다니 7,13)라는 말과 관계가 있는 것으로 보인다.[5]

---

[3] Vermes ② 160-8, 186.

[4] Vermes ② 176.

[5] 마르 8,38병; 13,26병; 14,62병; 마태 19,28병; 24,27.37.44병.

이런 구절들에 나오는 '사람의 아들'이란 앞으로 올 심판자를 가리키는 일종의 존칭이라고 할 수도 있겠다. 그러나 여기서도 예수가 말하는 것은 자기 자신과 구별되는 다른 사람이라는 점을 또한 주목해야 할 것이다. 자기가 구름을 타고 올 사람의 아들이라는 말은 아닌 것이다. 그뿐 아니라 오늘날 많은 학자의 주장에 따르면 이 구절들은 예수 자신이 아닌 초대 그리스도인들에 의해서 이루어진 것이다.[6]

그렇다면 예수가 이 말을 사용한 것은 결국 자기 모국어인 갈릴래아 아람어의 특수한 동의어를 사용한 것이라는 의미밖에는 없는 셈인가? 그럴지도 모른다. 그러나 또 예수가 과연 그 이상의 무엇인가를 염두에 두고 있었으리라고 짐작해 봄 직도 하다. 복음서를 보면 아무래도 예수가 '사람의 아들'이라는 아람어를 크게 강조하여 사용한다는 사실을 부인할 수는 없을 듯하다. 따라서 예수가 인간 존엄성과 인류 연대성을 강조했다는 사실을 상기할 때 우리는 예수가 '사람의 아들'이라는 말을 자주 또 힘주어 사용했다는 사실이 사람으로서의 사람을 가리키기 위한, 그리고 사람으로서의 사람으로 자기 자신의 정체를 보여 주기 위한 예수 나름의 한 방법이었으리라고 추론해 봄 직하지 않은가.

이렇게 볼 때 "사람의 아들은 또한 안식일의 주인이다"(마르 2,28)라는 말은 "안식일이 사람을 위하여 생긴 것이지, 사람이 안식일을 위하여 생긴 것은 아니다"(마르 2,27)라는 말과 같은 말이 되리라. "사람의 아들이 땅에서 죄를 용서하는 권한"(마태 9,6)이 있다는 말은 "사람들에게 그러한 권한을 주신 하느님을 찬양"(마태 9,8)하는 것이 되리라. 또 "여우들도 굴이 있고 하늘의 새들도 보금자리가 있지만 사람의 아들은 머리를 기댈 곳조차 없다"(마태 8,20병)라는 말은 당시 사회에서 헤로데 일당(여우들)과 로마인들(새들)은

---

[6] 예컨대 Vermes ② 169-86; Perrin ② 164-99.

발붙일 곳은 있어도 인간으로서의 인간이 설 땅은 아직 없다는 뜻이 되리라. 마찬가지로 "사람의 아들은 사람들의 손에 넘겨져 …"(마르 9,31)라는 말도 자기 자신과 인류를 하나로 삼는 사람은 사람들의 손에 폭행을 당하리라는 역설을 말해 준다고 할 수 있으리라.

한 인간의 정체란 그가 자기 자신과 한가지로 삼는 그것에서 파악되는 것이라면, 예수의 정체란 인류라고, 사람으로서의 사람, 곧 사람의 아들이라고 말할 수 있으리라.

이미 말했듯이 이것은 물론 추측이다. 그러나 어떻든 예수가 '사람의 아들'이라는 용어를 사용할 때 스스로 어떤 존칭이나 권한이나 지위를 주장한 것은 아니라는 점만은 어느 정도 확실히 말할 수 있다.

존칭이나 영예에 관한 예수의 명확한 가르침에 비추어 볼 때, 예수가 아예 아무 존칭도 없이 받아들여지기를 바라고 있었다는 것은 조금도 놀랄 만한 일이 아니다. 아래와 같이 가르치던 예수가 어떻게 어떤 존칭을 자처할 수 있었으랴.

> 너희는 **스승**이라고 불리지 않도록 하여라. 너희의 스승님은 한 분뿐이시고 너희는 모두 형제다. 또 이 세상 누구도 **아버지**라고 부르지 마라. 너희의 아버지는 오직 한 분, 하늘에 계신 그분뿐이시다. 그리고 너희는 **선생**이라고 불리지 않도록 하여라. 너희의 선생님은 그리스도 한 분뿐이시다(마태 23,8-10).

위의 마지막 문장은 마태오에 의해 또는 그의 자료에서 변경된 것이 틀림없다. 이미 본 바와 같이 일반적으로 예수는 그리스도, 곧 메시아에 대하여 말하기를 짐짓 피했다. 그뿐 아니라 위에 인용한 구절의 본래 의도는 하느님 홀로 스승이요 아버지이며 지도자라는 뜻이었음이 썩 분명하다.

예수가 자기 설교를 실천하지 않은 사람이 아닌 한, 또는 자기 자신을 원칙의 예외라고 여긴 사람이 아닌 한, 우리는 예수가 자기를 스승이나 지도자로 부르지 말라고 하여 사람들을 실망시켰으리라는 것도 능히 짐작할 수 있다. 실지로 그렇게 했다는 직접 증거는 없다. 어쩌면 예수는 단순히 자기를 스승으로 받들기를 원할 뿐인 사람들을 일일이 바로잡아 준다는 것이 부질없이 따지는 태도라고 여겨 내버려 두었을지도 모른다. 또는 자기를 스승이나 지도자라고 부르지 못하게 하여 실제로 사람들을 실망시켰고, 그래서 그것에 관한 기록은 전해지지 않은 것이 당연한 일인지도 모른다. 예수가 자기를 선하다고 부르지 말라고 했다는, 실제로 전해져 내려온 말조차 없었던들, 위의 말은 짜장 지나친 말로 들릴 수도 있으리라.

> 어찌하여 나를 선하다고 하느냐? 하느님 한 분 외에는 아무도 선하지 않다(마르 10,18 = 루카 18,19).

이 말을 마르코와 루카는 (예수가 하느님으로부터 온 분이므로 선한 분이라고 믿고 있었기에) 역설로 다루었다. 마태오는 거기서 아무 의미도 볼 수가 없어서 아예 고쳐 버렸다(마태 19,16-17). 그러나 본디 예수는 그저 자기가 설교한 대로 실천할 따름이었다. 사람들은 예수를 지도자라고 부르고자 했으나 예수는 그들의 종이 되고 그들의 발을 씻어 주는 자가 되고자 했던 것이다(요한 13,12-15).

물론 예수는 자기가 성경의 예언과 기다림들을 성취하고 있다는 사실을 의식하고 있었으리라. 그러나 예수에게는 누가 그것을 성취하느냐가 중요한 일은 아니었다. 복음서에 따르면 요한의 제자들이 예수에게 당신이 오실 그분이냐고 물어도 예수는 그 질문에 직접 대답하지 않고 바야흐로 일어나고 있는 일에서 성경이 성취되고 있음을 지적할 뿐이었다.

눈먼 이들이 보고 다리 저는 이들이 제대로 걸으며 … 가난한 이들
이 복음을 듣는다(마태 11,5).

"내가 소경에게 눈을 뜨게 해 준다, 내가 가난한 사람들에게 복음을 전한
다"고 말하지 않았다. 중요한 것은 그런 일이 행해지고 있다는 것이요 사
람들이 해방되며 구원되고 있다는 것이지 누가 그것을 행하느냐가 아니었
다. 예수는 제자들도 나아가서 자기가 행한 바와 같은 일을 하기를 바랐
다. 어느 누구라도, 설사 전혀 낯선 뜨내기라 하더라도 해방 사업에 참여
하지 말라는 법은 없었다(마르 9,38-40병). 사람들이 해방되는 것, 그것만이
예수의 유일한 관심사였다.

존칭들에 대한 예수의 침묵을 증언하는 역사적 사실을 목전에 두고 현
대의 매우 유능한 몇몇 학자는 예수가 말과 행동의 남다른 방식에 의하여
암시적으로 권위를 주장하고 있었다고 논한 바 있다.[7] 이에 따르면 다른
모든 권위에 대하여 초연한 예수의 독립성이야말로, 또 "그러나 나는 너희
에게 말한다 …"라거나 "진실로 너희에게 말한다 …"라는 식의 어투야말
로 가장 탁월하고 가장 독자적인 권위를 암시적으로 자처한 것이라고 한
다.[8] 또 심지어는 이것이 역사상의 예수를 새로이 추구함에 역사적으로 확
증된 사실로서 의존할 수 있는 것들 가운데 하나이며 그리스도론적 존칭
들의 역사적 근거라고까지 말한다.[9]

그러나 예수가 정말 권위를 자처했던가? 도대체 어떤 종류의 권위이든
간에, 암시적으로라도 권위를 주장한 일이 있었던가? 오히려 예수가 **권위**

---

[7] Käsemann ① 37-8; Fuchs 36-7; Bornkamm 173-4; Jeremias ⑧ 250-2; Jeremias ③ 132; Pannenberg 53-65.

[8] Käsemann ① 144-5.

[9] Pannenberg 55; Robinson 곳곳, 특히 70-1.

를 내세움이 없이 말하고 행동했다는 사실이야말로, 또 '권위의 행사'를 이 방인의 특징으로 생각했다는 사실이야말로 예수를 다른 어느 인간보다 더 돋보이게 하는 점이라고 말하는 것이 진실에 가깝지 않을까?(마르 10,42병)

권위란 다른 사람들의 복종을 받을 권리를 뜻한다. 권위를 주장한다 함은 그러므로 이 권리를 주장함을, 다른 사람들의 복종을 요구함을 의미한다. 과연 마르코는 복종을 명하는 권위의 말로 예수의 말을 이해하고 있으며, 과연 예수는 그런 정도의 말을 하는 것도 사실이다(마르 1,22.27). 그러나 여기서 확실하고 중요한 점은 복종하는 주체가 악령과 병, 죄와 율법, 바람과 바다라는 사실이다 — 사람들이 아니다![10] 오늘날 '권위'라는 말은 보통 사람들의 복종을 받을 권리라는 뜻으로만 쓰인다. 그리스어 '엑수시아' $\dot{\epsilon}\xi o u \sigma i a$는 그러나 인간이 사물들을 지배하는 힘까지도 포괄하는 의미로 확대될 수 있다. 루카는 이 점을 강조하려고 '엑수시아'와 '뒤나미스'$\delta \dot{u} v a \mu \iota \varsigma$, 곧 "권한(권위)과 힘"(루카 9,1)이라는 말을 쓴다.

이미 보았거니와 예수가 악령들과 악 일반을 지배한 힘은 믿음의 힘이었다. 사람들을 치유하고 구원하던, 또 주위의 사람들에게 믿음을 일깨우던 예수의 두드러진 믿음이 복음서에서는 일종의 권위로 여겨지는 것이다. 이 유비 관계는 저 위대한 권위와 복종의 상징인 로마인 백인대장의 이야기에서 뚜렷이 드러난다. 이 기적 이야기는 마르코와는 독립된 전승에서 유래한다(마태 8,5-13; 루카 7,1-10; 요한 4,46-53). 마태오와 루카가 알고 있던 이 전승의 형식을 보면, 한편에는 이의가 있을 수 없는 권위와 복종이라는 군대식 규율이 있고 다른 한편에는 악령들에 대한 예수의 권능이 있어서 이 둘이 비교되어 있다. 그러니까 군대식 권위의 틀림없는 효과를 이해하는 사람이라면 예수의 믿음이 지닌 틀림없는 효험을 제대로 인식할

---

[10] 예컨대 마르 1,27; 2,10.28; 4,41; 6,7 그리고 그 병행구들.

수 있으리라는 착상이다. 그런 사람이야말로 예수가 이스라엘에서 찾아볼 수 있던 어떤 신앙보다도 더 큰 신앙을 가진 사람이라는 이야기다.

예수가 행사했다고 말할 수 있는 유일한 권위는 유비적 또는 은유적 권위다. 곧, 신앙의 힘을 의미하는, 악에 대한 권위다. 자, 그렇다면 예수의 가르치고 설교하는 태도에 대해서는 무엇이라고 말해야 할 것인가?

예수의 비유 이야기들보다 더 비권위적인 것은 없으리라. 이 이야기들의 유일한 목적은 듣는 이들로 하여금 스스로 무엇인가를 발견할 수 있게 하자는 것이다. 이들은 계시된 교리의 예화例話가 아니라 삶의 진실을 열어보이는 예술 작품들이다. 이들은 듣는 이에게 믿음을 일깨워 스스로 진리를 '보게' 한다.[11] 예수의 비유들이 명시적으로든 암시적으로든 으레 물음으로 끝나면서 듣는 이로 하여금 스스로 대답하게 만드는 것은 바로 이 때문이다.

> 너는 이 세 사람 가운데에서 누가 강도를 만난 사람에게 이웃이 되어 주었다고 생각하느냐?(루카 10,36)

> 그러면 그들 가운데 누가 그 채권자를 더 사랑하겠느냐?(루카 7,42)

> 너희는 어떻게 생각하느냐? … 이 둘 가운데 누가 아버지의 뜻을 실천하였느냐?(마태 21,28.31)

> 그러니 포도밭 주인은 그들을 어떻게 하겠느냐?(루카 20,15)

---

[11] Linnemann 21-3, 31.

되찾은 양의 비유와 되찾은 은전의 비유는 많은 부분이 질문으로 이루어져 있다(루카 15,4-10; 마태 18,12-14).

비유 이야기의 상대자들은 가난하고 억눌린 사람들이나 예수의 제자들이 아니라 예수의 적대자들이었다.[12] 그들을 설득하여 믿게 하려는 것이었다. 어느 정도 소크라테스의 대화에 나오는 것과 비슷한 데가 있는 물음들이 상대방으로 하여금 스스로 생각하게 하는 구실을 하는 것이다.

예수는 자기 권위를 받아들이지 않는 반대자들과는 이런 식으로 따졌으나 자기를 지도자와 스승으로 받아들이는 제자들과 군중에게 말할 때는 권위를 가지고 말을 했다는 주장이 나올 수도 있으리라. 과연 예수의 말들은 대부분이 비유와 달리 물음으로 되어 있지 않다. 과연 설득하는 논증이라기보다는 진리의 권위 있는 선언으로 나타난다.

그러나 예수가 과연 적대자들만 스스로 생각하기를 바랐던가. 제자들 역시 스스로 판단하고(루카 12,57) 스스로 시대의 징조를 읽기를(루카 12,54-56; 마태 16,2-3) 기대한 것도 분명하지 않은가. 자기 제자들이라고 해서 자기 말이면 무엇이나 '맹목적' 신앙으로 받아들이라고 했을 리는 없지 않은가.

예수는 자기가 보고 있는 것을 다른 사람들도 보고 자기가 믿고 있는 것을 다른 사람들도 믿기를 바랐다. 그리고 자기가 보고 믿는 바가 진리임을 추호도 의심하지 않았다. 예수는 비상하게 확신에 차 있고 자신만만해 보였다. 바로 이 점이 '권위'의 인상을 주는 것이었다. 예수로 하여금 "그러나 나는 너희에게 말한다 …" 또는 "진실로 너희에게 말한다 …"라는 말을 하게 한 것은(실제로 그런 말을 했다면) 바로 예수가 가진 유례없이 빼어난 확신의 힘이었다. 비유라는 설득적 방식을 사용하든 오히려 직설적 선언을 구사하든, 예수는 서슴없이 진리를 선포했다. '어쩌면'이니 '아마'니 하는 말

---

[12] Linnemann 40.

들은 나타날 여지조차 없었다. 조건도 단서도 없었다. 이것이 삶의 진실이다, 알아듣지 못하겠느냐? — 그것이었다.

예수가 일찍이 어떠한 권위에라도(자기 자신의 권위에든 다른 사람의 권위에든) 호소하여 사람들을 설득하려 했다는 증거를 나로서는 전혀 발견할 수 없다. 율법 학자들과 달리 예수는 랍비들의 전통이나 심지어 성경 자체의 권위에도 호소하는 일이 없다. 신성한 경전을 해석 또는 주해하여 진리를 개진하는 일이 없다. 진리에 대한 예수의 이해와 가르침은 직접적이며 매개가 없다. 심지어 예언자로서 직접 하느님으로부터 오는 권위를 주장하는 일조차 없다. 예언자들처럼 자기 말의 정당한 권위를 내세우기 위하여 특별한 소명이나 환시幻視에 호소하는 일도 없다.[13] 예수는 "하느님께서 말씀하신다 …"라는 전형적인 예언자들의 말머리를 쓰는 일이 없다. 또 어떤 종류이든 하늘로부터 오는 표징을 이루어 자기가 하느님의 이름으로 말할 수 있음을 증명하기를 거절한다. 곧, 자기가 어떤 권위를 가지고 있다고 할 수 있느냐는 물음에 마주치면 **대답을 거부한다**(마르 11,33병). 예수가 사람들에게 바란 것은 아예 어떤 권위에도 의존하지 말고 자기가 행하고 말하는 바의 참됨을 보라는 것이었다. 린네만은 예수의 비유에 관한 그녀의 영특한 연구서에서 "예수의 말 자체가 예수의 말에 무게를 줄 수 있는 유일한 것이었다"고 결론을 내린다.[14]

예수는 당시 사람들 가운데서 유독 특출하게 온갖 형태의 권위적 사고방식을 극복할 능력이 있는 사람이었다. 예수가 의존했다고 할 수도 있는 유일한 권위가 있다면, 진리 자체의 권위였다. 예수는 권위를 진리로 삼지

---

[13] 예수는 자기가 예언자임을 인정하나 예언자로서의 권위에 호소하지는 않는다. 예언자로서 소명을 체험한 일은 있다 하더라도(참조: Pannenberg 64) 이런 것에 호소하여 자기 말의 권위를 보장하려 한 적은 없다.

[14] Linnemann 35. 참조: Pelz 113.

않았다 — 진리를 권위로 삼았다. 그리고 하느님의 권위가 곧 진리의 권위라고 할 수 있다는 그런 의미에서 예수는 하느님의 권위에 호소했고 하느님의 권위를 소유했다고 말할 수 있다. 그러나 진리의 권위(또 따라서 하느님의 권위)라고 할 때의 '권위'란 역시 은유다. 예수는 사람들이 자기에게 복종하기를 바라지 않았다. 진리에 '복종'하기를, 참되게 살기를 기대했다. 여기서도 역시 권위보다는 힘이라는 말을 사용하는 편이 낫겠다. 예수의 말이 가진 힘은 진리 자체의 힘이었다. 예수는 온갖 권위적 사고방식을 멀리함으로써 진리 자체의 힘(하느님의 힘이요 실은 믿음의 힘인 그것)을 방출시켰기에 사람들에게 영속적 감화를 주었다.

예수의 유일한 자기 주장이 있었다면, 그것은 자기가 진리를 말한다는 것이었다. 이것은 실질적인, 어떠한 드높은 존칭이나 초인적 권위보다도 더 실질적인 주장이다. 이 주장의 근거는 무엇인가? 무엇이 예수로 하여금 **자기의** 확신은 오류 없이 참이라고 그처럼 자신을 가지게 했던가? 대답인즉, 확신 그 자체였다고 해도 무방하리라. 예수는 자기의 현실 인식이 그 자체 말고는 어떠한 것에 의해서도 증명 또는 정당화될 필요가 없다고 느끼고 있었음에 틀림없다. 예수의 인식은 직관적이며 그 자체로 정당화되는 **체험**이었다.

여기서 우리는 예수 자신의 개인적 체험이라는 매우 미묘한 문제에 이르게 된다. 예수의 심리나 의식을 재구성하려는 어떠한 시도든 억측일 뿐이리라. 대부분의 학자들은 어딘가 예수가 가진 신비로운 인품의 핵심에 하느님과의 친밀한 관계라는 어떤 독특한 체험('압바' 체험)이 있었음을 긍정하는 것쯤으로 만족한다.[15] 이것은 확실히 사실이며 모든 증거가 이런 방향으로 말해 준다. 그러나 그러한 체험이 무엇을 의미할까를 두고 어떤 말

---

[15] Schillebeeckx ② 257-71; Vermes ② 210-3; Zahrnt 163; Jeremias ⑧ 67-8.

을 한다는 것은 아주 불가능한 일일까?

예수의 심리에 관해서 사변을 할 필요는 없다. 예수는 깊은 연민의 체험에 의하여 행동하고 말했음을 우리는 **안다**. 그리고 압바 체험이란 자애로운 아버지로서의 하느님에 대한 체험임을 우리는 **안다**. 이것은 예수가 삼라만상(하느님) 이면의 신비로운 창조력을 연민의 정, 곧 사랑으로 체험했음을 뜻한다.

> 사랑하는 여러분, 서로 사랑합시다. 사랑은 하느님에게서 오는 것이기 때문입니다. 사랑하는 이는 모두 하느님에게서 태어났으며 하느님을 압니다(체험합니다). 사랑하지 않는 사람은 하느님을 알지 (체험하지) 못합니다. 하느님은 사랑이시기 때문입니다(1요한 4,7-8).

폰 라드에 따르면 예언자는 하느님의 인식에 참여했을 뿐 아니라 하느님 자신의 느낌과 감정으로 벅차오르는 경지에까지 충만해 있었다.[16] 예수의 경우에 그를 사로잡고 그에게 충만해 있던 것은 하느님의 연민의 정이었다. 예수의 확신, 예수의 믿음, 예수의 소망, 그 모든 것이 이 근본 체험의 표현들이었다. 하느님이 자비로우실진대 신은 악을 이길 것이요 불가능한 것이 이루어질 것이며 인류에게는 희망이 있으리라. 신앙과 희망이란 하느님으로부터 오는 감정으로서의 연민의 체험이다.

연민은 진실의 바탕이다. 연민의 체험은 더불어 괴로워하거나 느끼는 체험이다. 인간과 자연과 하느님과 더불어 괴로워하거나 느낀다는 것은 생명의 리듬과 충동과 더불어 공명함을 뜻한다. 그러므로 연대성 체험이다. 인간과 자연과 하느님과의 연대성 체험이다. 그것은 어떤 형태의 소외

---

[16] von Rad 42, 50, 165-6.

와 허위도 배제한다. 사람으로 하여금 현실과 하나가 되게 하며, 따라서 그 자체로 진실하고 진정하다.

예수의 그르침 없는 통찰과 흔들림 없는 확신의 비밀은 어김없이 하느님과 맺어진 연대성 체험이었다. 그리고 그것은 인간과 자연과에 맺어진 연대성 체험으로서 계시되고 있었다. 이로 말미암아 예수는 둘도 없이 해방된 인간, 유일무이하게 용기 있고 두려움 없고 독자적이고 희망차고 진실한 인간이었다.

그런 사람을 없애 버리려는 사람들이 있었던 것은 무엇 때문인가? 어째서 사람들은 그를 체포해서 재판을 하게 되었던가?

재판

예수의 죽음에 이르기까지 이어진 사건들과 거기에 작용하던 동기들은 복잡하고 설명이 어렵다. 관련자들 자신도 퍽 당황해 있었다는 인상이다.

사건의 진상을 어느 정도 분명히 밝히기 위하여 우선, 예수의 죄목이 되었을 수도 있는 점, 실제로 죄목이 되었던 점, 사람들이 예수를 죽이려고 한 진짜 동기가 되었던 점을 구별할 필요가 있다. 복음서 자체에도 이 세 가지 구별이 나타난다. 예컨대 예수는 고의로 안식일을 깨뜨리거나 마술을 행한다는(사탄의 힘으로 악마를 몰아낸다는) 죄목으로 처벌될 수도 있었고, 실제로는 메시아 왕을 자처한다는 죄목으로 고발당했다. 그 진정한 동기는 마르코와 그를 따른 마태오에 의하면 시기심이었다(마르 15,10; 마태 27,18). 불행히도 복음서 저자들은 자기들의 목적 때문에 이 구별을 철저히 지키지 못했다. 있을 수 있는 비난이 실제의 고발인 양(예컨대 불경죄: 마르 14,64병), 실제의 고발 죄목이 진정한 배척 동기인 양(예컨대 메시아로 자처했다는 것: 마르 14,62-64) 취급되기도 했다. 이리하여 큰 혼란이 생기고 말았다.

다음으로 우리는 유다인 지도자들의 구실과 로마인 통치부의 구실을 구별해야 한다. 법정이 둘이 있었으니, 하나는 산헤드린(최고 의회), 곧 대제관과 약 70명의 제관장·원로·율법 학자들로 구성된 유다 법정이고, 하나는 빌라도가 총독으로서 주관하던 로마 법정이다. 예수는 로마 법정에 의해서 재판과 선고와 처형을 받았다. 그러나 초대 그리스도인들이 으레 그랬듯이 복음서 저자들은 아무쪼록 유다 지도자들이 로마인들보다 예수의 죽음에 대하여 책임이 더 크다는 점을 뚜렷이 드러내려고 애를 썼다. 그 의도는 어디까지나 정당한 것이었지만, 그것을 중시하는 방법이 끝없는 혼란을 낳게 되었다 — 특히 유다인 지도자들의 개입이 일종의 재판이었다는 인상을 주는 경우가 그렇다.[1]

복음서 저자들이 속임수를 쓰거나 역사상의 사실을 왜곡할 의도가 있었던 것은 아니다. 그들의 의도는 독자로 하여금 온갖 외양에도 불구하고 참으로 일어난 일이 무엇인가를 이해하기 쉽게 하자는 것이었다. 표면상으로는 로마인들이 책임질 일로 보이겠지만, 사실은 유다인들의 죄가 더 크다는 것이었다. 이것은 유다인 배척주의anti-semitism도 아니고 로마를 애호하는 편견도 아니며 배신에 대한 실망을 말해 줄 따름이다. 사건의 진상인 즉, 예수는 특정한 민족에게 특정한 때 호소를 했는데 그 민족이 그를 배척했다는 것이며, 다른 백성들도 그런 환경에서라면 대개가 그렇게 했으리라는 것이다.

실제로는 무슨 일이 일어났던가?

예수에 대한 재판·선고·처형의 죄목이 된 것은 그가 메시아, 곧 유다인의 왕이라고 자처한다는 것이었다. 이것이 빌라도가 예수에게 심문한

---

[1] 예수 재판 사건을 재구성함에서 복음서 저자들의 동기와 자료에 관하여 근래에 많은 글이 쓰였다. 이 문제에 관한 방대한 문헌을 섭렵할 수 없는 독자를 위하여 다음과 같은 소책자나 논문을 권하고 싶다: G.S. Sloyan, *Jesus on Trial*; J. Sobosan, "The Trial of Jesus": *Journal of Ecumenical Studies* 10.1 (1973) 70-91.

내용의 전부였으며 예수의 십자가 위에 표시된 모든 것이었다.

그 밖의 것은 전부 상상력의 소산이다. 즉, 예수가 그런 고발을 당했거나 당했을 수도 있다는 것일 뿐이다. 산헤드린이라면 예수를 거짓 교사나 거짓 예언자나 "반항만 하는 아들"(신명 21,20-21)이라고, 혹은 고의로 안식일을 깨뜨리거나 마술을 행한다고 문책했을 수도 있으리라.[2] 초대 그리스도인들이 생각하던 바에 따르면, 일부 유다인들은 예수가 죄를 사해 주고(마르 2,7병) 스스로 메시아나 하느님의 아들이나 사람의 아들이라고 주장하면서(마르 14,16-64병) 하느님과 동등함을 자처하는 행동을 했다는 이유에서(요한 5,18; 10,33.36; 19,7) 그를 **불경죄**로 고발했다고 한다. 이것이 바로 산헤드린에 제소된 고발이었을 수도 있으며(마르 14,16-64병) 또는 사람들이 빌라도에게 예수를 십자가에 못 박으라고 요구한 이유였을 수도 있다는 것이었다(요한 19,7).

루카에 따르면 유다인들은 예수가 로마를 전복시키려 했고 황제에게 세금 바치는 것을 반대했다고 고발했으며, 로마인들이 그것을 죄목으로 삼았을 수도 있는 것으로 되어 있다(루카 23,2). 사실 어떤 의미에서 예수의 활동과 가르침은 현 상태status quo를 뒤집어엎는 것이었다. 예수는 사회를 꼭대기부터 밑바닥까지 뜯어고치고자 했다. 세금 문제에 관해서는 이미 본 대로 논쟁 중에 결국 어느 한편을 들고 마는 것을 조심스럽게 피했다. 예수에게는 그것이 중요한 문제가 아니었기 때문이다.

이 모든 점을 감안할 때 결국, 예수를 거슬러 제기될 수도 있었다고 할 만한 몇 가지 죄목이 있었지만 산헤드린이 예수를 재판한 일은 없으며, 로마인들이 예수는 유다인의 왕이라고 자처한다는 이유로 재판을 했던 것이다. 왜? 로마인들의 진정한 동기는 무엇이었던가?

---

[2] Jeremias ⑧ 278-9. 예수가 성전을 파괴하려 했다는 고발이 있었을 수는 있겠으나, 그것이 진실로 인정된 일은 없다(마르 14,57-59병).

빌라도는 특별히 냉혹한 통치자였다. 유다인들을 자극하는 일은 물론 피했겠지만 반항자나 반역자는 가차 없이 잡아 죽였다. 조직적 반동 분자들은 아예 재판도 없이 처단해 버리는 것이 아주 예사였다. 당시의 유다인 철학자 필로에 따르면,[3] 빌라도는 "천성이 굽힐 줄 모르고 고집이 세며 모진" 사람이었다. 필로는 빌라도의 죄악을 열거하기를, "수회, 독재, 약탈, 폭행, 중상, 판결 절차도 거치지 않는 끊임없는 처형, 그리고 끝없이 자행되는 참을 수 없는 잔인성"이라고 했다.

　이 진술은 같은 시대의 유다인 사학자 요세푸스가 기록한 빌라도 집정 동안의 세 사건에 의해서도 긍정된다. 첫 사건은 로마제국 휘장(국기)에 관한 사건이었는데, 유다인들은 거기에 황제의 초상과 그 밖의 신성한 상징들이 들어 있다 하여 그것을 우상숭배로 보았다. 사실 그런 선례가 없었는데도 빌라도는 그 깃발들을 예루살렘으로 가져오게 했다. 유다인들은 농성 항의를 하면서 치워 달라고 빌라도에게 청원했다. 빌라도는 거부했고 기습 작전으로 농성자들을 포위했다. 그들이 사실상 아무 저항 없이 모두 순교자로 죽기만 원하고 있었기에 망정이지 그렇지 않았던들 빌라도는 그들을 몰살하고 말았으리라.[4] 한결같이 냉정한 태도를 지키는 사람들을 피 흘리게 했다가는 정치적으로 매우 불리해지리라고 빌라도는 생각했던 모양이다. 그러나 빌라도와 유다인 군중 사이의 두 번째 충돌 사건 동안에는 사정이 달랐다. 이번에는 빌라도가 수로水路 건설에 성전 기금을 사용하겠다는 것이었는데, 그는 군중을 포위하고 몽둥이로 두들겨 패게 했다. 더러는 죽고 더러는 크게 다쳤다.[5] 세 번째 사건으로 빌라도는 결국 실각하여 로마로 소환되고 말았다. 이번에는 일단의 사마리아 사람들이 그리짐 산

---

[3] Philo, *Legatio ad Gaium* 299-305.
[4] Josephus 「유다 고사」 18,55-7.
[5] 「고사」 18,61-2; 「항전사」 2,175-7.

에 모인 일이 문제가 되었는데, 그들은 실상 모세가 거기다가 숨겨 두었다고 믿고 있던 성기聖器를 찾으려고 모여 온 무고한 양민들이었다. 그들을 빌라도는 군대를 보내어 살육했던 것이다.[6]

빌라도는 여러 사람이 떼 지어 모이는 데 신경증적 공포감을 가지고 있었던 모양이다. 유다인(혹은 사마리아인)들이 무엇인가 공동 목적을 가지고 모이기만 하면 빌라도는 로마에 대항하여 반란을 일으킬 가능성이 있다고 의심을 품는 것이었다.

신약성경 자체에서 간단히 언급되어 있는 또 다른 사건에서도 빌라도의 같은 모습을 볼 수 있다. 성전에서 일어난 학살 이야기를 루카가 전하는 것이다!

> 빌라도가 갈릴래아 사람들을 죽여 그들이 바치려던 제물을 피로 물들게 한 일을 예수님께 알렸다(루카 13,1).

이것은 물론 예수의 재판에 관한 복음서 이야기에 나오는 빌라도가 아니다. 예수 재판 이야기에서는 예수의 죽음에 대한 죄책이 마땅히 유다인들에게 돌아가야 한다는 점을 강조하기 위하여 빌라도에게는 어느 정도 회칠을 해 주고 있음이 분명하다.

실제로는 빌라도가 예수를 어떻게 생각했을까?

우리는 다른 덜 무자비한 총독들이 예언자나 메시아일 가능성이 있는 사람들을 어떻게 생각했던가를 알고 있다. 45년경 테우다스라는 예언자가 유다인 여러 가족을 한 무리 이끌고 요르단 강변으로 내려가면서, 자기가 모세처럼 기적적으로 그 강물을 갈라 뜨려 그들을 사막으로 건너갈 수 있

---

[6] 『고사』 18,85-9.

게 하겠다고 약속했다. 이 소식을 들은 쿠스피우스 파두스 총독은 기마대를 급파하여 더러는 죽이고 더러는 사로잡았다. 테우다스는 참수되었다.[7] 테우다스가 젤로데였다는 증거는 없다.[8]

이집트 출신 유다인 예언자의 사건도 인용될 수 있겠다. 58년경 그는 올리브 산 위에 사람들을 떼 지어 모아 놓고, 여호수아처럼 자기가 명령을 하면 도성의 성벽들이 무너지리라고 장담을 했다. 안토니우스 펠릭스 총독은 즉각 조치를 취했다. 많은 유다인이 죽었는데, 그 이집트 출신은 도망했다.[9] 나중에 한 로마인 관리는 바오로를 그 사람으로 오해하여 시카리(자객들) 4천 명의 지도자라고 말한 일도 있다(사도 21,38). 시카리는 젤로데가 아니었으나, 그들의 예언자적 지도자들도 젤로데와 매우 비슷한 의도를 가지고 있었다고 할 수 있다.

빌라도가 만일 예수의 의도를 알았다면, 그가 만일 어떤 종류의 나라를 예수가 바라며 또 그 나라를 믿는 신앙을 전파하기 위하여 얼마나 애를 쓰는가를 알았더라면, 틀림없이 예수를 죽이려고 했으리라. 예수가 무력으로 나라를 세우려는 것은 아님을 알았다고 하더라도 정치적으로 매우 중대한 위험 인물로 생각했으리라 — 마치 세례자 요한이 폭력에 의존한 일이 없는데도 헤로데가 그를 정치적 위험 인물로 보고 체포할 필요가 있다고 생각한 것처럼.[10] 무력 폭동만이 로마의 지배에 대한 위협은 아니었다. 어떠한 민간 운동이라도 그것이 개혁을 의도하는 것이면, 더구나 종교적 동기에서 나온 것이면 위험시되었다.

이것은 빌라도가 예수의 가르침과 의도를 알았더라면 그렇게 생각했으리라는 것이다. 과연 빌라도는 예수에 관하여 무엇인가를 알고 있었을까?

---

[7] 『고사』 20,97-9; 사도 5,36.　　　　[8] Hengel ① 236-8.
[9] 『고사』 20,169-72.
[10] 참조: '세례자 요한의 예언'; Vermes ② 50-1.

성전 뜰에서 예수가 장사꾼들을 몰아낸 사건을 빌라도가 알고 있었다고 할 수도 있으리라. 로마 수비대가 늘 성전 뜰을 감시하고 있었다. 바오로 때문에 성전 문 밖에서 소동이 일어났을 때도 로마 병정들이 즉각 개입한 바 있다(사도 21,27-36). 예수에 의한 성전 뜰의 '정화'가 눈에 띄지 않은 채 넘어갔을 리는 만무하다. 이 일 하나만으로도 빌라도가 예수와 그의 의도에 의혹을 품기에 넉넉한 일이었으리라. 다만, 로마 수비대가 그 일을 빌라도에게 보고했던가는 확실히 알 수 없다.

적어도 예수의 재판 당시에만은 빌라도도 예수가 영향력 있는 지도자이며 많은 추종자가 예수를 장래의 메시아, 곧 유다인의 왕으로 생각한다는 것을 알았던 것이 틀림없다.[11] 이것을 그런데 빌라도가 재판 전부터 알았을까? 틀림없이 알았을 것이다.

요한복음서에서 알 수 있거니와, 예수는 유다인 수비병들과 **로마인** 군인들의 혼성 부대에 의하여 체포되었다(요한 18,3.12). 요한이 될 수 있는 대로 로마인들의 죄과는 적게 내세우려는 경향이 있음을 감안할 때, 여기에 로마인 군인들과 사령관이 포함되어 있었다는 것은(요한 18,12) 역사적 사실이었음에 틀림없다. 유다인이(설사 대제관이라도) 로마 군인들을 시켜서 누군가를 체포하게 할 수 있었을 리는 없다. 따라서 빌라도가 관여하여 예수를 체포하기로 했음에 틀림없다. 또 따라서 그는 분명히 재판 **전부터** 예수에 대하여 알고도 있었던 것이다.

결론적으로 말해서, 빌라도는 성전 사건을 계기로 예수와 그의 의도에 대하여 의혹을 품게 되었거나, 그렇지 않으면 언젠가 그 후에, 그러나 체포 전에 예수에 관하여 무엇인가를 알아낸 바가 있었음에 틀림없다.

그러면 유다인 당국자들은 이 일에 어떤 구실을 했던가?

---

[11] Vermes ② 51, 144.

대제관은 로마가 임명했다. 그는 로마의 허가를 받아서 권한을 행사하고 국정에 참여할 수 있었다. 심지어 종교적 직분까지도 로마의 통제를 받았으며, 신성한 제의祭衣들도 로마인들이 보관했다. 대제관과 그의 보좌인들은 그러므로 오늘날의 우리라면 정치라고 부를 국사에 깊이 연루되어 있었으며 전적으로 로마에 의존하여 있었다. 그들의 소임인즉 평온을 유지하는 데 협력하는 일이었다 — 특히 예루살렘에 많은 군중이 모이는 축제 기간에 그랬다.

그들은 예수에 관하여 얼마만큼이나 알고 있었던가? 적어도 빌라도만큼은 알았겠지만, 유다교 율법에 의거해서 예수를 고발할 수 있을 만큼 충분히 알고 있었던 것은 아닌 듯하다 — 예수를 산헤드린의 재판에 송치할 생각을 한 바 있다는 점을 전제할 때 그렇다. 어떻든 우리가 뚜렷이 감지할 수 있는 것은, 예수가 백성들로 하여금 하느님 나라의 임박한 도래를 믿도록 자극하고 있으며 일부 사람들이 예수를 약속된 메시아로 보고 있다는 것을 그들이 알았다는 점이다.[12] 그런 선동이라면 로마인들과의 미묘한 평화 관계 유지에 위협이 된다는 생각이 대제관과 그의 보좌인들에게는 곧장 떠오를 수밖에 없었으리라. 그들은 실제가들이었다 — 진리보다는 편의를 더 중요시하는 사람들이었다.

이 점은 그들이 예수를 체포하기 얼마 전에 신중한 모의를 했다는 사실에서 분명히 드러난다. 이 이야기를 전하는 것은 또다시 요한이다.

"… 우리가 어떻게 하면 좋겠소? 저자를 그대로 내버려 두면 모두 그를 믿을 것이고, 또 로마인들이 와서 우리의 이 거룩한 곳과 우

---

[12] 요한(7,32)의 말은 이 생각을 매우 정확히 표현한다: "군중이 예수님을 두고 이렇게 (곧, 그가 메시아일지도 모른다고) 수군거리는 소리를 바리사이들이(!) 들었다. 그리하여 수석 사제들과 바리사이들이 예수님을 잡아 오라고 성전 경비병들을 보냈다."

리 민족을 짓밟고 말 것이오." … 그해의 대사제인 카야파가 말하였다. "… 온 민족이 멸망하는 것보다 한 사람이 백성을 위하여 죽는 것이 여러분에게 더 낫다는 사실을 여러분은 헤아리지 못하고 있소"(요한 11,47-50).

여기서는 진리에 대한 관심이라고는, 더구나 오늘날이라면 많은 사람이 종교적 진리라고 부를 그런 것에 대한 관심이라고는 전혀 없었다. 어디까지나 정치적 편법만이 문제였다. 우리 쪽에서 그 사람에 대하여 어떤 조처를 취하지 않는다면 로마의 보복이 얼마나 크겠느냐고. 그 사람이 죽는 것이 차라리 유리한 일이 아니겠느냐고.

 이 모의의 의미로 인정될 가능성이 있는 것은 두 가지밖에 없다. 첫째 가능성은 새 나라에 관한 선전이 감행되고 예수가 메시아 왕으로서 일반의 인기를 얻게 되면 예수와 로마인들 사이에 충돌이 촉발되리라는 견해를 가지고 있었다는 것이다 — "그렇게 되면 로마인들이 와서 우리의 터전과 민족을 약탈할 것"이라고. 폴 윈터는 여기서 "우리의 터전"이란 성소나 성전이 아니라 대제관들의 최고 의회 지위 또는 신분을 의미한다고 주장했다.[13] 만일 그것이 사실이라면, 그들이 두려워한 것인즉 그 문제를 로마인들에게 보고하거나 혹은 예수를 넘겨주어 처형하게 했다가는 민중 봉기를 예방하려 하지 않고 임무에 태만했다는 이유로 모두가 지위를 박탈당하리라는 점이었던 셈이다.

 다른 가능성은 빌라도가 이미 그들에게 예수를 찾아내어 잡아 넘기라고 지령했다는 것이다. 유다인 당국자 모의는 그러고 보면 범인 인도犯人引渡의 한 예였던 셈이다. 이방인 총독이 한 유다인에 대하여 정치적 죄목을

---

[13] Winter 39.

근거로 범인 인도를 요청했는데 그를 넘겨줄 것이냐 말 것이냐가 문제였다는 것이다. "한 사람이 … 죽고 온 민족이 멸망하지 않는 것이 … 더 이롭다"는 말은, "사회 전체가 그 사람 때문에 고통을 겪지 않도록" 수배된 범인은 인도해야 한다는 법언法諺의 논리와 매우 닮았다는 말이다.[14]

요컨대 이 경우는 로마와의 충돌을 미연에 방지하려고 계산된 예방책이거나 아니면 범인 인도의 한 사례인데, 어느 경우로 보든 간에 대제관과 그의 최고 의회가 내린 결정은 **로마와 협력**하는 것이었다. 정치적 실리로 보아 그 사람을 넘겨주어서 죽게 할 필요가 있다고. 그 한 사람의 목숨을 구하려는 것은 민족 전체의 자살 행위라고.

그렇다면 결국 예수를 죽이려고 한 것은 바로 로마인들이었다. 그들이 예수 문제를 직접 알아내어 범인 인도를 요청했던 것인지, 또는 최고 의회의 모의 다음에 카야파의 보고를 듣고 이 문제를 알게 되었던 것인지, 그 여부는 불확실한 채로 남아 있다. 그러나 어떻든 로마인들이 예수를 죽이려 했다는 것은 빌라도와 그 밖의 총독들의 잘 알려진 정책 노선과 완전히 부합한다. 그들은 예언자나 메시아일지도 모르는 사람이라면 모조리 처단해 버렸던 것이다.

이유야 어떠했든 유다인 당국자들은 예수를 찾아내어 붙들어다가 빌라도에게 넘겨주기로 결정했다. 그들에게 책임을 돌려야 할 점은 예수를 **배신했다**는 것이다. '넘겨주다'와 '배신하다'라는 말은 그리스어로는 '파라디도마이' παραδίδωμαι라는 같은 낱말이다(마르 9,31병; 10,33.34병; 14,41병; 15,1병; 마태 26,2; 요한 19,11; 사도 7,52). 그러니까 두 가지 배신이 있었다 — 유다가 예수를 배신하여 유다 당국자들에게 넘겨준 것과, 그들이 또 배신하여 로

---

[14] Genesis Rabbah 94,9. 그리고 2사무 20장의 세바 이야기를 보라. 참조: Merx, *Das Evangelium des Johannes* 298-9; D. Daube, *Collaboration with Tyranny in Rabbinic Law* (London 1966) 곳곳; Vermes ② 50-1. 이것이 범인 인도의 한 사례라는 생각을 반박하는 Bammel(26-30)의 논거들은 설득력이 없다.

마인들에게 넘겨준 것이다(마르 10,33-34병). 이리하여 예수는 로마 법정에서 재판을 받고 사형선고를 받았다.

재판 자체와 관련해서 가장 주목할 만한 것으로서, 절대적으로 확실하다고 할 수 있는데도 자주 간과되고 마는 점이 있으니, 예수는 **자기 자신을 변호하지 않았다**는 사실이다. 모든 소송 절차를 거치면서 누가 무슨 고발을 해도 예수는 **침묵만** 지켰다(마르 14,60-61; 15,4-5; 마태 26,62-63; 27,12.14; 루카 23,9). 말을 하기는 할 경우에도 그것은 오로지 언질을 주지 않기 위함이었고, 결국 대답을 하지 않기 위함이었다.

> 네가 그렇게 말하고 있다(마르 15,2; 마태 26,64; 27,11; 루카 22,70; 23,3).

> 내가 그렇다고 말하여도 너희는 믿지 않을 것이고, 내가 물어보아도 너희는 대답하지 않을 것이다(루카 22,67-68; 참조: 20,8; 요한 18,20-21).

예수와 그의 적대자들과의 관계를 표현하기 위하여 복음서들 또는 그 원전들에서 편성되어 있는 대화들 때문에 그 저자들 자신도 명백히 말하고 있는 사실이 흐려져서는 안 되리라.

> 예수님께서는 어떠한 고소의 말에도 대답을 하지 않으셨다(마태 27,14).

이사야 53,7에 나오는 고통받는 종은 자기를 고발하는 자 앞에서 말이 없었다 — 마치 양털 깎는 사람 앞에 선 양처럼. 이것을 근거로 복음서나 그

원전의 저자들이 예수는 고통받는 종이었음을 지적하기 위하여 예수의 침묵이라는 착상을 하게 된 것이라고 주장할 수는 없다.[15] 예수가 고발자들 앞에서 침묵을 지켰다는 것이야말로 우리가 예수에게서 능히 예상할 수 있는 일이다. 하늘로부터 오는 표징을 이루기를 끝내 거절했던 예수, 권위에 의한 주장을 하는 일이라고는 결코 없었던 예수, 자신의 권위에 관한 질문에 대답하기를 거부했던 예수, 그 예수이기에 바야흐로 법정에서도 자기 행동을 변호 또는 정당화하려 하지 않은 것이다.

예수는 한마디 말도 없이 서 있기만 한 채로 오히려 다른 모든 사람을 시험하고 있었다. 실상 심문을 받는 사람은 예수가 아니었다. 예수의 침묵이 그들을 당황하게 하고 불안하게 했으며 심문하고 시험하는 것이었다. 그들의 말들은 그들 자신에게로 되돌아가고 있었다. 그들은 그들 자신의 입으로 자신을 단죄하고 있었다.

우선 첫째로, 빌라도가 시험을 받고 약점이 드러났다. 예수의 침묵을 보고 빌라도는 "매우 이상하게 여겼다"(마태 27,14병). 모든 복음서의 이야기들이 시사하듯이 빌라도는 얼마 동안 주저했으리라. 그러나 진리에는 관심이 없던, 일찍이 관심이 있어 본 일도 없던 빌라도는 결국 정치적 편의상 필요하다고 생각되는 방향으로 밀고 나갔다. 요한이 분명히 통찰한 바와 같이 빌라도의 죄는 진리에 대한 관심의 결여였다(요한 18,37-38).

카야파와 그의 보좌인들이 지은 죄는 더 컸다. 한 사람의 목숨이냐 민족의 장래냐를 두고 결정을 내리자니 아닌게 아니라 무척 어려웠으리라. 그러나 또 그렇기에 그들은 빌라도보다 더 많은 애를 써서 예수에 관하여 알아낼 수 있었던 것이고, 예수가 어떤 가치 있는 것을 제공할 수도 있다는 가능성에 대하여 좀 더 개방적인 태도를 취할 수 있었던 것이다.

---

[15] 예수 침묵의 역사성에 대해서는: Schillebeeckx ② 259; Trocmé 75-7.

하기야 카야파가 설사 진리에 대하여 개방적 태도를 취하여 예수를 믿게 되었다 한들, 그로서는 로마와의 평화 관계를 유지하면서 무엇을 할 수 있었겠으며 또 해야 했을까? 어쩌면 우리로서는 그가 목숨을 걸고서라도 대제관직을 사임하고 은밀히 예수와 제휴하여 예수와 함께 하느님 나라에 대한 믿음을 전파하는 일을 해야 했다고 말할 수도 있으리라. 이것은 물론 엄청난 주문이다. 일찍이 그와 같은 지위에 있던 사람으로서 진리와 정직에 대하여 그처럼 마음을 쓰던 사람이 몇이나 있었겠는가. 그러나 또한 그 당시의 사람들이 재난의 낭떠러지에 임해 있던 이유도 바로 이 때문이 아니던가. 카야파는 예수가 자기에게 제시한 요청을 감당해 낼 만한 그릇이 못 되는 사람이었다. 오늘 우리 가운데서는 누가 카야파에게 돌을 던지겠다고 나서겠는가.

예수의 죽음은 또한, 율법 학자와 바리사이와 그 밖의 예수를 의식적으로 배척하던 사람들에 대한 심판이기도 했다. 그들이 만일 예수를 받아들이고 가난한 이들의 나라를 믿었더라면 파멸 대신에 그 나라가 왔으리라. 그들은 오늘의 수많은 남녀노소와 별로 다를 바 없는 사람들이었다. 그리고 그들도 예수의 시험에서 유죄임이 드러났다.

마지막으로, 제자들 자신도 시험을 받고 있었다. 그것은 냉혹한 시련이었다. 인류를 위하여 예수와 함께 죽을 각오가 되어 있느냐를 시험하는 것이었다. 그러나 유다는 예수를 배신했고, 베드로는 그를 부인했으며, 나머지는 도망가고 말았다.

예수 자신도 시련을 당하고 시험을 받았다. 그 때문에 피땀을 흘렸고, 제자들도 자기만큼 가혹한 시련을 겪지 않아도 되도록 기도하라고 당부했다(마르 14,32-38병). 전부터 늘 예수는 사정이 이 지경이 되지 않도록, 하느님이 그들을 시험과 시련에 빠뜨리시지 않도록 소망하고 기도하라고 제자들에게 가르쳐 온 바였다.

이것이 "저희를 유혹[16]에 빠지지 않게 하시고 …"(마태 6,13; 루카 11,4)라는 기도의 뜻이다. 예수는 어느 누구도 시련에 빠지지 않기를 바라고 있었다.

그러나 위기는 왔고 시험은 혹독했다. 홀로 예수만이 그 시각의 도전을 받아들일 수 있었다. 그리하여 예수는 만인 위에서 각자를 심판하는 무언의 진리로 자리 잡게 되었다. 예수는 시련을 이기고 살아남을 수 있었던 유일한 사람으로서 외로이 죽었다.[17] 다른 모든 사람에게는 또 한 번 기회가 주어졌다. 그리스도교의 역사는 예수를 믿기에 이르러 예수의 죽음이 요청하는 바를 받아들이는 정신이 고취되어 있는 사람들의 역사다 — 길은 이런 길도 있고 저런 길도 있지만.

---

[16] '페이라스모스'($\pi\epsilon\iota\rho\alpha\sigma\mu\acute{o}\varsigma$)는 유혹 · 시험 · 시련 · 심문 · 재판 · 심판 등을 뜻한다.

[17] 그렇다고 끝까지 줄곧 예수를 믿고 받들던 결백한 사람들이 아무도 없었다는 말은 아니다. 마리아와 '사랑하시던 제자'와 그 밖의 여자 몇 사람이 십자가 아래에 있었다는 이야기가 전해지는 것이다(마르 15,40병; 요한 19,25-27). 그러나 그들은 이 사건에 의하여 시험을 받은 사람들은 아니었다. 시험받은 모든 사람(예수 · 카야파 · 빌라도 · 유다 · 베드로 등) 가운데서는 오직 예수만이 그것을 이겨 내었다. 역설적으로, 예수는 죽음으로써 살아남았다.

예수를 믿음

예수는 무슨 제도를 창설하지 않았다. 한 운동을 고취했다. 머지않아 그 운동이 제도로 화할 것은 불가피한 일이었지만, 그러나 처음에는 그저 혹은 개인으로 혹은 집단으로 예수의 감화를 받은 사람들이 뿔뿔이 존재할 따름이었다. 열두 사람이 있었고, 여인들이 있었고, 예수의 가족(마리아·야고보·유다)이 있었으며, 예수에 의하여 믿고 일어설 땅을 얻은 수많은 가난하고 억눌린 사람이 있었다. 갈릴래아에 제자들이 있었고, 예리코에도(예컨대 자캐오), 예루살렘에도(예컨대 아리마태아의 요셉과 니코데모) 있었다. 예수에 관해서 전해 듣고 영감을 받은 일곱 헬레니스트 같은 그리스계 유다인들도 있었다(사도 6,1-6). 심지어 예루살렘에서 이루어진 공동체에 가입한 바리사이와 제관들도 있었다(사도 6,7; 15,5).

그들은 저마다 나름으로 예수를 기억하고 있거나 예수에 관해 듣고 그 특별한 면면에 자극받은 사람들이었다. 처음에는 교리도 없었고 신조도 없었다. 예수를 따르거나 믿는 데 보편적으로 인정된 방법도 없었다.

예수는 후계자가 없었다. 단순히 후계자를 지명하여 계승되어 나갈 그런 종류의 운동을 예수는 추진한 것이 아니었다. 젤로데는 옛 마카베오 집안처럼 세습 제도가 있었다. 그러나 놀랍게도 예수의 운동에서는 예수 자신이 죽은 다음에도 여전히 지도자로 머물러 추종자들을 감화하고 있었다. 예수는 분명히 누군가가 대신할 수 없는 사람으로 느껴지고 있었다. 예수가 죽었다면 그 운동은 죽은 것이었다. 그러나 그 운동이 계속 살아 있다면 그것은 어떤 의미에서든 예수가 계속 살아 있기 때문일 것이었다.

그 운동은 형태가 다양했다. 실로 부정적이고 우발적이었다. 그 유일한 구심점은 예수 자신의 인격이었다. 이것은 우리가 알고 있는 한 단순히 예수의 가르침에 통달하거나 예수를 기억하기만 하는 일이 결코 아니었다. 초대 그리스도인들은 예수가 죽은 다음에도 자기들 가운데 현존하는 능력이 있음을 어떤 방법으로든 계속 체험하거나 새로 체험하게 된 사람들이었다. 그들 누구나가 예수는 죽었음에도 불구하고 여전히 자기들을 지도·교화하고 있다고 느끼고 있었다. 예수가 죽기 전에 그를 알았고 보았던 사람들 가운데 더러는(특히 열두 사람은) 예수가 죽은 다음에 다시 살아 있음을 자기들이 보았다는 것과 예수가 생전에 그랬듯이 또다시 자기들을 가르쳐 주었다는 것을 확신하고 있었다. 그들과 무덤이 비었음을 발견한 여인들은 예수가 죽은 이들 가운데서 부활했다고 말하고 있었다.

많은 이가 또 예수의 지도와 감화가 예수의 영(하느님의 영)을 받는 일로서 계속됨을 체험하고 있었다. 그들은 자기들이 예수의 영에 사로잡혀 인도받고 있다고 느끼고 있었으며, 성령이 사람들 가운데 부어지고 모두가 예언자가 되어 계시의 영상을 보고 꿈을 꾸게 되리라는 요엘의 예언이 예수를 통하여 자기들에게서 성취되고 있다고(베드로의 설교: 사도 2,14-41 참조) 생각했고, 예수가 자기 영의 현존과 활동을 통하여 여전히 현존하여 활동하고 있다고 확신하고 있었다.

주님은 영이십니다. 그리고 주님의 영이 계신 곳에는 자유가 있습니다. … 이는 영이신 주님께서 이루시는 일입니다(2코린 3,17-18).

예수는 추종자들에게 하도 깊은 영향을 주었고 또 주고 있어서, 그들로서는 어느 누구라도[모세나 엘리야라도(마르 9,2-8병), 아브라함이라도(요한 8,58)] 예수와 대등하다거나 예수보다 위대하다고 믿는다는 것은 있을 수 없는 일이었다. 예수 다음에 어떤 예언자나 판관이나 메시아가 나타나서 예수보다 큰 인물이 된다는 것도 상상조차 못할 일이었다(요한 7,31). 또다시 "다른 분을 기다려야"(마태 11,3병) 할 까닭이 없는 것이었다. 예수가 모든 것이었다. 예수가 일찍이 유다인들이 대망하고 기도해 온 모든 것이었다. 예수가 모든 약속과 모든 예언을 성취했거나 성취할 것이었다. 누군가가 마지막에 세상을 심판할 것이라면, 그는 바로 예수일 것이었다(사도 10,42; 17,31). 누군가가 하느님 나라에서 메시아로, 왕으로, 주님으로, 하느님의 아들로 지명될 것이라면, 그는 바로 예수가 아니고 또 누구랴 했다(사도 2,36; 3,20-21; 로마 1,4; 묵시 17,14; 19,16).

예수에 대한 찬탄과 숭앙은 한계를 몰랐다. 단연 예수야말로 선·악과 진·위의 유일한 궁극적 판별 기준이요 미래의 유일한 희망이며 세상을 변형시킬 유일한 힘이었다. 예수의 추종자들은 그를 하느님 오른편으로 받들어 올렸다. 아니, 하느님이 예수를 당신 오른편에 계신 분으로 평가하셨다고(사도 2,33-34; 5,31; 에페 1,20-23; 1코린 15,24-27; 1베드 3,21-22; 히브 10,12-13), 하느님은 유다 지도자들의 평가를 부정하신다고, 그들은 예수를 배척하고 배신하고 죽이게 했지만, 하느님은 예수를 높이 사서 부활시키고 영광 속에 들어 올려 주님으로, 메시아로, 모퉁잇돌로 삼으셨다고(사도 2,22.36; 3,13-15; 4,11; 5,30-31; 1베드 2,4) 믿고 있었다.

예수는 인간 역사의 어디에나 파고들어 있는 존재로서 체험되고 있었다. 예수는 일찍이 존재한 모든 언행을 능가하는 분이었다. 그야말로 궁극의, 최후의 말씀이었다. 예수는 하느님과 동등한 지위에 있었다. 예수의 말씀은 하느님의 말씀이요 예수의 영은 하느님의 영이며 예수의 감정은 하느님의 감정이었다. 예수에게 해당하는 것은 그냥 그대로 하느님께 해당하는 것이었다. 이보다 높은 평가를 상상이나 해 볼 수 있는가.

오늘날 우리가 예수를 믿는다 함은 예수에 대한 이 같은 평가에 동의함을 뜻한다. 우리도 그때 그 사람들과 같은 낱말, 같은 개념, 같은 존칭들을 사용할 필요가 있는 것은 아니다. 아예 존칭이 필요한 것도 아니다. 그러나 우리가 만일 예수와 예수가 뜻하는 바를 우리의 가치 서열에서 둘째 자리에 가져다 놓는다면, 우리는 이미 예수와 예수가 뜻하는 바를 부인한 셈이다. 예수가 관심하던 것은 생사生死의 궁극 문제였다. 예수가 이해하던 그대로 그 나라를 받아들이느냐 않느냐의 양자택일이 있을 뿐이다. 두 주인을 섬길 수 없다. 전적 찬동 아니면 전적 반대다. 둘째나 반쯤이란 곧 전적 반대다. 예수를 믿음은 예수의 신성神性을 믿음이다.

누구에게나 신이 있는 법이다 — 누구나 무엇인가를 자기 삶의 으뜸으로 삼는 것이 있다는 의미에서 그렇다: 돈·권력·위신·자아·출세·사랑 따위. 각자의 삶에는 자기의 의미와 활력의 원천으로 작용하는, 무의식적으로나마 적어도 사실상 자기 삶의 최고 가치로 여기는 어떤 것이 있게 마련이다. 그것이 하느님이라는 '초월적 위격으로서의 신'God이든, 또는 명분이나 이상이나 이념이라는 어떤 '최고 가치로서의 신'god이든 누구에게나 신으로 받드는 무엇인가가 있는 법이다.

예수의 신성을 믿음은 예수와 예수가 뜻하는 바를 자기 하느님으로 삼기로 선택함이다. 이를 부인함은 어떤 다른 분 또는 다른 것을 하느님 또는 신으로 삼음이며, 예수와 예수가 뜻하는 바를 가치 서열의 둘째 자리로 밀어 놓음이다.

내가 이 책에서 보아 온 바와 같은 접근 방법을 택한 까닭은 그럼으로써 우리가 신성에 대하여 개방된 생각을 가지고 출발할 수 있기 때문이다. 하느님이란 이러저러하리라고 상상하던 선입관을 예수의 생애와 인품에다가 덮어씌우는, 끊임없이 되살아나곤 하는 과오를 피하기 위함이다.

재래의 신상神像은 너무 난삽해지고 예수 생애의 역사적 사실들과 조화되기가 너무 어려워져서 많은 사람이 **그런** 하느님과는 예수를 하나로 볼 수 없게 되었다. 오늘의 많은 젊은이에게 예수는 매우 생생히 살아 있으나 재래의 하느님은 죽었다.[1] 예수 자신의 언행이 '하느님'의 내용을 바꾸어 놓았다. 우리가 예수로 하여금 우리의 신상을 변화시킬 수 있게 하지 않는 한, 우리는 **예수가** 우리의 주님이며 하느님이라고 말할 수 없다. 예수를 하느님으로 선택함은 예수를 신성에 관한 인식의 원천으로 삼음이며 자신의 신관을 예수에게 덮어씌우기를 삼감이다.

예수는 하느님의 말씀이라는 전통 교리가 뜻하는 것이 바로 이것이다. 예수가 하느님을 계시하는 것이지 하느님이 예수를 계시하는 것이 아니다. 예수가 하느님의 말씀이지 하느님이 예수의 말씀은 아니다. 우리의 신관이 예수의 생애를 밝힐 수는 없다. 예수에서 출발하여 신에 대한 결론을 끌어내지 않고 신에서 출발하여 예수에 대한 결론을 내리는 것은 본말의 전도다. 실로 많은 그리스도인이 이런 시도들을 해 왔다. 그리하여 일반적으로 이들은 줄줄이 부질없는 사변에나 흘러 문제를 흐리게 할 따름, 예수가 우리에게 하느님을 계시하는 것을 막고 있다.

우리는 우리가 신에 관하여 알고 있다고 생각하는 거기서 예수에 관한 결론을 끌어내서는 안 된다. 이제 우리는 신에 관한 모든 것을 예수에 관하여 우리가 알고 있는 거기서 끌어내야 한다. 그러므로 지금 우리가 예수

---

[1] C. Duquoc, "Yes to Jesus – No to God and the Church", *Concilium*, October 1974, 17-30.

의 신성을 말함은 지금까지 우리가 예수에 관하여 발견할 수 있었던 바에 다가 무엇인가를 **더하자는** 것이 아니며, 지금까지 우리가 예수에 관하여 말해 온 바 가운데 무엇인가를 **바꾸자는** 것도 아니다. 지금 우리가 예수의 신성을 말한다고 해서 예수에 대한 우리의 이해가 갑자기 달라지는 것은 아니다. 이때 달라지는 것은 신성에 관한 우리의 이해다. 이때 우리는 비단 돈·권력·위신·자아 같은 신들만을 버리는 것이 아니라, 예수와 예수가 뜻하는 바에서 우리의 하느님을 찾기 위하여 인격신에 대한 온갖 낡은 표상도 떨쳐 버리게 되는 것이다.

이것은 구약의, 아브라함과 이사악과 야곱의 하느님을 배격해야 한다는 말이 아니다. 그보다는 예수의 신성을 인정할진대 예수의 관점에서 구약을 재해석하고 예수가 이해한 대로 아브라함과 이사악과 야곱의 하느님을 이해하도록 해야 한다는 말이다. 우리는 그러므로 구약의 하느님을 받아들이되, 온 인류에게 온전한 연민의 정을 보이고자 전에 뜻했던 바를 철회하고 바꾸시는 그런 분으로서 받아들이는 것이다.

예수를 우리의 하느님으로 받아들임은 예수가 아버지라고 부른 그분을 우리의 하느님으로 받아들임이다. 이 최고의 힘, 세상의 어떠한 힘보다도 힘찬 이 선과 진리와 사랑의 힘이 예수에게 나타날 수 있고 인식될 수 있다 — 예수가 아버지에 관하여 말한 바에서도, 예수 자신의 모습, 곧 예수 자신이 엮어 낸 삶의 얼개와 예수 자신의 확신이 지닌 전능한 힘에서도.

예수도 아버지도 우리의 하느님이다. 두 분이 '똑같은', 본질적으로 일치하는 분이기에 한 분을 경배하면 딴 분도 경배하는 것이 된다. 또 그러면서도 예수만이 우리에게 보일 수 있기에, 예수만이 신성에 대한 인식의 원천이기에, 예수만이 하느님의 말씀이기에, 두 분은 구별될 수 있다.

우리는 예수가 어떤 분이었던지를 보아 왔다. 그런데 우리가 예수를 우리의 하느님으로 모시고자 한다면, 우리는 우리의 하느님이란 우리에게서 봉사받기를 바라는 분이 아니라 우리에게 봉사하기를 원하는 분이라는 결론을 내리지 않을 수 없다. 그분은 우리 사회 안에서 있을 수 있는 최고의 지위와 신분을 소망하는 분이 아니라, 가장 낮은 자리를 택하고자 하며 지위와 신분 따위는 아예 바라지도 않는 분이다. 사람들이 자기를 두려워하고 자기에게 복종하기를 바라는 분이 아니라, 가난하고 약한 사람들의 고통 속에서 자기를 발견하기를 원하는 분이다. 지존하게 무관심하고 초연한 분이 아니라, 연대 의식과 연민의 정으로 만인과 하나가 되기를 스스로 선택하여 인류 해방에 단호히 몸 바친 분이다. 이것이 만일 하느님의 참모습이 아니라면, 그렇다면 예수는 신성이 없다. 이것이 만일 하느님의 참모습이라면, 그렇다면 하느님은 어떠한 인간보다도 더 참으로 인간다운 분이며 더 철저히 인정스런 분이다. 스힐레벡스가 이른 바, "최고로 인간다운 하느님"Deus humanissimus이다.[2]

형이상학적 성격의 철학이라는 정태적靜態的인 면에서는 인간성과 신성이라는 것이 무엇을 의미하든 간에, 예수를 하느님으로 인정하는 사람을 위한 종교라는 면에서는 인간적인 것과 신적인 것이 동시에 동일한 종교적 가치를 표현하면서 결합되어 있다. 이런 의미에서 예수의 신성은 예수의 인간성과 전혀 다른, 예수의 인간성에 덧붙여지는 그런 것이 아니다. 예수의 신성은 예수 인간성의 초월적 깊이다. 예수는 다른 누구보다 한량없이 더 사람다운 사람이었다. 바로 이 점이 우리가 예수의 신성을 인정할 때, 예수를 우리의 주님이요 하느님이라고 알아 모실 때 무엇보다도 중요시해야 할 점이다.

그러면 이 인간이 한 인간으로서 신성을 지니고 있다고 믿을 만한 어떤 객관적이며 역사적인 근거가 있는가? 돈이나 권력 같은 것을 신으로 선택

---

[2] Schillebeeckx ② 545.

하는 것은 순전히 주관적이며 독단적인 일이다 — 일종의 우상숭배다. 예수를 선택하는 것은 그러나 반드시 주관적이며 독단적이라고만 할 수는 없으니, 이 경우에는 자기의 선택에 대하여 합리적이며 설득력 있는 설명이 가능하기 때문이다.

도무지 바람직하지 못한 방식으로 예수의 신성에 대한 우리의 믿음을 설명하려는 사례들이 있다. 예수는 혹은 명시적으로 신적 존칭이나 신적 권위를 내세움으로써, 혹은 암시적으로 신적 권위를 가지고 말하고 행동함으로써 신성을 자처했다고 주장하는 그리스도인들이 많이 있다. 또 더러는 이런 주장이 예수의 기적에 의하여 그리고 (혹은) 예수의 부활에 의하여 '입증'되었다고 말하는 이들도 있다.

이미 본 대로 예수가 자처한 것은 신적 존칭이나 신적 권위가 아니라, 자기가 진리를 알되 진리 자체 말고는 어떠한 권위에도 기대지 않고서 안다는 것이었다. 예수는 자기가 직접 진리와 접촉하고 있다고, 아니 자기에게서 진리 자체가 표현되고 있다고 주장했다 — 적어도 사실상 그런 의미로 말했다. 따라서 이미 본 바와 같이 예수가 청중에게 기대한 것은 맹목적으로 자기 권위에 의존하라는 것이 아니라, 자기의 존재와 자기의 말이 진리를 보여 줌을, 그리고 그 진리는 다른 누구에게서 받은 것이 아님을 알아차리라는 것이었다. 예수에게 배우는 사람들은 사실상 진리 자체를 권위로 삼았다. 예수에 의하여 확신을 얻는 사람들은 진리 자체에 의하여 설득되었다. 예수는 삶의 모든 진실, 모든 실재와 둘도 없이 두드러진 조화를 이룬 분이었다. 사람들을 바라보는 예수에게 절로 일어나는 연민의 정은 애초에 어떠한 따돌림이나 꾸밈도 용납할 여지가 없었다. 선과 진리의 힘에 대한 예수의 자발적 믿음은 거짓 없고 환상 없는 삶을 제시하고 있었다. 이를테면 예수는 진리에 흠뻑 젖은 분이었다. 아니, 자기 안에 진리가 살(肉)이 되어 있는, 진리의 화신이었다.

예수 자신은 이것을 하느님과의 완전한 일치로서 체험했으리라. 하느님이 생각하며 느끼는 그대로 자기가 생각하고 느낀다고 의식했으리라. 그러기에 자신의 체험 말고는 어떤 권위나 어떤 힘에도 의존하거나 호소할 필요를 느끼지 않았던 것이다.

그러면 이런 진리성 주장이 환상이었던가 아닌가를 우리는 어떻게 알 수 있는가? 과학적 또는 역사적으로 그것을 입증하거나 반증할 방법이란 없다. 열매를 보고야 나무를 알 수 있듯이 그것은 효과에 의해서만 검증될 수 있다. 예수의 언행이 우리에게 참된 것으로 메아리친다면, 그렇다면 그러한 언행의 근원인 예수의 체험이 환상이었을 리 없다. 우리가 일단 열린 마음으로 예수에게 귀를 기울인다면, 그렇다면 우리는 진리를 직접 체험했다는 예수의 주장이 허세가 아니었음을 알게 되리라. 예수가 우리의 마음속에 자기가 뜻하는 바에 대한 믿음을 일깨울 수 있게 될 때, 그러자마자 우리의 반응은 우리의 믿음을 예수에게 두게 되는 것이고 예수의 둘도 없는 진리성을 우리가 믿는 신성으로 삼게 되는 것이다. 바꾸어 말해서, **예수가 우리 안에 일깨우는 믿음은 곧 예수를 믿음이자 예수의 신성을 믿음이다.**

이것이 예수의 제자들이 얻은 체험이었다. 이런 것이 예수가 제자들에게 준 감화였다. 그들은 물론 이런 식으로 표현하지는 않았다. 결국 중요한 것은 예수나 신에 관한 이론이 아니다. 말과 이론이란 으레 모자라는 데가 있게 마련이다. 필경 믿음이란 무슨 표현 방식이나 사고방식이 아니라 생활 방식이며 실천으로만 제대로 발로될 수 있다. 예수를 우리의 주님이며 구세주라고 인정함은 예수가 살던 대로 예수의 가치 질서에 따라 살아가려고 애쓰는 한에서만 의미 있는 일이다. 우리는 예수에 관한 이론을 수립할 필요가 있는 것이 아니라 예수를 우리 시대와 환경 속에서 '되살릴' 필요가 있다. 예수 자신이 진리란 그저 '지키고' '간직하는' 것이 아니라 선택하면서 생활하고 체험하는 것이라고 생각했다. 우리가 추구하는 것도 필경 예수가 추구하던 바와 마찬가지로 '참된 가르침'orthodoxis보다는 먼저 '참된 삶'orthopraxis이다.³ 믿음을 참된 삶으로 실천하는 것만이 우리의 믿음이 참임을 입증할 수 있다. 물론 우리는 전통적 권위에 호소할 수도, 신학적 논증에 의존할 수도 있으리라. 그러나 우리의 믿음이 참이 되게 하고 우리의 신앙이 진리로 보일 수 있게 하는 것은 오로지 우리가 믿는 신앙이 (오늘과 내일의) 세상에서 이루어 내는 구체적 결실이다.⁴

예수를 믿음은 그러므로 예수가 자기 시대의 징조를 읽었듯이 우리가 우리 시대의 징조를 읽고자 하는 데서 비롯한다. 여기에는 닮은 점들이 있는가 하면 다른 점들도 있다. 우리는 예수가 말한 바를 그저 되풀이하고만 있을 수는 없다. 그러나 예수가 자기 시대를 분석했던 바와 같은 정신으로 우리는 우리 시대를 분석하기 시작할 수 있다.

예수가 그랬듯이 우리는 연민의 정을 가지고 출발해야겠다 — 바야흐로 굶주리고 멸시받는 하고많은 사람, 오늘의 우리네 생활 방식 때문에 괴로움을 겪을 미래의 억조창생에 대한 연민의 정을 가지고. 오로지 착한 사마리아 사람처럼 우리의 공통된 인간성을 발견한 사람만이 예수가 체험한 바를 체험한다. 오로지 인간으로서의 인간의 존엄성을 다른 무엇보다도 존중하는 사람만이 인간을 자기 모상으로 창조하셨고 "사람을 차별하지 않으시는"(사도 10,34) 하느님과 일치한다.

> 하느님을 받들어 올리자고 사람을 깎아내리는 그런 것이 그리스도교 복음은 아니다. 사람의 영광을 희생시켜서만 자신의 영광을 누릴 수 있는 그런 하느님이라면 너무나 옹졸한 하느님이다.⁵

---

³ Gutierrez 10; Assmann 80.
⁴ Gutierrez 10; Assmann 76-7, 81, 122; Schillebeeckx ① 35, 182-6.

인간을 존중하고 인간의 고통에 연민을 느낌이 없이 예수를 믿는다는 것은 거짓이다(1코린 13,1-2; 야고 2,14-26 참조). 예수와 일치함은 모든 인간과 일치함이다.

예수의 정신으로 시대의 징조를 탐지함은 그러므로 인간을 거슬러 악의 세력으로 작용하는 온갖 힘을 식별함이다. 바야흐로 세계 질서는 인간의 적인 사탄의 지배 아래 있지 않은가. 체제란 사탄 나라의 현대식 동의어가 아닌가. 악의 권세는 우리 모두를 파멸로, 지상의 생지옥으로 이끌어 가고 있지 않은가. 우리는 세계 속에 얽힌 악의 구조를 오늘에 있는 그대로 인식하도록 노력해야겠다. 돈·재산·위신·신분·특전·권력 따위의 현세 가치와 가문·인종·계급·당파·종교·민족의 파벌 연대성에 우리는 얼마나 크게 기대어 왔던가. 이런 것들을 최고 가치로 삼음은 예수와 공유하는 것이 아무것도 없음을 뜻한다.

예수를 믿는다는 것은 곧, 선이 악을 이길 수 있고 또 이기리라는 것을 믿는다는 것이다. 체제라는 문제가 있음에도 불구하고, 그래도 인간은 해방될 수 있으며 또 필경은 해방되고야 말리라는 믿음이다. 질병·고통·불행·좌절·공포·압박·불의 등 (죄와 죄의 온갖 결과인) 어떠한 형태의 악이든 극복될 수 있다는 믿음이다. 그리고 이것을 믿는 신앙의 힘이 이것을 성취할 수 있는 유일한 힘이다. 이미 본 바와 같이 믿음은 선과 진리의 힘, 하느님의 힘이기 때문이다.

'체제'라는 것에 저항하여 그것이 우리를 파멸시키지 못하도록 막아 낼 수 있는 힘이 존재한다. '이익'이라는 것을 대신하여 그것보다 더 힘찬 것이 될 수 있는 동기가 존재한다. '가진 자들'이라는 사람들로 하여금 생활 수준을 낮추게 하고 우리로 하여금 세계의 재화와 인구를 재분배하도록

---

[5] Paul Verghese, *The Freedom of Man* (Philadelphia 1972) 57.

세상을 자극할 수 있는 충동이 존재한다. 그것은 예수에게 동기를 부여한 바와 똑같은 충동이며 자극인 **연민**과 **신앙**이다. 일반적으로 이것을 믿음과 소망과 사랑이라고 불러 왔거니와, 무엇이라고 부르기로 하든 그것은 신적이면서도 철두철미 '자연적인' 진·선·미의 힘이 발로되는 것으로서 이해되어야겠다.

이런 모양으로 우리 시대의 문제점에 접근하는 사람은 임박한 파국이 하느님 나라의 도래를 위한 둘도 없이 좋은 기회임을 인식하게 될 것이 틀림없다. 우리에게 박두한 파국은 전면적이며 결정적이다. 그것은 우리 시대를 끝내는 사건이다 — 우리의 '에스카톤'(세말 사건)이다. 그러나 바로 이로 말미암아 우리가 우리네 삶의 근본까지도 떨쳐 일어나게 할 수 있다면, 우리는 예수가 우리 마음속에 믿음과 소망을 일깨워 우리로 하여금 여기 우리 가운데서 하느님 나라의 표징들을 보게 하고 있음을 깨닫게 되리라 — 우리의 에스카톤은 이것이냐 저것이냐의 양자택일적 사건으로서, 이 시대를 완전한 인류 해방을 위한 절호의 기회로서 바라볼 수 있게 하고 있음을. 오늘날 하느님은 새로운 방식으로 우리에게 말씀하고 계시다 — 우리 시대의 사건과 문제점들 속에서. 예수는 우리가 진리 자체의 소리를 알아듣도록 도와줄 수 있지만, 필경 결단하고 행동해야 할 것은 우리다.

□ 참고문헌 □

이 책의 원본에 따라 영어판을 중심으로 소개된다. 책이름 앞의 번호는 각주에서 약호로 쓰인다.

Rubem ALVES, *Tomorrow's Child: Imagination, Creativity and the Rebirth of Culture*, London 1972.

H. ASSMANN, *Theology for a Nomad Church*, New York 1978; *Practical Theology of Liberation*, London 1975.

E. BAMMEL (ed.) *The Trial of Jesus*, London 1970.

James BARR, *Biblical Words for Time*, London 1962.

C.K. BARRETT, *The Holy Spirit and the Gospel Tradition*, New York/London 1947.

Richard BATEY, *Jesus and the Poor*, New York 1972.

Otto BETZ, *What Do We Know about Jesus?*, Philadelphia/London 1968.

Josef BLINZLER, *The Trial of Jesus*, Cork 1959.

Leonardo BOFF, *Jesus Christ Liberator*, New York 1978, London 1979.

G. BORNKAMM, *Jesus of Nazareth*, New York 1975, London 1960.

S.G.F. BRANDON

① *The Fall of Jerusalem and the Christian Church*, London 1951, ²1957.

② *Jesus and the Zealots*, New York/Manchester 1967.

③ *The Trial of Jesus of Nazareth*, Chelsea 1979, London 1968.

R. BULTMANN, *The History of the Synoptic Tradition*, New York 1968, London 1963 (허혁 옮김 「공관복음 전승사」 대한기독교서회 1971).

H.J. CADBURY, *The Peril of Modernizing Jesus*, New York 1937, London 1962.

Joel CARMICHAEL, *The Death of Jesus*, New York/London 1963.

Hans CONZELMANN

① *The Theology of Saint Luke,* New York 1961, London 1960.

② *Jesus,* Philadelphia 1973.

O. CULLMANN

① *Christ and Time,* Philadelphia 1964, London 1965 (채위 옮김 「그리스도와 시간 외」 신태양사 1976).

② *The State in the New Testament,* New York 1956, London 1962.

③ *The Christology of the New Testament,* Philadelphia 1980, London 1968.

④ *Jesus and the Revolutionaries,* New York 1970.

W.D. DAVIES

① *Christian Origins and Judaism,* Philadelphia 1973, London 1962.

② *The Setting of the Sermon on the Mount,* New York/Cambridge 1964.

J.D.M. DERRETT

① *Law in the New Testament,* London 1970.

② *Jesus's Audience: The Social and Psychological Environment in Which He Worked,* New York 1974, London 1973.

C.H. DODD

① *The Parables of the Kingdom,* New York 1961, London 1955.

② "The Fall of Jerusalem and the 'Abomination of Desolation'": *Journal of Roman Studies* 37 (1947) 47-54.

③ *The Founder of Christianity,* New York/London 1970.

Christian DUQUOC, *Jésus, Homme Libre,* Paris 1974 (문세화 · 박영식 공역 「예수는 자유의 몸이시다」 분도출판사 1976).

G. EBELING, *Word and Faith,* London 1963.

R. EISLER, *Jesous Basileus ou Basileusas,* Heidelberg 1928-30.

L.E. ELLIOTT-BINNS, *Galilean Christianity,* London 1956.

C.F. EVANS, *Resurrection and the New Testament,* London 1970.

D. FLUSSER, *Jesus,* New York 1969.

W.H.C. FREND, *Martyrdom and Persecution in the Early Church,* New York 1967, Oxford 1965.

E. FUCHS, *Studies of the Historical Jesus,* London 1964.

R.H. FULLER

① *Interpreting the Miracles,* Philadelphia 1963, London 1966.

② *The Foundations of the New Testament Christology,* New York 1965, London 1969.

Lloyd GASTON, *No Stone on Another,* Leiden 1970.

A.M. GREELEY, *The Jesus Myth,* New York 1971, London 1972.

G. GUTIERREZ, *A Theology of Liberation,* New York 1988, London 1989 (성염 옮김 「해방신학」 분도출판사 1977).

F. HAHN, *The Titles of Jesus in Christology,* New York/London 1969.

M. HENGEL

① *Die Zeloten,* Leiden 1961.

② *Victory over Violence,* Philadelphia 1973, London 1975.

R.H. HIERS, *The Kingdom of God in the Synoptic Tradition,* Gainsville 1979.

Adolf HOLL, *Jesus in Bad Company,* New York 1973, London 1972.

Joachim JEREMIAS

① *Jesus' Promise to the Nations,* Philadelphia 1982, London 1958.

② *Unknown Sayings of Jesus,* New York 1966, London 1958.

③ *The Parables of Jesus,* New York 1972, London 1963 (허혁 옮김 「예수의 비유」 분도출판사 1974).

④ *The Central Message of the New Testament,* London 1965.

⑤ *The Eucharistic Words of Jesus,* New York/London 1966.

⑥ *The Prayers of Jesus,* Minneapolis 1978, London 1967.

⑦ *Jerusalem in the Time of Jesus,* Minneapolis 1975, London 1969.

⑧ *New Testament Theology I: The Proclamation of Jesus,* New York/London 1971.

E. KÄSEMANN

① *Essays on New Testament Themes,* Philadelphia 1982, London 1964.

② *Jesus Means Freedom,* Philadelphia 1970, London 1969.

L.E. KECK, *A Future for the Historical Jesus,* Philadelphia 1981, London 1972 (채위 옮김 「역사적 예수의 미래」 혜선문화사 1975).

J. LE MOYNE, *Les Sadducéens,* Paris 1972.

S. LÉGASSE, *Jésus et l'Enfant: "Enfants", "Petits" et "Simples" dans la Tradition Synoptique,* Paris 1969.

Xavier LÉON-DUFOUR, *The Gospels and the Jesus of History,* New York 1971, London 1968.

E. LINNEMANN, *Parables of Jesus: Introduction and Exposition,* New York 1967, London 1966.

T.W. MANSON

① *The Sayings of Jesus,* New York 1963, London 1931.

② *The Teaching of Jesus,* Cambridge 1935.

Willi MARXEN, *Mark the Evangelist: Studies on the Redaction History of the Gospel,* Nashville, 1977.

C. Leslie MITTON, *Jesus: The Fact Behind the Faith,* Grand Rapids 1974, London 1975.

J. MOLTMANN

① *Theology of Hope,* New York 1976, London 1967.

② *Theology and Joy,* London 1974.

Hugh MONTEFIORE, *Can Man Survive?,* London 1970.

W. PANNENBERG

① *Jesus – God and Man,* Philadelphia 1977, London 1970.

② *Theology and the Kingdom of God,* Philadelphia 1977 (이병섭 옮김 『신학과 하나님 나라』 대한기독교서회 1978).

W. and L. PELZ, *God is No More,* Philadelphia 1964, London 1963.

N. PERRIN

① *The Kingdom of God in the Teaching of Jesus,* Philadelphia/London 1963.

② *Rediscovering the Teaching of Jesus,* New York/London 1967.

A. RICHARDSON, *The Political Christ,* Philadelphia/London 1973.

James M. ROBINSON, *A New Quest of the Historical Jesus,* Naperville/London 1959.

J. ROHDE, *Rediscovering the Teaching of the Evangelists,* Philadelphia 1968, London 1969.

D.S. RUSSELL, *The Method and Message of Jewish Apocalyptic,* London 1964.

E. SCHILLEBEECKX

① *God, the Future of Man,* New York 1968, London 1969.

② *Jesus: An Experiment in Christology,* New York/London 1982.

C.H.H. SCOBIE, *John the Baptist,* Philadelphia/London 1964.

G.S. SLOYAN, *Jesus on Trial,* Philadelphia 1973.

Dorothee SÖLLE, *Christ the Representative,* Philadelphia/London 1967.

Etienne TROCMÉ, *Jesus and His Contemporaries,* Philadelphia/London 1973.

Geza VERMES

① *The Dead Sea Scrolls in English,* New York 1968, London 1962.

② *Jesus the Jew: A Historian's Reading of the Gospels,* Minneapolis 1981, London 1973.

G. VON RAD, *The Message of the Prophets,* New York 1972, London 1968 (허혁 옮김 『구약성서신학』 II, 분도출판사 1977).

Paul WINTER, *On the Trial of Jesus,* New York 1974.

색인 성경

창세		103,30	140	요엘	
6,6	136	코헬		2,13-19	136
탈출		3,1-8	132	아모	
34,10	140	이사		5,15	136
레위		4,5	140	7,5-6	136
19,16-18	110	29,18-19	81	요나	
		35,5-6	82	3,9.10	136
민수		40,9	82	10	143
16,30	140	43,19	140	4,1	143
25,6-13	172	48,7	140	1-3	143
		52,7	82	2	143
신명		53,7	231	4	143
21,20-21	223	61,1	82	11	143
23,3	51	1-2	82	미카	
		65,17	140	7,6	113
1사무		66,22	140	하바	
2,4.5.8	125	예레		1,5	140
2사무		7,31	155	즈카	
20	230	26,3.13.19	136	7,1-3	133
		31,22	140	8,11.14-15.19	136
2역대		다니		마태	
28,3	155	2,21	136	3,2	137 154
33,6	155	7,2-7	126	3,7	33
1마카		7,3-7	208	9	34
4,45-46	32	13	208	10	33
14,41	32	14	125	11	33
		17	126	12	33
욥		17-26	208	4,8-10	88 192-3
1,12	51	18.22.27	124	13	71
시편		호세		17	137 151 154
50,12	140	6,6	128		

5,1-12	84	9,2	78	40	143
3	46 196	6	209	41-42	118
10	52	8	76 209	13,33	149
10-12	44 196	10	44 70	44-46	138 153
17-18	128	13	128	14,13	178
18	128	14	44	14	54
19	128	22	78	22-23	189
20	85 101 130	28-29	58	27	78
38-39	192	30	188	28-31	60
39	108	36	54	15,14	119
43-44	109	10,3	44	24	44 117
6,1-6	101	5-6	117	26	117
2	101	7	147	28	58 120
4	148	7-8	81	16,1	178
5	101	15	44	1-4	139 143
6	148	19	78	2-3	215
10	84	23	151 154	6.11.12	178
12	74	26	78	19	85
13	234	28	78 156	17,19-20	60
16	101	31	78	20	59 149
16-18	101	32-33	154	18,1-4	102 186
18	148	34-36	73	3	85 104
19-21	92 148	37	112	4	104
24	91	39	197	10	103
25	78	40	115	12-14	215
25-33	93	42	44 103	23-35	74
25-34	54	11,2	188	19,1	184
27.28.31	78	3	33 237	16-17	211
33	147	4-5	140	28	154 186 208
34	78	5	212	30	44
7,7-8	85	11	104 206	20,1-15	86 171
13-14	85 157	12-13	175	16	44
21	85	13	137	34	54
24-27	153	16-17	103	21,22	58
8,5-13	213	16-19	138 206	25-26	173
10	120	19	70-1 106 206	28.31	214
11-12	85 118	25	104	28-31	86 174
12	155 174	28	44	31	85 106 174
13	58	12,7	128		214
20	71 209	11-12	128	31-32	44
22	156 198	25	86	32	34 106 173
28	44	39-45	88	22,1-10	86

11-13	86	18	92	27	86 89
13	155	20	92 155	31-32	114
23,1-3	101	21	71	31-35	114
4	127 129	22	213	34-35	105
5-7	101	23	44	35	114
8-10	210	23-26	49	4,3-9	149
13	85	24-25	188	11	185
15	119 129	27	213	19	78 91
23	128	29	71	30-32	149
27-28	101	31	58	40	54 78
29-37	196	32-34	44	41	207 213
33-36	88	34	188	5,2	49
37-39	38	35	71	3-5	49
24,27	208	38	147	34	58
37	208	40	44	36	54 58 78
37-39	154	41	54 58	42-43	55
42-44	151	44	188	43	188
43	153	2,1-2	71	6,2	207
44	154 208	1-12	50 75	5-6	62
25,1-12	86	3	44	7	147 213
10-12	85	6	178	14-16	184 207
13	151	7	223	18	34
14-30	86	10	213	34	54 189
30	155	15	44 70-1	35-44	93
40.45	44 115	16	178	45-46	189
26,2	201 230	17	44	50	54 78
3-5	184	18-19	78	52	93
28	199	21-22	138	56	58
52	193	23-26	128	7,1-2	178
62-63	231	24	178	1-7	128
64	188 231	27	127 209	8-13	129
27,11	188 231	27-28	129	14-23	128
12	231	28	209 213	24	178 184 186
14	231-2	3,1	44	27	117
18	221	2	178	31	178 184 186
		4	128	33	58
마르		6	178	35	50
1,1.14	82	12	114 188	36	188
4	34	14	147	8,2	54
5	34	21	113 207	11	178
14	137	22	178 207	11-13	66
15	82 137 147 151	23-25	86	15	178

성경 색인 255

17-18	93	47	85	38-40	101	
21	93	10,1	178 184	40	44	
22	178 184	14	102	41-44	55 180	
22-25	58	15	85	42	44	
23	58	17-22	92	13,1-2	54 180	
26	188	18	211	2	38	
27	178 184 186	238	5	2-4	154	
27-30	178 207	248	5 92	7	158	
28	191	258	5 92	7-8	150	
29	191	26	92	10	82 147 158	
29-33	201	26-27	92	14-16	157	
30	188 191	27	59	14-20	38 157	
31	191 200-2	28	155	26	154 208	
31-32	178	28-30	92	29	158	
32-33	191	29	82	30	151 154	
34	196-7	32	178	32	151	
34-37	201	33.34	230	33-37	151	
35	82 197	33-34	178 201 231	37	158	
36	153	33-45	201	14,1-2	184	
38	88 154 208	34	202	2	184	
9,1	151 154	35-40	186	3	179 184	
2-8	237	35-45	186	9	82	
9	188 202	41-45	186	12-16	184	
17-18	44	42	176 213	13-15	179	
17-27	49	42-45	125	16-64	223	
18	50	45	199 201	24	199	
19	88	46	178	25	85	
23	59	47	179	32	184	
24	62	49	78	32-38	233	
25	50	52	58	41	230	
29	58	11,1-6	179	58	86 146	
30	184 186	11	180 184	60-61	231	
30-32	178	16	181	61	207	
31	185 201-2	23	60	62	154 188 208	
31-37	201	24	60	62-64	221	
33-34	186	28	182	64	221	
33-37	186	33	216	15,1	230	
35	104 125 186	12,14	207	2	188 207 231	
37	115	13-17	165	4-5	231	
38-40	212	14-17	169	10	221	
41	188	18-27	203	39	207	
42	44	33	128	40	234	

40-41	105	32	110	4	234	
43	179	35	93 142	5-8	86	
		7,1-10	213	16	66	
루카		3-5	118	20	139	
1,1-4	165	13	54	27-28	114	
52-53	125	16-17	207	29	66	
68	166	22	81-2	30	143	
71	166	28	138 206	37	72	
74	166	31-34	77	43	101	
2,25	166	31-35	138	46	44 52	
38	166	34	44 71 77	49-51	38	
41-50	114	36	72	52	85	
3,11-14	35	36-50	105-6	12,16-20	153	
12.14	34	37	44	32	78 103 124	
19	34-5	38-39	73	33-34	92	
19-22	137	39	44 76 206	35-40	151	
4,5-8	192	41-43	173	36-38	86	
12	66 193	42	214	42-46	86	
16-21	81	47	77 173	51-53	113	
18	44 52	48	76	54	167	
38-39	50	50	76 201	54-56	139 166 215	
41	188	8,2-3	105	57	167 215	
43	147	9,1	213	58	167	
5,11	92	2	147	13,1	225	
17.21	178	3	154	1-5	38 193	
27	44	51	178 200	2	51	
29	70-1	58	71	3	152 154 167	
30	178	59-60	154	4	51	
6,2	178	59-62	112	5	152 154 167	
15	164	61	154	6-9	149	
20	83 124-5	62	154	10-17	50	
20-21	44 83	10,4	154	15-16	128	
20.24	125	9	147 151	22	178	
20-25	148	11	147 151 154	24	85	
20-26	91 101	21	44	25	85	
22	100	29-37	120	28-29	118	
24-26	92	33	55	31	178 184 199	
26	101	36	214	32-33	178	
27	142	38	178	33	200	
27-28	110 167	38-42	71 105	34-35	38	
28	142	41	54 78	14,1	72	
29-30	93	11,2	142	7-10	86	

7-11	101	18,8	147	요한			
11	125	9-14	101 172	2,1-10	114		
12-13	72	10	44	13-22	179		
13	44	11	173	15	181		
13-14	93	13	44 173	18	66 178 182		
15-17	138	19	211	19	146		
15-24	72 118 153	22	44	3,5	85		
16-24	174	29	112	22-26	43		
21	44	35	178	4,1-3	43		
26	111 197	19,1	178	7-27	106		
28-33	93	1-10	72	25-26	188		
33	92	8	95	27	206		
15,1	73 77	11	178	46-53	213		
1-2	44 70	12.15	124	48	66		
1-32	77 141	28	178	5,10.16	178		
2	71	41	39	18	178 223		
4-10	215	43	166-7	6,15	189		
11-20	141	43-44	37 56	30	66		
11-32	86 171	20,8	231	41.52	178		
19	141	15	214	7,1	184		
20	55 141	19	184	1-4	200		
28	174	21,20	167	5	114		
29	141 171	20-23	37	12.15	207		
16,1-8	86 153	23	56	26-27	188		
3	45	36	154	31	188 237		
14-15	97	37-38	184	32	178 228		
16	137 175	22,2	184	40-41	207		
19-31	92	29	124	40-44	188		
23-26	84	29.30	124	41	53		
17,5	62	29-30	186	45-52	53		
6	59	30	85	49	44 47		
7-10	86	35-36	185	8,10-11	106		
11	178	67-68	231	13	58		
19	58	70	188 231	32	150		
20	85	23,2	163 223	54	207		
20-24	151	3	188 231	58	237		
20-37	85	9	231	59	184		
21	85	28	37	9,1-2	44		
24	151 154	24,7	201	2	51		
25	201	21	166	8	44		
26-37	38			14.15	178		
37	167			24	206		

34	44	3,13-15	237	갈라	
40	178	20-21	237	1,19	114
10,19-21	207	4,11	237	2,9	114
24	207	32	95		
24-26	188	34	96	에페	
33.36	223	34-35	95	1,20-23	237
38	188	5,30-31	237		
39	184	31	237	1테살	
40	184	34-39	164	3,12	111
11,5	105	36	226		
45-54	178	37	190	히브	
47-50	229	6,1-6	235	10,12-13	237
47-52	183	7	235	11,1	61
50	183	7,52	196 230	12,28	124
54	184	10,34	244		
12,25	197	42	237	야고	
36	184	15,5	235	1	114
13,12-15	211	17,31	237	2,14-26	245
25	73	21,27-36	227		
16,33	78	37-38	164	1베드	
17,11.14-16	87	38	226	2,4	237
18,3	227			3,21-22	237
12	227	로마			
20-21	231	1,4	237	1요한	
36	87	4,18-22	61	4,7-8	218
37	188	10,17	147		
37-38	232			묵시	
19,7	223	1코린		1,9	124
11	230	4,20	124	2,11	156
25-27	114 234	6,9.10	124	17,12.17	124
20,11-18	105	9,5	114	14	237
		11,24.25	73	19,16	237
사도		13,1-2	245	20,6.14	156
1-6	124	1-3	173	21,8	156
1,13	164	15,7	114		
2,14-41	236	24	124		
22	237	24-27	237		
33-34	237				
36	237	2코린			
40	88	3,17-18	237		
44-46	95				
46	95				

 사항

가난한(작은, 억눌린) 사람들 44-6 48
  52-7 61 65 70 72-3 77-8 81-4 88
  91-3 96 103-6 115-7 124-5 129
  139 143 145 153 169-70 172 176
  180 192 194 196-7 200 212 215
  233 235
가족 107-14
  예수의 ~ 113-4
갈릴래아 27 53 62 65 128 137 178-9
  184 186 188 235
서양식 개인주의 109
게헨나 ☞ 지옥
겟세마니 7 184 193
계급
  상류 ~ 31 53 105
  중류 ~ 46 53-4 71 105 115 168
  하류 ~ ☞ 가난한 사람들
예수에 대한 고발 163-4 221 223 228 231
고통 44-56 66 88 105 115 127 157
  168 173 195-203 230 241 245
광신 172
교회 — 그리스도의 몸 111
구마자(驅魔者) 57-8 75
구약성경 38 64 110 165
권력 6 46 88-9 106 123-9 146 155
  167 169 176 186 191-4 198 238
  240-1 245
권위(권한)
  예수의 ~ 212-7 232
  하느님의 ~ 216-7
그리스도 ☞ 메시아
역사상의 그리스도교 15
초대 그리스도인 25 38 83 94 103 147
  151 157 191-2 196 209 222-3 236
기쁨 76-7 81-2 120

기적 55 62-7 92-4 189-90 213 242
  하느님 나라의 ~ 146-7 149

나병 44 50 54 62 140

단식 77-8 101 133 136 138 165 172
대제관 183 222 227-30 233
때(시간, 시대)
  새로운 때 134-8 143
  시대의 징조 39 135 139-43 166
  215 244-5
  유다인의 시간 개념 131-3
돈 ☞ 재산
디아스포라(Diaspora) 128

로마인 27-30 36 38 157 166-70 173
  176 195 209 222-3 227-30

마리아 — 예수의 어머니 113-4
하느님의 말씀 32 114 147 238-40
메시아 16 29-30 66 152 163-4 177-9
  186-8 190-4 200-1 210 221-3 225
  227-30 237
메타노이아 138 147 183
무녀(巫女醫) 52 57
무덤
  명부(冥府) 84
  예수의 빈 무덤 236
무신론자 150
무책임 102 129
묵시문학 31-3 36 152 158
미움 28 46 112
믿음(신앙) 30 58-62 67 75-7 84 92 119-
  20 139 147-50 152 173 176 189-94
  200-2 213-8 226 233 242 244-6

260 그리스도교 이전의 예수

~과 연민 67 148-9 194 245-6
~과 진리 148 244

바리사이 29-36 44-7 53 66 70 72 75 77 85 88 97 101 103 105 109 115-9 126-7 130 139-43 164-5 168-78 183 193 200 203 207 228 233 235
바실레이아 86 123-4 186
바오로 53 111 164 226-7
배신 192 222 230 233 237
로마 법정 222 231
베드로 60 65 71 164 178 188 191-2 200-1 234
　　예수를 부인하다 233
　　예수와 다투다 191
병 45 48-50 61-2 75 128 213 ☞ 치유
복음(좋은 소식) 82-4 139 147 175 212 244
복음서 25-7 31 44-5 49-50 53-5 64-6 70-1 75 83 87 91-3 97 101 112-3 116 154 159 174 177-80 183 188-9 197 201 203 206-9 211 213 221-2 225 231-2
복음 설화
　　가나안 여자 105 117 120
　　로마인 백인대장 118 120 213
　　발 씻는 여자 76
　　부자 청년 92 96
　　빵과 물고기 93-4 189
　　성전 '정화' 179 190 194 227
　　어린아이처럼 보잘것없는 자 186
　　중풍 병자 44 50 75
　　황제와 세금 29 163-4 168 203 207 223
복죄사(卜罪師) 52 57
봉사 81 125-8 148 192 194 199-200 241
부자(권력자, 압제자 …) 44 91-2 96 101 106 124-6 153 168 170 176 200
부활 29-30 84 114 143 202-3 236-7 242
　　~ 예고 202-3
분노 115 143

예수의 ~ 115 180
불경 175 223
불신 61 66 149
비유
　　부자와 거지 92
　　세리와 바리사이 172-3
　　손님 초대 72
　　악한 집사 45 153
　　어리석은 부자 153
　　되찾은 아들 76-7 140-1 171-2
　　되찾은 양 77 140 215
　　되찾은 은전 77 140 215
　　장터의 아이들 103 137
　　질문으로서의 ~ 215
　　집주인 86 153
　　착한 사마리아 사람 55 120 244
　　포도밭 일꾼들 171
본시오 빌라도 37 126 163-4 201 222 234

사두가이 30-1 36 105 168 170 173-4 176 178 193 203
사람의 아들 70-1 100 125 138 143 147 151 154 182 199 207-10 223
사랑 76-7
　　그리스도인 형제애 111
　　~과 분노 115
　　~과 연민 120-1 128 149 198
　　~과 율법 128
　　~과 죽음 199-200
　　~과 하느님 나라 148-9
　　원수 ~ 109-15
　　이웃 ~ 109-10 120-1
사마리아 27 117
사탄
　　~의 나라 86-9 97 107 109 125 139
　　악의 세력 51 89 245
　　예수에 대한 유혹 66 192
사해 두루마리 75 86 100 109
산헤드린 178 201 222-3 228
성경 37 47 61-5 107 126 136 186

211 216
성전 27 30-1 54 66 86 114 146 157
178-84 195 199 202-3 223 225 229
새 ~ 87 146 182
~ '정화' 179-83 190 192 194 227
세금 27 29 35 46 53 163-4 168-9
203 207 223
예수의 세례 27 36 137
세례자 요한 27 32 36 39 43 69 104
138-9 152 154 166 173 175 178
191 199 206 226
세말 23-4 30-1 118 131 134-5 158
179 246 ☞ 파국; 에스카톤
세말론 131 ☞ 에스카톤
셔올 ☞ 무덤(명부)
예수의 수난 예고 201-3
숙명론 61-2 75
마카베오 시대의 순교자들 195 198
시간 ☞ 때
시대의 징조 ☞ 때
시카리 28 226
신 ☞ 하느님
예수의 신성(神性) 16 205 238-43
신앙 ☞ 믿음
신정(神政) 28

악의 세력 ☞ 사탄
악령에 사로잡힘 49-50 207
안식일 127-9 165 209 221 223
압바 142
  예수의 ~ 체험 217-8
에스카톤(세말 사건) 134-5 143-4 148 153
158 246
옛세네 29-30 32 36 53 105 109 152
165 170 172-4
여자 76 105 206
유다인의 역사 개념 136
역설 15 110 197 201 210-1
  연민의 ~ 197
  죽음의 ~ 197-8 234

연대성 107-21 142 198 206 209 218-9 245
연민(자비) 54-6 66-7 75 96 103 120-1
128 140-1 145 148-9 169 171-2
180 194 197-8 218 240-2 244-6
~과 남을 위하여 죽을 각오 198-9
~과 믿음 67 148-9 194 245-6
~과 압제 168-70
하느님의 ~ 141-3 149 171
영(성령) 236-8
영들(악령들) 44-9 213
수난과 부활의 예고 201-3
예레미야 39 56 191
예루살렘 37-8 53 94 118 133 155
157 165-7 176-84 190 196 199-
200 224 228 235
예수
~ 당시의 정치 164-5
~에 대한 고발 221-3
~에 대한 재판 221-34
~와 가족 113-4
~와 고통과 죽음의 뜻 195-203
~와 메시아 16 66 163-4 177-8
186 188 190-4 200-1 210 221-3
227-9 237
~와 믿음 58-67 200 202 213 218
~와 새로운 때 136-7
~와 새 성전 86 146 182-3
~와 이스라엘 집안 43 117 119-20 140
~와 파국 23 35-9 89 144 149
152-3 183 193
~와 폭력의 사용 164 192-4
~와 하느님 나라 147-57 185
~와 하느님 나라의 회화적 표상 85 87
~와 하느님 뜻의 표징들 139-40
~와 해방 165-8
~의 권위 212-7 232
~의 기쁨 77
~의 기적 64
~의 로마에 대한 태도 164-8
~의 분노 115 180

~의 부활 143 202-3 242
~의 세례 27 36 137
~의 신성 16 205 238-43
~의 연민 54 66 75 96 103 145 194 218 242
~의 영 236 238
~의 예언 83-4 89 157
~의 용기 206 219
~의 인간성 205 241
~의 인품 217 239
~의 죽음 199 201 221-5 233-4
~의 집 71
~의 침묵 212 231-2
~의 혁명 171 175-6
~ 자신의 의도(ipsissima intentio) 26
죄인들과 함께 먹는 ~ 67-73 138 206
치유자로서의 ~ 58
예언자 32-9 49 54 66 73 76 87 96 118 134-5 139 147 158 166 175 182-3 189-91 196 202-3 216 218 223 225-6 230 236-7
왕권과 왕국 123-4
요나의 표징 142-3
용서 34 74-8 138 141-2 173-4 201
원로 31 53 88 118 126 176 182 222
원수 32 37 109-10 112 115 120 166-7 170 174
위선 88 101 115 127 168
위신 23 45-6 48 78 99-107 129 155 167 169 194 197-8 206 238 240 245
유다 27 37 179 184
갈릴래아 사람 유다 28 164 190
유다교 126 201 228
~ 내의 압제 168
~의 예수에 대한 반대 177
율법 29 44-7 51-4 74 96 101 126-30 172 175 195 198 206 213 228
율법 학자(혹은 서사나 랍비) 31-2 34 36 46 52 70 88 101 104-5 115 118-9 126-30 141 168 170-1 176 178

182 200 205 216 222 233
이방인 33 35 51-2 108 117-20 126 173-4 179 194-5 213 229
이사야 81-2 231
이스라엘
~의 정치적 해방 166
~ 집안 43 117 119-20 140
이웃 71 96 109-10 120-1 214
인구의 격증 18-9 21

자비 ☞ 연민
자연법칙 62-4
자연 자원의 고갈 18-9
자유 16 82 125 129 146 169 237 ☞ 해방
자캐오 72 95 235
잔치 ― 예수가 죄인들과 함께 먹음 77
재산 28 52 72 92-5 100 104-6 141 168-9 198 245
핵전쟁 18
정치 123 163-76 228
~와 종교 163-76
제관장 31 53 88 126 176 180 182-3 222
제3 세계 22
젤로데 28-30 36 53 105 152 164-74 189-90 195-8 226 236
예수의 존칭들 194 200 207-12 217 242
죄 46-52 73-4
~의 용서 34 74-8
죄인 34 44 46-7 51-2 61 69-74 77 110 116 138 141-7 170 172-5 200-1 206-7
죽음
보속으로서의 ~ 196
~의 역설 197-8
지옥 22 33 119 155-7
게헨나 119 155-7
지상의 생~ 22 33 245
진리
살[肉]이 된 ~ 242
예수의 ~ 인식 216-7

사항 색인 263

~와 예수에 대한 재판 232-3
~의 힘 148 242 245

체념 20 61 67 167
체제 20-2 182 245
최후 만찬 73 199
치유 57-67

카야파 88 183 229-30 232-4
칼 181 185 192-4
쿰란 87 100

이집트 탈출 64 133-4

파국 23 34-9 89 139 144 147 149
    152-8 167 174 183 193 197 200
    246 ☞ 에스카톤
지상의 평화 112
평화주의자 164 192 194
포교 118 154-5
폭력
    ~의 사용 22 175 192-4
    ~의 악순환 18 22 194

하느님
    새로운 ~상[神像] 140
    압바 142 217-8
    ~의 말씀 32 114 147 238-40
    ~의 법과 정치 165
    ~의 인간에 대한 연민 171-2 218
    ~의 행동 134-6
하느님 나라 81-9
    가난한 이들을 위한 나라 81-2
    바실레이아(왕권과 왕국) 86 123-4 186
    ~ 도래의 장애 173
    ~와 박해와 고통 196-7
    ~와 재산 소유 91-5
    ~와 특전 100 106
    ~와 연대성 107-21
    ~와 권력 123-30

~의 도래 145-59 246
~의 임박 136 145 228
~의 회화적 표상 85 87
하늘나라 84 101-4 130 137 175 196
하늘 84
해방 23 62 74 78 82 89 139 142
    144-6 166 168-70 173 190 193-4
    212 241 246
행복 선언 83 196
헤로데
    ~ 대왕 27
    ~ 아르켈라오스 27
    ~ 안티파스 27 34-6 53 88 126
        164 178 184 199 226
    ~ 필리포스 27
환경 오염 18
황제 29 44 88 126 163-4 168-9 195
    203 207 223-4
회개 33-5 38 56 59 102 137-8 147
    152-5 166-7 176 183 190 193-4
    ☞ 메타노이아
후세 29-30 33 84
희망 61 77 84 118 148-52 197 218 237
힘 ☞ 권력; 폭력